JN247467

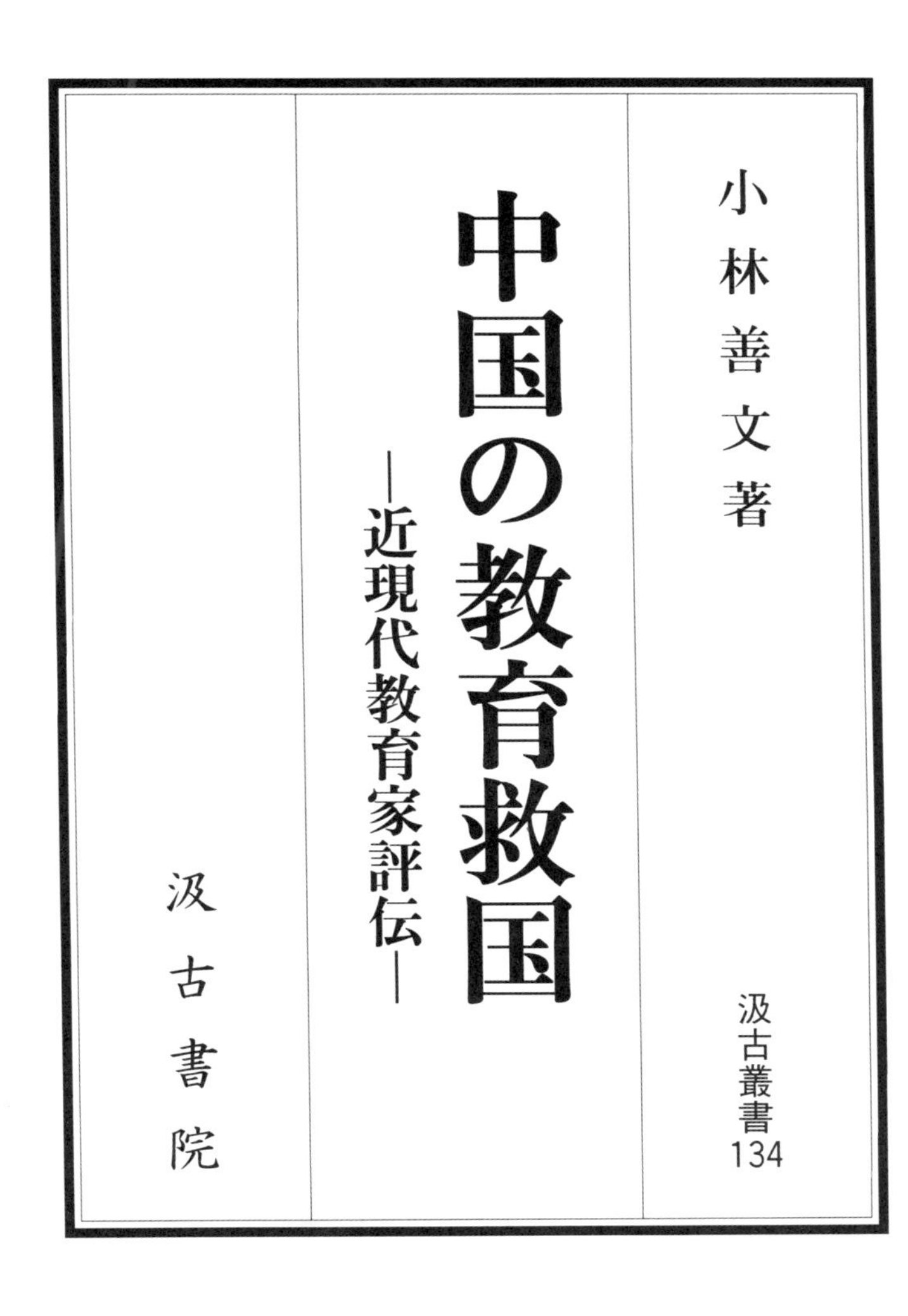

小林善文著

汲古叢書134

中国の教育救国

―近現代教育家評伝―

汲古書院

目　次

中国の教育救国
——近現代教育家評伝——

序章

中国近現代教育史における「教育救国」という思想は、「教育万能をあい信じ、ただ教育を発展させれば、人民を愚から智に、国家を弱から強に転じさせる」ことができるとする思想であるが、中国での研究をふまえた『教育大辞典』では、とくに「中国が封建社会から半植民地半封建社会へと転化する時期に生まれた一部の地主階級改良派は、洋務派や資産階級維新派の唱道によって、教育の発展を進めるのに一定の作用を果たした」と中国共産党成立以前の教育救国論者の活動に一定の評価を与えている。しかし「新民主主義革命の時期においては、「教育救国」論のいくらかのグループは政治的に分化し、ある者は中国共産党の影響を受けて、革命的な民主派となり、ある者はひき続いてその誤った主張をおし進めて、革命の発展に一定の阻害作用を起こした」と「革命」への対処の仕方で正否を論じてきた。[1]

『中国教育思想史』シリーズでも、こうした視点から貧しく遅れた国家において教育の発展と人材育成を通じて最終的に富強の目標を達成しようとした教育救国論は、正しく積極的な一面を持っているが、その主張が抗日戦争中も高唱されたことは消極的で正しくない、という結論になっている。[2]

これとほぼ同時期に江寧教育出版社から刊行された教育思想研究シリーズ[3]に載せられた戴逸の「序言」は、近代における「教育救国論者」たちは「革命を経ずに単純に教育手段によって旧中国を改造しようとしたが、実際に相応しくない幻想」と断じつつも、かれらの教育事業への貢献、伝統文化の中の優秀な遺産の継承と称揚、欧米の科学技術・民主思想・公民意識の紹介、民族の文化素質の向上、革命と建設の人材養成などの功績を埋没させることはできない、と主張している。

本書において詳しく論じることになるが、中華人民共和国成立直後の映画《武訓伝》批判運動に始まり、反右派闘争が盛り上がった一九五〇年代後半の陶行知教育思想批判運動から文化大革命（以下「文革」とも略す）期にかけて、毛沢東思想の許容する範囲内での革命的な教育思想しか是認されない時代が続いた。文革の終了によって教育思想の展開や発展という面では一つの方向性しか許されなかった時代が終わり、鄧小平の改革開放の時代となって以降、多様な教育思想が復活する可能性が生まれてきた。建国から文革期まで批判の対象となり、表舞台に出ることがなかった陶行知・晏陽初・梁漱溟ら教育家たちの再評価と全集・文集などの発行や個別研究がおこなわれ始めたのが、一九八〇年代から九〇年代にかけてである。戴逸の「序言」は、こうした時代の変化を受けて、全面的に否定されてきたかに見える教育救国論に、部分的にせよ評価を与えようとした内容と受け取ることができる。教育救国論の評価は、二〇世紀末から二一世紀にかけて、さらなる変化を見せることになる。本書は、この教育救国論をキーワードとして、中国近現代の教育界をさまざまな形で支えてきた教育家たちの思想や実践を追い、かれらの果たしてきた役割を、中国近現代教育史の流れの中に位置づけることを目標としている。

本書が取り上げた個々の教育家に対する研究の視点と方向性を、以下に簡潔に述べる。

第一章では、武訓をめぐる評価の変転を取り上げる。清末の山東省において、目に一丁字無き武訓という乞食が三つの義学を興したという奇跡を追い、中華民国期までのかれの高い評価が、映画《武訓伝》制作以後、大きく揺らいでいく政治過程をたどる。この映画《武訓伝》批判運動は、武訓を称えた陶行知の教育思想を批判する大規模な運動に発展した。その中で陶行知の教え子たちも迫られて批判の輪に加わることになる。文革後の武訓再評価とその精神の称揚は、中国近現代教育史の曲折した論争史の縮図であり、武訓を論じることは教育救国論を語る上でも欠かせないテーマとなっているので、一連の過程をたどりつつ多角的に分析する。

第二章では、南洋華僑陳嘉庚の興学事業を取り上げる。シンガポールで華僑として財を成した陳嘉庚は、シンガポールだけでなく故郷福建省で集美学校や廈門大学を中心とした教育事業に力を注いだ。「毀家興学」と称せられた陳嘉庚の教育事業は、世界恐慌の影響下に持続が困難となり、陳嘉庚有限公司の経営破綻もあって、廈門大学は国立に移管することになったが、かれの興学に打ち込む姿勢に変化はなく、晩年に至るまで教育界に貢献した。その原動力は何か、かれの愛国精神との関連に注目しながら考察する。

第三章では、職業教育の提唱者として知られる黄炎培の後半生の活動を取り上げる。かれの後半生は、第三勢力の指導者としての歩みに焦点が当てられており、職業教育の展開という面で論じられることはほとんどなかった。日本では最近、抗日戦争期から国共内戦を経て建国に至る時代を継続的なものとしてとらえようとする傾向の研究が生まれてきており、職業教育も同じような視点で分析することに意味があると思われる。建国後、社会主義体制が確立されていく政治情勢下で、黄炎培は職業教育をどのような方向に導こうとしたのか、かれの初期の教育救国論的な姿勢はどのように変化したのか、といった点を中心に考察する。

第四章では、兪子夷の教育実践の変化を主として取り上げる。かれは清末民国初期の中国教育界に外国の教育理論や方法を導入する上で指導的な人物であった。かれは小学校を中心とした教育現場に主たる活動基盤を持ち、新教育の実践をおこなった。初めは日本の教育方法を評価し、日本が受容していたヘルバルト学派の教育方法論を採用したが、やがてアメリカから導入した設計教学法を試行するようになる。一方でドルトン・プランを採用することはなかったが、新たな教育方法の採用に当たっては、現実生活に役立つか否かを判断基準としており、教育現場を最優先するプラグマティックな教育家でもあった。かれの教育方法の転換を通して見られる傾向はいかなるものであるか。中国における新教育理論導入の特質にも関わる問題として考察する。

第五章では、雷沛鴻の広西省での教育政策について取り上げる。一九二〇年代から三〇年代にかけて中国各地で教育を基軸に郷村の改進を図るという郷村建設運動が展開された。雷はこうした運動が規模の面で限界を持つと考え、広西省の全省レベルで桂系軍閥の李宗仁とも協力関係を築きながら独自の初等・中等教育体制を構想し普及をめざした。それは初等教育段階での国民基礎教育運動であり、中等教育段階での国民中学の創設であった。教育の大衆化をめざし、農村建設の人材育成に努めたかれの取り組みは、広西省の経済力や卒業生の出口問題などさまざまな壁に直面した。郷村建設運動とは異なる性格を持った雷の教育理論と実践の特質を考察する。

第六章では、舒新城の前半生における教育実践と後半生における教育史研究を取り上げる。かれは若い頃から「教育救国」「教育万能」を信奉し、湖南第一師範での能力分組制や選科制の実施などに取り組み、中国公学ではドルトン制を試行した。かれはドルトン制の紹介と普及に努め、その第一人者として知られたが、この制度の問題点を分析する。かれの生涯の転機となったのが成都高等師範での教育活動の挫折で、教育史研究へと方向を変えていくが、研究を支えたのは教育改革に対するかれの強い情熱であった。その原点は私塾や書院での教育精神を近現代中国の教育現場で生かそうとする姿勢であり、当時の教育界の状況と関連させつつ考察する。

第七章では、陸費逵の学制と教科書の改革に尽力した歩みを取り上げる。かれは若くして正蒙学堂を創立し、商務印書館では『教育雑誌』の主編として清末の教育体制批判を展開し、中華民国建国後の「壬子学制」成立に当たっての学制改革に少なからぬ影響を与えた。これと並行して中華書局を創設し、各種の教科書を発行してかれの信奉する

「教育救国」を実現する手段として「教科書革命」を推進した。かれは経書に関する豊かな知識を持ちながら読経講経を無意味とし、女子教育に慎重な見解を持ちながらも男女共学の必要性を説き、女子の真の独立が国家の強化につながると述べるなどバランスのとれた思考をしていた。また能力別クラス編成や実務的な教科の設定を主張するなど教育界の改革に提言を続けた。こうしたかれの教育思想の特質を、教育界の実情と比較しつつ考察する。

第八章では、徐特立の「教育救国」から「革命教育」への転換という中国の研究で定説となっている問題を取り上げる。湖南省長沙での教育活動で注目され、四三歳からフランスへの勤工倹学を実践し、長征に参加するなど常に積極的に生きたかれは、一九二七年頃に教育救国の理論を粉砕したという。かれは形式主義や権威主義を批判し、曾国藩や蒋介石を評価するなど現実的姿勢を持っていた。とりわけ陶行知に傾倒し、その生活教育理論を評価し、大きな影響を受けていた。徐特立は年齢を重ねるとともに自身の教育救国論に対する批判を強めたが、武訓批判はおこなっても陶行知批判はおこなわなかった。徐特立の教育思想や実践が、自ら述べるように教育救国理論を克服して革命教育への道を歩んだのかどうかについて、陶行知に対するかれの評価の変遷を軸に分析する。

第九章では、陶行知の人口論を取り上げる。教育普及を阻む人口増加の壁を打破したいと考えたかれは、多子・多福・多男子の迷信を克服し、国民全体の教育水準を高めることによって中華民族の救済を図ろうとした。かれは一家族に二人の子どもという目標を掲げ、人口升降委員会の設立に加えて配偶者の科学的選択など優生学の適用にまで踏み込む部分もあったが、二〇世紀後半の一人っ子政策に見られるような強引な人口政策とは一線を画する人口抑制策を提唱した。中国の研究では、陶の人口抑制論はマルサスの人口論との比較検討に重点が置かれたり軽視されたりするなど、本質からかけ離れた評価しか与えられてこなかった。そこで教育救国論と人口抑制問題との関係を、陶の本来の目標に照らして考察する。

第一〇章では、方与厳の教育思想と実践を取り上げる。かれは陶行知より二歳年長で暁荘学校の教え子であった。陶行知の教育思想と実践方法の普及は、それを信奉する人々の貢献なくしてはあり得なかった。方与厳は、陶行知が得意としなかった歴史学的視点から陶行知教育理論を位置づけ、『新教育史』の中で評価した。陶の存命中は協力を惜しまず、かれの死後に中国共産党に接近し、大躍進期には陶行知教育思想批判の列に加わったが、方与厳の教育論を陶のそれと比較すると大きな差違がないことが見えてくる。その具体的な分析を通して、陶の教え子の主として建国後に果たした役割を考察する。

第一一章では、劉季平の教育思想と実践を取り上げる。かれは陶行知の教え子で暁荘学校の創立に加わり、中国共産党に入党して活動を続け、投獄も経験している。劉は抗日戦争中は教育活動を積極的におこない、建国後の映画《武訓伝》批判運動の中では陶行知教育思想批判の論陣を張った。しかし文革で迫害され、文革終了後に至って三〇年前の陶行知教育思想批判を撤回した。その後は鄧小平の教育思想を重視し、北京図書館館長として先端的システムの導入に尽力するなど曲折した歩みを続けた。これは陶行知教育理論の中華人民共和国における継承形態の一つと考えられるので、「陶行知集団」の一人として考察する。

第一二章では、張健の教育思想と実践を取り上げる。かれは陶行知の暁荘学校における最も若い教え子であり、早くから中国共産党に入り、冬学運動などで活躍した。かれは映画《武訓伝》批判に関連して陶行知教育思想批判をおこない、マルクス主義教育理論に忠実であった。かれも劉季平同様、文革後に陶行知教育思想批判を撤回し、鄧小平の教育政策を評価した。社会主義体制の優位性を主張しつつ、日本やドイツに対する評価、孔子や左宗棠の人物評価などに柔軟な姿勢を見せている。張健も劉季平と同様に現代中国における陶行知の後継者の一人として、教育思想の発展を考察する対象とした。

第一三章では、蔣夢麟の教育思想と実践を取り上げる。かれは蔡元培の代理として北京大学校長に就任し、西南聯合大学の時代までその任にあった。学術研究を重視し、学生の責任感を問い、北京大学の体制整備に取り組んだ姿勢は、蔡元培と共通するものであった。かれの業績は、豊かな内容を持ち、農村復興への貢献が評価されるべきであるにもかかわらず、かれ自身が台湾に移ったことから正当な評価を受けてきたとは思えない。本書では、海峡両岸のどちらにも属さない立場での考察をおこなった。

第一四章では、周谷城の教育思想を取り上げる。かれは歴史学者として『中国通史』『世界通史』などを著し、中国農工民主党の指導者として知られているが、教育家としての評価はほとんどなされていない。毛沢東と交流しつつ共産党に入党せず、マルクス主義の導入を唱えつつ孔子を教育の始祖とする。政治の役割を重視して教育救国とは一線を画しつつ、生産力増強を担う人材育成での教育の役割を強調し、教員の地位向上をめざすなど、複雑な思考をする周谷城の主張を分析することを通して、その教育思想の多様性の本質を考察する。

註

（1）顧明遠主編『教育大辞典』（上海教育出版社、一九九一年）第一〇巻、三一七～三一八頁。

（2）孫培青・李国鈞主編『中国教育思想史』（華東師範大学出版社、一九九五年）第三巻、二二〇頁。なお陳学恂主編・田正平分巻主編『中国教育史研究・近代分巻』（華東師範大学出版社、二〇〇九年）三八七～三九〇頁で、張謇が「実業救国」から「教育救国」へと転じ、資本主義発展のために伝統教育を変革したとする教育救国論の評価は、その典型であろう。

（3）一九九三年から九七年にかけて発行されたこのシリーズでは、梁啓超・厳復・兪子夷・惲代英・梁漱溟・晏陽初・蔣夢麟らが取り上げられている。

第一章　武訓と武訓伝――評価の変遷をめぐって――

はじめに

清朝末期、中国の山東省に一介の乞食でありながら三つの義学を興し、しかも五七歳五ヵ月の生涯を乞食として終えた人物がいた。その名を武訓（一八三八～九六）という。乞食でありながら『清史稿』[1]にもあげられ、「千古奇丐」と称せられる奇跡的なその生涯は、かれの生前から死後一二〇年を経過することになった今日まで、さまざまな伝承を生み、反響を呼んできた。この武訓をめぐる評価は、そのまま中国近現代の政治情勢を反映しつつ大きく変転してきたのである。

一九九一年、武訓の故郷である山東省で『武訓研究資料大全』が刊行された。武訓に関わる史料と主要な論著の抜粋は、おおむねこの書の中に収められている。それとともに第一・二次武訓研討会が開催され、新たな視点での評価が試みられた[2]。本章は、こうした書を中心に関係文献もふまえて武訓像を描写するとともに、武訓評価の変遷を通して見た中国近現代教育史の流れの中での教育救国に関わる評価の変容についても考察する。

一、武訓の生涯

一八三八（道光一八）年一二月五日、武訓は山東省堂邑県武荘において父武宗禹と母崔氏の間の子として生まれた。兄に謙と譲の二人がおり、姉も三人がいていずれも館陶県に嫁いでいる。(3) かれは伯叔の兄弟間の排行（長幼の順序）が七番目であることから、武七と呼ばれた。一八四五（道光二五）年八月、父が病死して葬式を出すと余すところ幾ばくもなく、(4) かれの家庭は一段と貧窮に陥った。この頃から母と共に乞食をしていたが、母に対する孝養の念は強く、施しを受けた食べ物などは必ず母に先に食べさせていた。(5) また乞食をして得た食べ物だけでなく、短工などの雇われ仕事で得た金をもって母に食べ物を買ってやり、孝子として称えられたともいわれている。(6)

母の崔氏は、武訓七歳の時に死去したという説があり、一般にはこの説が流布しているようであるが、(7) 実際には一八六八（同治七）年に死去という説の方が妥当であると思われる。(8) 武訓は一八六八年の母の死によって、遺産として分与された三畝（一畝は約六・六七アール）の田を売って一二〇千文の金を得て、それを元手に利殖をおこなっているからである。後年、武訓の業績に対する顕彰の意義をさらに高めるために母親に対する孝や兄弟に対する愛情を印象づける試みがおこなわれたが、(9) 武訓七歳の時に母が死亡したとすれば、孝を尽くすには期間が短すぎることになるであろう。実際のところ、実兄の武譲と武訓の仲はあまり良くなかったし、母の崔氏との関係も微妙であった。(10)

貧困の中で少年時代を過ごした武訓は、文字を学びたいという思いを抑えきれず、郷塾の児童のあとについて塾に行き、講義を受けようとした。しかし、かれは見つかって咎められ、辱められて、憤りの余り興学への誓いを立てたといわれる。(11)

一八五二（咸豊二）年から翌年にかけて、武訓は族叔父の家に雇われた。その後、三年間にわたって館陶県の張挙人の家に雇われている。この館陶県は武訓の二人の兄嫁の出身地であり、上述のように三人の実の姉が嫁ぐなど第二の故郷といってもよい土地であった。[12] この張挙人の家での年俸は六千文であった。[13] 一八五七（咸豊七）年の年の暮れ、武訓はこれまでの賃金の支払いを求めると、張挙人はかれが文字を知らないことにつけ込み、偽りの帳簿を見せてすでに賃金は支払いずみであるとごまかした。武訓が抗議すると、張挙人は手下に命じて武訓を殴らせ気絶させた。[14] やがて気がついた武訓は、張挙人の家を飛び出して自宅に帰り、眠ること三日、ものもいわず食事をとろうともしなかった。[15]

武訓はこの体験を通して、文字を知ることの重要性を痛感したという。かれの義学を興さんとする密やかな思いは、[16]次第に強くなり資金を少しずつ蓄え始めた。しかし、一八五九（咸豊九）年、その金を利殖を図ってやろうと近づいた姉の夫にだまし取られ、怒りの余り白い沫をふいて人事不省に陥り、何日も飯を食わず「武豆沫」と呼ばれるようになったといわれる。[17]

まもなく武訓は家を出て、本格的に乞食をしながら資金調達を始めた。乞食をするだけでなく、さまざまな臨時雇いの仕事もこなしており、荷担ぎ・車引き[18]や家畜の糞運び・草刈り・麦刈り・種蒔き・石臼引きなどの手伝いをおこなった。[19] さらに夜は麻を編み、布切れで束腰帯の類いを編んだ。[20] ぼろ糸や布切れなどを捻り、巻き付けて糸玉を作り、こどもの玩具として売った。こどもを馬乗りさせたり、逆立ちやとんぼを切るなどの大道芸をおこなって資金集めをした。[21] 大道芸をする際には、人を驚かせるような挙動に出ることもあり、小さな蛇やさそり、破瓦まで食って資金集めをした。[22] また武訓は、辮髪を切り売りして興学資金とした。[23] かれは施しを受けた食べ物で、多少なりともまともなものがあれば他の乞食に売り、自分自身は野菜の根や芋のしっぽを拾って食べていた。[24] 四〇歳を超えてからは、山東省西部の村々を歩き回って多くの情報を得て、多くの人と面識ができたことから媒酌活動をおこない、婚約の成立した両家からそれぞれ一千～数千文の謝礼を得て資金に充当したといわれている。(25)
梁啓超は、武訓について「日々先生は十数銭を乞食で得ているが、わずか二銭の粗末な饅頭ですませた」(26)と表現している。破廟に宿り、徹底した倹約に努めた武訓に対して、時には誇張して伝えられる多くの伝承が生み出されてきたのであろう。武訓は成人後、長工に従事したことはおそらくはなく、時々臨時雇いの仕事に就くことはあっても、生計の主たる道は乞食としての活動におかれていたと考えられるのである。

武訓は狭い額に太い首、平たい口に厚い顎の持ち主で、その姿は老婆に似ていたけれども、気概はすこぶる篤実であったという。(27)衣服については「襤褸」(28)の表現で示されるように、冬は破れた綿入れを着用し、夏はこれまたぼろぼろの短衫や長衫を着用していた。(29)武訓は肩に布嚢をかけ、手に銅杓を持って、銭や食べ物を与える者があれば、銅杓でこれを受けた。(30)汚れた顔で酔うが如く痴者の如く、家ごとに食を求めていったが、その際にも大言壮語して「私は義学数ヵ所を創建しようと考えており、名師を招き、十数ヵ村の児童を来学させて学業を成就させ、学んで優ならば仕えるようにさせたい」といっていた。歌うのでもなく、詩を誦えるのでもなく、ただその内容は義学創建を訴えるものであったが、聞く者は笑い、見る者は侮り、おおむねその言は信ずるに足らずとした。(31)しかし、人々に軽視され、嘲笑され、侮辱されても、武訓は一切気にかけないようであった。(32)かれは「要銭」と「修義学」をさまざまな言葉で表現した。(33)後に武訓が「出口成章」の文学大家であり、「生活はこれ詩、生活はすなわちこれ文章」と評された所以でもある。(34)

一八七四（同治一三）年、それまで蓄えてきた二一〇千文を、館陶県の婁峻岭に預けて利殖を図ってもらうことになった。婁峻岭は紳士の身分で、「義学症」の乞食のために銭を預かってやる必要はないと考えていたが、まる一昼夜、門前に跪いて依頼をした武訓の熱意にうたれて承諾した[35]。もっとも婁峻嶺は武訓の利殖を引き受けたものの、その義学を創建するという志は夢物語として、まともに相手にしようとはしなかったのである[36]。このときの利息は月利二分から三分ということで[37]、いわゆる高利貸しの部類に入るものである。生活費をほとんど必要としない武訓は、収入のほとんどすべてを蓄え、一〇千文蓄えるとこれを預けにいった[38]。こうして膨れあがった資金を、武訓は土地購入に投下していった。

一八七八（光緒四）年以降、かれは次々と土地を購入している。この頃、武訓は二つの小さな籠を肩にかけていた。その一つには日雇い労働に必要な道具を入れ、もう一つには債権簿を桐油を塗った防水布で包んで入れていた。かれは金を貸せば、跪いて簿内にそのことを書き込むよう求め、防水布に包んで雨に遭っても濡れないようにしていたのである[39]。少年時代に学習の機会を逸した武訓は、生涯を通して目に一丁字無き存在であった。そのため他人が偽った記載をしても指摘できなかったものと考えられる。実際に、三七歳から四一歳の間、婁峻嶺とともに利殖を依頼した館陶県西二庄の郜某に二〇〇千文を騙し取られてしまった[40]。金を預けるときに証書を作っていなかったためである[41]。

武訓は興学に理解があり、安心できる預け先を探していたが、やがて堂邑県の歳貢生楊樹坊に頼ることになった。義学創設に関しては婁峻嶺に相手にされず、館陶県劉塔頭村の劉某に協力を呼びかけたが受け入れられず、結局、楊樹坊に話を持ちかけたのである[42]。堂邑県柳林鎮の邸宅の門前に跪く武訓に対して警戒心を抱いた楊樹坊は、直ちに使用人をやって力ずくで追い払おうとしたが去らず、顔に唾を引っかけて辱めたが去らず、銭を与えても去らなかった。結局、武訓は四～五昼夜にわたって門前に跪き続けたのであった。根負けした楊樹坊は、武訓を招き入れてともに語り、その志に賛同することになる。楊は武訓の資金の運用を親身になって図るが、その利息は月利で最高三分、最低二分二厘で、借金額の多寡によってランク付けをおこなった[43]。

武訓は多様な債権を防水布に包んで大切に携行していたが、文字を知らないかれが文面を読解できたとは考えられない。ただかれには執念にも似た記憶力があって、日利・月利・年利と複雑を極めた貸借内容を細かい端数に至るまですべて記憶しており、郜某のケースはあったが、総じてトラブルは生じなかったといわれる。[44] 武訓の性格は、廉潔で堅苦しかったといわれ、[45] 几帳面な性格であったと考えられる。

武訓が蓄えてきた資金を投下しての土地の集積は、一八七八年以降本格化した。一八八六（光緒一二）年までに二三〇畝余（約一四・一ヘクタール）に達したが、その内訳は買い入れたものが一九〇畝五分二厘、質入れされたものが四〇畝であった。[46] その後も土地の集積を続けて『武訓歴史調査記』によれば、一八九三（光緒一九）年までに二八五畝余（約一七・五ヘクタール）に達している。[47]

一八八六年、堂邑県柳林鎮に義学を創建することを決定した。楊樹坊は武訓に対して、初めはかれの故郷である武家荘に創建するように勧めたが、武訓は土地が狭く、後日武氏一族に独占されることを怖れて、地の利が良くて運営の責任を負ってくれる人物がいる柳林鎮に建設することにした。[48] 武訓は既に武家荘に宅地を五五五千文で購入しており、[49] 狭いとはいえ義学創建は可能であった。その方針を採らなかったのは、かれの実兄との折り合いの悪さに原因があったようである。実兄の武譲は生業に務めず、弟が土地とお金を持っているのに目をつけて、融通してくれるように掛け合ったが、武訓は耳を貸そうとはしなかった。[50] また別の文献によると「兄の武譲は学田の大半を借り、占拠して己の所有物とし、惜しんで租を納めようとはしなかった。武訓は努めてこれと争い、天に対して盟誓するに至った」[51] とあるので、実際のところ武譲は、学田を自身の所有物の如く扱い、武訓と対立していた可能性が大きい。それだけに武訓は、血縁関係のない楊樹坊に頼ろうとしたと考えられる。

一八八六年冬、武訓は二三〇余畝の土地の他に二、八〇〇余千文を、義学の建設費として寄付した。地価は四、二六三千文余りとなっており、[52]建設費として寄付したものを含めると七、〇〇〇余千文という額になる。この学田からあがる地租総収入は、三六八千文。そのうち七〇千文の漕糧を納めて、残りを義学経費にあてることになった。内訳は教師の謝礼一〇〇千文、俸給三〇千文、残りは器具購入の費用となっていた。[53]建設費の不足分一、五七八千文は近隣の有力者が援助し、[54]一八八七（光緒一三）年春には、郭芬が一畝八分、穆雲五が二畝の土地を寄進して、[55]これが校地となった。翌年、ここに瓦葺き二〇間の校舎が完成した。[56]

二三〇畝余の土地を持つ武訓が、なぜ郭芬と穆雲五のさして広くない土地の寄進を待って建設に取りかかったのであろうか。それは二三〇畝余の土地は、あくまでも学田と考えており、その小作料を運用して基本的に無料の教育（義務教育ともいう）を維持することをめざしていたためと考えられる。しかもこの土地だけでは実際の運用が難しかったので、校地の寄進にも期待したのであろう。「崇賢義塾」と名付けられたこの義学は、経・蒙両班に分かれて学生数五〇名以上となっていた。この開学式典で武訓は、乞食の身分であることを理由に招待者と同じテーブルにつこうとはしなかった。堂邑県知県の郭春煦は、武訓の衣服がぼろぼろであることを憐れみ、銀一〇両を与えて衣服を整えさせようとした。しかし、武訓は固辞して受け取ろうとはせず、最終的には受け取ったものの義学の経費に入れてしまった。[57]

山東巡撫の張曜は「この義挙については、高位に上り、資産を有しても寄付を肯んじないものでありますが、武七は貧苦の小民であるにもかかわらず、衣食を切り詰めて、半生の蓄積を尽くして義学を成しました。……武七が義学に寄付した金は、合わせて七、〇〇〇余千文、銀二、〇〇〇両以上にあたり、調べてみますと建坊の例に合います。……武七に建坊を許し、「楽善好施」の文字をいただいて、郷里に善行を表彰いたしたく存じます」[58]と上奏した。この結果、「楽善好施」の扁額は一八八九（光緒一五）年三月に下賜された。[59]

同じ一八八九年、武訓は僧侶の了証と知り合い、かれの懇請を承けて館陶県の楊二庄義学の設立を援助した。その援助内容は、三〇〇千文かそれ以上[60]といわれ、翌年にこの義学は完成した。[61]

一八九五（光緒二一）年、武訓は臨清州で御史巷義学の設立を援助した。その援助内容についても諸説がある。[62]ただ少なく見積もっても、三ヵ所の義学設立に使われた援助の総額は、一〇、〇〇〇千文を超えたと考えられるのである。

その他に、武訓は趙郎柴、王二大寨などの村にあった善書会に二〇〇余千文を寄付して、善書の頒布にも協力した。[63]武訓の名声が、こうした募金活動を容易にしたことは事実である。[64]また一方で、清朝の学部侍郎裕徳が武訓に与えた銀二〇〇両[65]や山東巡撫張曜が与えた銀二〇〇両[66]は、いずれも義学の経費に姿を変えたのであった。武訓は一介の乞食をもって三州県の学を興し、一万余千文の資を蓄えても一銭も自らのものとせず、苦しむこと四〇年にして一息も怠ることがなかったのである。[67]

武訓は四九歳にして最初の義学を創建した。かれはかねてより義学創建を呼号しつつ山東省西部の村々を巡っていたが、ようやく人々に対してその約束を果たしたのである。武訓が義学創建のために土地を集積したありさまは、『武訓地畝帳』[68]に収められた文書より見て取ることができる。この文書によると、一八七九（光緒五）年には武七のことを「武学正」と記し、翌一八八〇年になると「義学正」となって、以後ほとんど「義学正」に対して土地を売ったことになっているのである。

義学創建を呼号する一人の乞食に対して、実際の設立より七年も前から人々は「義学正」という尊称を使っていた。「義学正」とは、あるいは大言壮語する武訓に対する皮肉を込めた表現かもしれないが、文書に記録するとなると多少はニュアンスが違ってくるであろう。武訓は一八七九年までに一九畝余りの土地を入手していたが、一八八〇年より急激な土地集積を進めている。[69] 柳林鎮一帯で武訓が購入した土地は、砂の多い痩せ地であったため価格が安かったとはいえ、[70] 爆発的なペースで土地集積をおこなっているのである。その資金は楊樹坊や婁峻岭に高利で運用してもらったものであっただろうが、その資金力に対して人々はある種の感嘆の意を込めて「義学正」と呼んだのではないだろうか。それだけに義学創建の約束を、果たさなければならなかった。

「義学正」武訓は、その富に負けるような人物ではなかった。楊樹坊や婁峻岭をはじめ周囲の人々は、武訓に妻を娶ることを勧めた。[71] 儒教的世界においては「不孝に三あり、後なきを大となす」という倫理観念は、天地の大義であり絶対に遵守しなければならないことであった。しかし、武訓はこの忠告に耳を貸そうとはしなかった。かれは「人生七十古来稀なり、五十三歳にして妻を娶らず、親戚朋友はすべてなく、義学症にて死せん」と歌っていた。[72]

楊樹坊らは武訓が義学を創建した後、妻を娶らぬことを遺憾として良田四〇畝を選んで武訓に返し、かれが妻を娶り子をつくる資とさせようとした。武訓は、かれの兄姪の生活が苦しいので、この四〇畝を祭田として耕作を任せ、そこから一〇千文の小作料を出させて義学の用に当てることにした。その余剰分については先祖を祭る経費や日常の生活費に回させ、自らは妻を娶ろうとはしなかったのである。[73] 武訓は自らが妻子を持てば、破廟に宿ることができず、宗族郷党は一人二人と分け前にあずかろうとし、不肖の子孫は一人二人とでたらめなことをして、万余緡（一万余千文）の資産は浪費され、ひとたび尽きれば興学の願いも共に尽きることになるであろうと考えた。[74] これが武訓の基本的な認識であって、「徹底した唯目的論者である」[75] と評される所以である。

崇賢義塾は張崔隼を師に迎え、内課生三〇余名、外課生二〇余名で出発した。[76] 「堂邑崇賢義塾規則」[77] に見られるように学規は整粛で、教室は一杯になっていたという。ある日、授業の始まる時間になっても塾師は昼寝をしていた。武訓は焦る気持ちを抑えながら、塾師の前に跪いてじっと待っていた。やがて目覚めた塾師は、武訓を見て驚き、恥じ入るとともに、二度と同じことはしなかったという。子どもたちが遊びほうけていると、武訓はやはり跪いて注視するので、あい戒め合って真面目に学業に取り組んだという。[78] 武訓は義塾の維持に心をくだき、生涯を通して乞食を止めようとはしなかった。武訓は人々から施しを受ける際には、手ずから受けず、銅杓を用いていた。施主の大多数が婦女子である。武訓は「男女の授受親しむべからず」という礼教的観念を忠実に守って、直接施しを受けることはなかった。[79] 律儀で頑固な武訓の姿が、浮かんでくるようである。

一八九六（光緒二二）年四月二三日、それまで数ヵ月にわたって腹痛が続き、下痢が止まらず衰弱した武訓は、その苦難に満ちた生涯を臨清の御史巷義学において終えた。平常、倹約の度が過ぎ、とくに胃腸は弱っていた。[80] その遺骸は崇賢義塾の東壁外に葬られた。武訓の葬儀の時、死を悼み送る郷民は数万人に達したといわれる。[81] 馮玉祥が追憶しているように、漂泊すること三〇余年、一度としていい飯を食わず、いい衣服を着用せず、暖かいベッドに眠ることのなかった生涯であった。[82]

武訓は単に義学を創建するだけでなく、維持・発展を願って学田を拡大し、財政的基盤とする配慮を怠らなかった。しかし、かれの死後さまざまな問題が発生し、その維持は困難を伴うことになる。まず崇賢義塾は楊樹坊亡き後、楊名遠・楊然荻の二名が学田を私物化するとともに、受け入れる学生はかれらの親友・隣人の子弟で、弊害をもたらすこと甚だしいと告発された。[83] これに対して二人が学田を私物化したという証拠はなく、学生も楊姓の者だけでなく、郭・穆・柳・趙姓など広く子弟を集めているとの反論がなされ、[84] 堂邑県知県によるこれを裏付ける報告もされている。[85] しかしその後、武訓第一初級小学堂の責任者として、楊然荻に代えて巡検の趙壁光と文生の馬君琦が任命されており、[86] 楊名遠と楊然荻の二人の運営に問題があったことは間違いないであろう。館陶県の楊二庄義学は、武訓と了証亡き後、日々不振を加えていたが、艾塞の張光閭・張景韜の二人の尽力によって艾塞に移されて建て直された。来学者には臨清・荏・博・清・館・冠・莘といった州県の他に、他省出身者もいたという。[87] 臨清州の御史巷義学は当初トラブルに見舞われたが、[88] やがて臨清私立武訓小学と校名を改め、「武訓第二」と評された王丕顕（一八六八〜一九三三）の手によって拡充・発展させられることになった。[89]

二、武訓の評価をめぐって

（一）解放前の武訓評価

清末から中華民国期、武訓の業績はおおむね高い評価を受けてきた。梁啓超の言葉は既に引用したが、中華民国初期の教科書も武訓の伝記を収録している。[90]

張謇（一八五三〜一九二六）は、著名な民族ブルジョアジーであるとともに教育にも関心を寄せ、通州師範、女子師範、南通学院等の学校を創設し、多くの学校に資金援助をおこなった。[91] この張謇が武訓を「きわめて偉大な乞食」と称賛するとともに、「真に孔子・墨子の意を知り、孔子・墨子の道を行う者なり。……武訓はついに一乞食をもって天涯の真人と化し、万物の表に卓立し、これすなわち六洲万国の教育者はみなまさに崇奉すべき者なり」と称えたのである。[92] さらに張謇自身は武訓に「万も及ばず、万々も及ばず[93]」と謙遜している。

一九二一（民国一〇）年、北京政府の大総統徐世昌（一八五八〜一九三九）は、武訓の業績に対して「熱心公益」の扁額を与えた。[94]

蔡元培（一八六八〜一九四〇）は、民国初代の教育総長や北京大学校長を歴任し、文化教育界に赫々たる名声を得た人物である。かれは一九二八（民国一七）年、臨清武訓学校の発起人として武訓の業績を取り上げ、「婦女子でもほとんど武訓が空前の義人であることを知らない人はない」[95]と称えている。さらに蔡は武訓生誕九七周年に際しても「武先生はわれわれに対して「あなたがたは再び教育経費が調達できないというなかれ、ただあなたがたがよく刻苦して真面目にやればよいのだ！」といっているように思う」と述べて、武訓がわれわれを目覚めさせてくれたと結論づけている。[96]

舒新城（一八九三～一九六〇）は、中国近現代における代表的な教育史家である。[97]舒は武訓について「武訓は教育史上空前にして絶後の人物である。……武訓は教育家であり、宗教家であり、社会主義者であり、哲学者である。……イギリスのオーウェン、フランスのフーリエといったユートピア社会主義者の系統に属しており、……ペスタロッチと暗々にあい合している」[98]ととらえている。ただこの舒新城の武訓評価は、手放しの称賛という印象が強く、総花的でその独自性をとらえきっていないように思われる。

一九三四（民国二三）年、蔣介石国民政府は新生活運動を開始した。「礼儀廉恥」を活動の準則とし、「衣食住行」より国民生活を改造し、その「芸術化、生産化、軍事化」を進めようとするこの運動の基本には儒教教育があった。[99]そして、この運動の展開過程で武訓の顕彰がおこなわれた。儒教倫理に忠実であったかに見える武訓の生き方は、新生活運動にとっては格好の象徴となった観がある。武訓生誕一〇〇周年ではなく、九七周年記念の運動として推進されたところにも、その意図が窺えるのである。国民政府は続けて、一九三八（民国二七）年三月二八日、林森主席、孔祥熙行政院院長、何鍵内政部長、陳立夫教育部長の名義の下に武訓を褒揚する命令を出した。[100]この時期、武訓に対する賛美はピークに達していたといえよう。

陶行知（一八九一～一九四六）は、中国近現代の代表的な教育家で、情熱的な思想と実践によって広範な影響を中国教育界に与えた人物である。陶は一九四〇（民国二九）年に「幾千幾万の新武訓を生み出し、貧苦の小朋友を助けて、求学の機会を得させよう[101]」と述べた。翌年には「以前武訓先生は一人の「乞食」でありながら三ヵ所の学校を創ったが、われわれが一ヵ所の学校も維持できないとなったら、たいへんな恥ではないだろうか？」と抗日戦争下に困難を極めた育才学校の維持を訴え、われわれは「集体的新武訓」とならなければならないと説いている[102]。

一九二〇年代、晏陽初（一八九〇～一九九〇）とともに平民教育運動を担い、やがて晏と袂を分かった陶行知は、武訓を善人、義人であるばかりでなく、一個の真正の平民の詩人、平民の歌者であると位置づけた[103]。この評価は、歌うが如く語るが如く義学創建を説き続けた一個の乞食の姿を、念頭においたものであろう。平民教育運動は教育普及をまず第一の目標として展開された。陶は武訓を評して「普及教育の先導であり、私人興学の代表人物[104]」とする。さらに陶は一九四四（民国三三）年に「私は常に武訓先生の精神は、三つの無と四つの有とでそれを表現できるといっている。かれは一に金がなく、二に頼りとするものがなく、三に学校教育がなかった。かれの四つの有とは、一に大衆の需要に合った宏い願望を持つ、二に自己の能力に合った方法を持つ、三に公私分別の廉潔さを持つ、四に徹底してやり遂げるという決心を持つ、というところにあった[105]」ととらえている。陶は武訓に仮託しつつ、教育環境を取り巻くさまざまな困難に立ち向かおうとしているのである。一九四五（民国三四）年には、武訓生誕一〇七周年記念運動がおこなわれ、陶は「武訓先生は、学校の開山祖師といえるだろう。……四億五千万人の人民はいずれも幾千幾万の異なった武訓先生になることができる[106]」と改めて教育普及への国民的結集を訴えたのであった。

職業教育運動は平民教育運動とともに、中国近代の新教育運動を代表するものであった。この運動の中心的指導者が、黄炎培（一八七八～一九六五）である[107]。黄は「武訓先生は自己の苦痛のために、人々の苦痛に思い至り、さらに人々の苦痛を解除するために、自己の身に終生苦痛を受けることを惜しまなかった人である[108]」として、武訓の利他の心に高い評価を与えた。

郭沫若（一八九二～一九七八）は、著名な文学者・歴史家であるとともに政治家としても活躍した人物である。一九四五年一二月、郭は武訓を「中国のペスタロッチ」と表現し、その業績を評価した。(109)

この他にもさまざまな人物が武訓の実践を評価したが、やはり陶行知の武訓への傾倒が抜きんでていると思われる。陶は自らの実践と結びつけて武訓をとらえ、困難を極める教育活動でも必ず達成可能であることを、武訓の偉業によって検証しているように考えられるのである。陶の武訓に対する評価は、かなり主観的で心情的である。これに対して、解放前から武訓に対する客観的評価を下そうとする試みも見られた。その一つをあげてみよう。

一九四三（民国三二）年、秋楓は「我々は今日でも武訓と同じように乞食をして義学を興すべきであろうか？　完全にそうではない。……われわれは武訓の精神と義学を興したことを称賛するが、かれは労苦する大衆の苦しみを解放できなかったし、かれが一つの苦しみの根源という問題から問題の解決ができなかったことは明らかではないだろうか。……われわれは戦闘的な人生観を持たねばならない。……武訓は乞食という立場を終生保ったが、われわれは生産者の立場を堅持しなければならない。武訓は孤軍奮闘したが、われわれは集団の力で奮闘しなければならない(110)」と述べている。陶行知とは対照的な視点よりの評価と見ることができるだろう。

（二）解放後から文革期までの武訓評価

映画《武訓伝》の撮影が始まったのは、一九四八年の夏であった。しかし、北京で始まった撮影は同年一一月に停止される。この制作権を上海崑崙公司が購入し、一九四九年一月より撮影を再開した。予定の三分の一が完成したとき、国共内戦の影響でまたも中断され、重要なキャストは北京と台湾に別れていった。このような紆余曲折を経て一九五〇年一〇月に映画はようやく完成した。[111] この《武訓伝》は架空の農民革命の英雄である周大を登場させたり、武訓の母がかれ七歳のときに亡くなって親戚に頼る者がいないとしたり、義学創建の決意を不吉な夢によるとしてフロイト的手法を用いたりするなど[112]脚色された部分が少なくない。しかし、映像の訴える力は強く、好評を博したのである。

映画《武訓伝》に対する批判は、一九五一年三月末より始まった。同年三月二五日、晴簃が「われわれは無批判的に《武訓伝》を称賛してはならず、さらに無条件にそれを学習することもできない[113]」と問題提起をした。これをうけて一ヵ月後の四月二五日、賈霽は「識字は農民の本格的な要求ではない。武訓は周大の武装行動を止めようとした。武訓の生活実践の方法は階級調和の路線であり、「改良主義」の方法に近似し、妥協と投降がその実質である」という趣旨の批判をした。一方で、陶行知を取り上げて「国民党のきわめて悪い統治下の白色テロルという環境と条件は、人民教育家の人民のために奉仕するという理想に対してさまざまな破壊と障害をもたらした。こうした中で、武訓精神を提起することは、積極的な役割を持っていた」と武訓と陶行知とをはっきり区別する評価も見られた。[114]

この陶行知の武訓評価に対してはっきりと疑問を提起したのが、同年五月一六日に『人民日報』に掲載された楊耳論文で「反動統治下で「武訓精神」を宣揚することは、直接「大衆の文化と政治における戦闘力を低め腐らす」ことになるのではないか」と述べている。[115] その四日後の五月二〇日、『人民日報』に掲載された「社論」の「映画《武訓伝》の討論を重視しなければならない」から、武訓批判が本格化することになる。この「社論」において毛沢東は「武訓は……根本的に封建経済の基礎およびその上部構造にいささかも触れようとはせず、かえって熱狂的に封建文化を宣伝し、自分が持たなかった封建文化を宣伝する地位を得るために、反動的な封建統治者に対して卑屈な態度をとってよしとしたが、この種の醜悪な態度を、われわれはどうして称賛しなければならないのか?」と痛烈な批判をおこなった。[116] 合わせて共産党員の映画《武訓伝》批判運動への参加を要求した。また同日付の『人民日報』記事は「この一つの具体的な例を通して党の世界観である弁証唯物論と歴史唯物論の基本的な観点および共産主義、人民民主主義の革命内容を明らかにし、党員を助けてマルクス＝レーニン主義理論の立場、観点と方法を運用して、武訓と《武訓伝》および武訓に関する各種の称賛の文字の反動的で誤った思想に対して系統的な批判を進めなければならない」[117] としていた。この日から武訓と映画《武訓伝》批判の嵐が、中国全土に吹き荒れていく。

その膨大な批判文の目録は、『大全』九五三頁以下に示されているところである。例えば、楊耳は「武訓の義学はその実不義の学である。金は残酷に強奪したものである」[118] とし、《武訓伝》に関しても「周大の代表するところの農民起義の革命路線は、映画の中では惨敗し、問題を解決することのできない無益な闘争になっている」[119] と階級的視点の欠如を批判している。また何其芳は「武訓の創設した義学は徹頭徹尾封建主義の学校であって、完全に反動的な性質を持っている」[120] とし、「武訓は二一歳以後一個の労働者ではなく、社会の剰余労働に頼って寄生生活を送る游民であり直接他人の労働を搾取する高利貸しとなった」[121] と位置づけた。

一連の武訓批判をさらに徹底させるために、一九五一年に武訓歴史調査団が組織された。人民日報社の袁水拍、中央文化部の鍾惦棐・李進ら一三名からなる調査団は、山東省の堂邑・臨清・館陶などの諸県において二〇日余りの調査工作をおこなった。その調査結果は同年七月二三日から二八日まで『人民日報』に連続的に発表され、大きな反響を呼ぶことになる。この中心メンバーの一人である李進とは毛沢東夫人の江青であり、調査は終始一貫、武訓にとって不利な証拠を集めるために進められた。

この調査団による調査結果は、『武訓歴史調査記』として公刊されたが、武訓に対する批判の基本は以下の諸点におかれていた。青年時代に農民反乱軍に背を向け、地主集団の側についたこと。[122] 武訓はその生涯の中で労働したのは、一〜二年に過ぎなかったこと。(123) 四二歳以後は乞食の衣をまとっていても、一個の大債主、大地主であり、売りさばいた「善書」は封建的な教育内容を持ったものであったこと。(124) 一八八八〜一八九四年の崇賢義塾には「蒙班」がなく、「経班」のみで、その学生も大半が地主の子弟であって、その他は富農・商人の子弟であったこと。(125) 資金捻出のための利息が、当時の最高水準であったこと。(126) こうした指摘をした上に、確実な証拠もないまま、一八八八年以降、武訓が堂邑方面で獲得した財産は、かれの私有財産であって学校には寄付していない、(127) と憶測に基づく記述さえしているのである。

この調査団が山東省を訪れた際、堂邑県の県長趙安邦は「武訓というこの人に対して誤った批評などできない」と主張し、県委の書記段俊卿に李進こそ江青であると注意されて発言を撤回した。(128) 同様に清朝の「藤甲兵」だった李漢邦は武訓を称賛したが、村の幹部に注意されて証言を拒否した。(129)

毛沢東のいう「実事求是」の精神から乖離し、政治的意図のもとに特定の結論を引き出そうとした調査団は、同時に「農民革命の英雄」宋景詩の事蹟を発掘した。武訓が二二歳の頃、堂邑・館陶・臨清・冠県一帯に捻軍と関係を持つ農民起義が発生した。宋景詩の起義である。(130) 宋景詩は五大旗の一つである黒旗軍を率いて、後に崇賢義塾の後援者となる楊樹坊の叔父楊鳴謙の民団との戦いを繰り広げ、ついに楊鳴謙を殺害した人物である。宋は一八六一年に反乱を起こすが、清軍の攻撃を受けて降伏。清軍の指揮下に捻軍討伐戦に従軍したが、劣勢に陥って逃走。追われて再度清軍に投降するなど叛変—帰順を繰り返し、一八六三年に清軍の攻撃を受けてかれの率いる黒旗軍は四散した。

それでも武訓歴史調査団はあくまでも宋景詩の行動を正当化し、調査に応じた農民たちに「宋景詩の「投降」は決して真のものではなく、清将側の矛盾を利用し、自己のために時間を稼ぐ策略的な暫時の投降であった」(131) と語らせている。当時、中共の文化政策推進の責任を負っていた周揚は「われわれは映画の中の周大が宋景詩を反映しているかどうかは知らない。しかし如何を問わず、映画の中の周大あるいは実在の宋景詩と武訓の間には、農民と地主、革命と反革命の間の調和できない敵対関係以外に、いかなるその他の関係も持つことができなかったのである[132]」と述べている。武訓批判のためには、実在した宋景詩を「農民革命の英雄」に仕立てなければならなかったのである。

つぎに来るのは、武訓を終始賛美した陶行知に対する批判である。その経過を解放直後の『人民教育』誌に拠りつつ概観する。一九五〇年八月の『人民教育』第一巻第四期は、「社論[133]」で陶行知の教育理論と実践のいくらかの欠点を指摘しつつ「陶先生の教育思想と教育経験は中国人民教育の一つの貴重な遺産である。……これらはすべては革命的民主精神に満ち、多くのものは今日なお継続して適用されるものである」と評価した。しかし、《武訓伝》批判運動の急激な展開の中で『人民教育』誌上でもまず武訓と《武訓伝》批判、その後を追うように陶行知教育思想批判という展開が見られることになった。

解放区教育の最高指導者として活躍した徐特立（一八七七～一九六八）は、武訓の「『苦行』はまさしく反革命的な苦行である[134]」と述べ、社会科学者で民主促進会理事の馬叙倫（一八八四～一九七〇）は、武訓の行乞興学を「反動統治階級を助け、人民大衆とは何の関係もない[135]」として、従来の見解を修正し自己批判した。『人民教育』における武訓批判は、同時に教育の階級性を問うものに変わっていく。「改良主義教育思想を擁護する人は、……武訓の「義学を興す」教育内容の階級性を無視し、盲目的に労働人民が字を識れば「翻身」できると考えてきた[136]」「教育はどの階級のためにおこなわれるか……教育の本質は……教育の思想性・目的性において決まる[137]」「教育はすべて一種の階級統治の工具である[138]」といった主張が続出したのである。

それとともに陶行知の薫陶を受け、教育実践に協力してきた人々が、迫られて陶行知教育思想批判に踏み切ることになった。前述した陶行知の「三無」「四有」について、張健はそれを逆転してとらえ「『三無』は「三有」である。

一、金を貸し、地租を納めさせて一万二千吊銭余、八〇〇余畝の土地を得た。二、楊樹坊、婁峻岭、施善政、郭春熙、張曜、袁樹勛等の封建地主階級を後ろ盾にした。三、孝廉の崔廉準、賈品重、曹連枝、進士の顧仲安等の封建教育を受けた高級知識分子がかれの「義学」を援助した。……武訓の「四有」は「四無」である。一、大衆の宏い願望に合っていない。二、自己の能力に合ったやり方をしていない。三、公私分別の廉潔さがない。四、窮人のためにその徹底的にやるという決心がない[139]」と述べている。山海工学団の学生で、陶行知が生み出した「小先生」制第一号である張健が、師の説を全面否定するかのような説を述べているのである。張健と同様に山海工学団の学生であった董純才も「陶行知の教育学説は、完全にアメリカのデューイの実用主義教育思想の中国における翻刻であり、反科学的であり、反マルクス＝レーニン主義のものである[141]」とその師を批判する。また暁荘師範以来、陶行知と教育実践をともにしてきた戴伯韜も「晩年に至っても陶行知は武訓の唱道した普及教育に合致する趣旨を説いた。しかし結果として教育は普及せず……小ブルジョア階級の改良主義的幻想が暴露された」と批判する。[142] 暁荘師範時代の教え子である劉季平も「陶行知先生は「行」を強調し、かつ行―知―行の一つの公式を持っていたが、完全に弁証唯物主義の認識論と異なっていた[143]」と指摘する。これらは陶行知にゆかりのある教育界の重鎮たちを、公の場に引き出して自己批判を迫ったものと考えられるのである。

一九五七年にようやく陶行知の再評価の動きが生まれてくるが、鄧初民[144]や張宗麟[145]らの提言は実現するには至らなかった。武訓も陶行知も復権を果たし得ぬまま文革期を迎える。さらに武訓批判は、文革期に再び激しさを加えることになるのである。

(三) 文革以後の武訓再評価

一九七七年に文化大革命の終結宣言が出され、一九八一年の「建国以来の党の若干の歴史問題についての決議」で文革の誤りが指摘された。これに先立つ一九八〇年、張経済が「武訓に対する再審理をおこなうことを希望する」という一文を発表した。「武訓に何の罪があるのか？　かれは屈辱に耐え忍んで貧しい子どもたちに義学を作ったからではないのか！　これが何の罪になるのだ！　この貧しい人のためによいことをした正直者は、あろうことかかれの死後数十年たって、新中国が成立して間もなく大禍が襲い、ひどいことに批判に遭い、清朝支配階級の奴才、農民起義の仇敵、帝国主義者が中国を侵略した共犯者とされた。……これもまた江青らの人が五〇年代より起こした文化専制主義と文化虚無主義の造り上げた悪い結果である」とした張は、一、武訓は田産を私物化せず、二、清朝の与えた黄馬褂を受け取らずに無償の教育の維持に努め、三、農民起義に反対せず、四、かれの義学は一定の成果を上げた、と主張したのである。[146]張の論文は『斉魯月刊』一九八〇年第四期に掲載されたが、たいへんな反響を呼び、多くの読者が発行元に手紙や文書を送って自己の見解を語った。そして、圧倒的多数の者が武訓と《武訓伝》の冤罪を認め、少数の者が批判は正しかったと語った。[147]だが、読者の反響だけで武訓と《武訓伝》に対する評価が、一変するものではない。依然として武訓と《武訓伝》に対する厳しい見方が続いていくことになる。

一九八一年に範際燕は、『人民日報』の一九五一年五月二〇日の「社論」は基本的に正しいとした上で、《武訓伝》は「われわれに革命の伝統を捨てさせ、われわれに旧い経済基礎と上部構造に手を触れさせず、われわれの行動に改良主義の温和な色彩を塗るものである」[148]と主張した。一九八三年に範守信が、武訓は「訓となすに足らざる人」であり、侮辱や圧迫に抵抗しようとしない人間であったため、山東軍閥の韓復渠は「魯（山東省）西一帯の人民が武訓のようであれば、魯西を治めるのは容易である」といったと述べ、《武訓伝》にも厳しい目を向けた。[149]しかし一方では、《武訓伝》批判運動の中で実事求是の分析が欠乏し、政治的色彩が濃く、一部の同志を悲惨な境遇に追いやった、と指摘している。[150]このように少しずつ正当な評価が生まれつつあったが、《武訓伝》批判以来の思想弾圧の後遺症のためか、疑心暗鬼の状況が続き、しばらくは武訓の全面的な復権へと発展することはなかった。

一九八五年九月五日、中共中央政治局委員胡喬木による陶行知研究会と陶行知基金会の成立大会における談話が、武訓再評価の大きな転換点となった。胡喬木は武訓と《武訓伝》批判に対して「この種の批判は非常に一面的で、極端に粗暴なものである」[151]という判断を下したのであった。党中央のお墨付きが与えられたのである。さっそく「胡喬木同志が武訓の冤罪を晴らすために重要な講話をおこなった。この重要な講話は実事求是路線の再現であり、われわれは衷心より擁護しなければならない」[152]という意見が生まれることになる。陶行知教育思想再評価の動きもすでに始まっていた。[153]

これより武訓に対する比較的自由な立場からの評価が、おこなわれるようになってくる。「武訓は崩れかけた家屋の中で拾ってきた数粒のカビの生えた漢方薬を飲み毒に当たって死んだのであって、死んだときには一身にぼろぼろの衣服を身につけていただけであった」[154]と改めて「大債主、大地主」像が否定された。また農民起義との関係でいえば「武訓が農民起義の隊伍に加わらなかったといって、かれを非難することはできない。……もしそうすれば、かれはただ孤立するばかりである。なぜならこの時代、何億という農民の中で、武器を取って起義に参加した者は少数に過ぎなかったからである。……武訓の生活した武荘で、当時農民起義の隊伍に加わった者は一人もいなかった」[155]として、武訓の行動を認めるとともに、宋景詩を発掘した武訓歴史調査団による史料の歪曲と意図的な見落としを検証したのであった。[156]「搾取、圧迫を受けたということの点からいえば、かれと魯迅の書いた阿Qの命運は同じようなものであり、「その不幸を哀れ」まなければならない。しかし、武訓は阿Qの「革命」の道を歩むことなく、かれは「精神勝利法」の別の一つの極端へと向かい、かれは「字を識らない苦しみ」から抜け出すために、命をかけて義学を興した」[157]のであった。

武訓の義学創建が高利貸しによってなされたという非難に対しては、清末民国前期に興学をもって名を知られた陳嘉庚・葉澄衷・楊斯盛を取り上げ、「かれらの興学の資金はすべて商業を経営することによって蓄積されてきたものであるが、それをすべて搾取によってなしたというのであろうか？」[158]と武訓だけを差別視することを問題とし、葉澄衷と楊斯盛の「二人は富をなしたが、武訓はあくまでも乞食であった」[159]として、むしろ武訓の姿勢を高く評価する見解も出ているのである。

武訓が封建文化を宣揚したという批判に対しては、「かれの義学で教えられた『百家姓』『三字経』『千字文』などの封建課本は時代が決定したもので、当時の学校でこうしたものを学ばずして何を学ぶのであろうか？」[160]「一個の少しも文化を持たない乞食が、一九世紀後半の中国山東省に住んで、どうして何が封建文化で、何がそうでないかを理解できただろうか？」[161]とその時代的背景と社会状況の中で評価すべきという反論がなされている。

「武訓の身に体現された社会的責任感、己を捨てて人のためにする精神、道徳・理想を物質の享受より重んじる品性と理想を実現する堅忍不抜の気力は、今に至るもなお学習の価値がある」[162]とする高い評価がある一方で、「武訓は一方で貧しい人のために学を興し、一方で封建国家政権のために人材を培養し、一方で貧しい人の啓蒙と教化をして、貧しい人の貧苦の境遇を改変せんと考えながら、また一方で封建文化を貧民の子弟に灌輸する。……武訓精神はこのように各種の矛盾が充満している」[163]ととらえて評価の難しさを指摘する声もある。

《武訓伝》批判運動は文芸工作者の創作意欲に大きな打撃を与え、文芸作品の数は激減した。さらに文芸作品の主題の単一化が進み、文芸作品の思想・内容・取材と表現方法に対する制約が強まり、文学芸術事業の発展を大きく妨げる結果となったのである。[164]しかし、解放直後の武訓と《武訓伝》批判運動の発生より三〇余年を経て、人々はようやく武訓について思うところを語ることができるようになった。

一九九一年、武訓の故郷に近い山東省冠県で第一次全国武訓研討会が開かれた。ここで党中央の「科教興国」を承けて地方政府は「科教興冠」の戦略方針を打ち出し、「武訓精神を引揚し、教育発展を優先し、労働者の素質を高めることを、冠県経済を発展させるための主要な任務とする」と呼炳旭は講話の中で語った。(165) ここでは武訓の興学は「教育救国の実行」とも評されているのである。

おわりに

武訓とはいったいどのような人物であったのだろうか。武訓は少年時代に抱いた義学創建という夢を追い続けて、三〇余年を一日の如く生きた人物であった。一介の乞食が義学を創るという途方もない夢を語って、人々に誤解され軽蔑されてきた。しかし、かれは絶望することなく夢の実現に向けての方途を模索し続けた。家を出て破廟をねぐらに村々を食を乞いながら歩き続けた武訓が、母に人並みの孝養を尽くしたとは考えにくい。さらに実兄の武譲との対立は、いくつかの文献の語るところである。家族との絆を断つ形で、自身の力で資金調達の道を探ったのであろう。武訓の夢を実現するためには、高利貸しは不可欠であった。楊樹坊らの協力が必要だったのである。(166) 武訓が阿Qの如く「革命」への道を歩めば、阿Qと同じ運命をたどることになったであろう。武訓は書物を通して学ぶことはなかったけれども、礼教的世界の慣習を理解し、それに従って生きていった。腰を低く他人には礼を尽くして接するかれの姿勢は、終生変わらなかった。ただし礼教に従うといっても、妻を娶らず身内との縁を切るという点では、礼教的世界と絶縁しているのである。

武訓自身は義学創建という壮大な夢を追い、それを至上目的としながらも、現実をしたたかに生きた現実主義者であったと見る方がよいのかもしれない。おそらく武訓の生まれ育った境遇の中では、かれの生きたそうした生き方しか、義学創建の可能性はなかっただろう。武訓は義学の創建だけでなく、その後の維持にも腐心している。そこには武訓の現実主義者としての面目があるだろう。目に一丁字無き武訓は、教壇に立つことはなかったが、その生き方で教育界に大きな足跡を残した。律儀で不屈の精神力を持った武訓は、一つの奇跡を実現して、乞食のまま死んだ。かれの例を見ない特異な生き方は、さまざまな反響を呼び、その歴史的評価は中国の政治と社会の状況を反映して大きく変化してきた。二〇一六年には武訓没後一二〇周年を迎える。教育の普及・発展という面でなお問題を有する中国では、今後も武訓という人物が形を変えつつも取り上げられていくことになるだろう。

註

（1）『清史稿』列伝二八六、孝義三。
（2）張明主編『武訓研究資料大全』（山東大学出版社、一九九一年、以下『大全』と略す）。なお研討会については、張明、李増珠主編『武訓研究論集、第一・二次全国武訓研討会』（山東大学出版社、一九九六年）が関連文献を収録している。また武訓に関わる多くの伝承や物語などが生まれてきたことは、例えば一九三六年に馮玉祥が「武訓についての演劇や小説まで含めれば、私の見たものは一〇〇余篇を下らない」と述べていることにも見られる（馮玉祥「千古奇丐武訓先生的生平」『大全』一六四頁）。最近でも、孫之俊絵、孫燕華編『武訓画伝合集』（学苑出版社、二〇一二年）が出版され、武訓への関心が依然として続いていることが分かる。
（3）張道平「武氏世系」『大全』六〇頁。
（4）楊汝泉「〝義学症〟武七先生外伝」『大全』二一八頁。

(5)「具稟堂邑県署請奨表文」『大全』三頁。「提学使羅造具武訓事実請奏咨宣付史館立伝詳文」『大全』二七頁。

(6) 周抜夫「武訓先生年譜」『大全』六三頁。

(7) 前掲「提学使羅造具武訓事実請奏咨宣付史館立伝詳文」『大全』二七頁。張培鴻「聖丐武訓行乞所唱的歌謡」『大全』七一頁。張黙生「義丐武訓伝」『大全』一八六頁。前掲「〝義学症〟武七先生外伝」『大全』二一八頁。欒文甫「武訓先生的生平」『大全』二三九頁。米宝順「行乞興学的武訓」『大全』二四二頁。蔣維喬「近世興学三偉人」『教育雑誌』第一巻第七期、一九〇八年。また映画《武訓伝》もこの説を取り入れた（楊雨明・端木蕻良「論《武訓伝》」『大全』六〇八頁）。

(8) 周抜夫「武訓先生年譜」『大全』六五頁。なお瑞階「武訓先生伝略」『大全』二一六頁は、崔氏の死を「同治初」とし、張道平「武訓先生年譜」『大全』六一頁と「《行乞興学的武訓先生》導言」『大全』五二五頁は、一八七三（同治一二）年としている。

(9)「堂邑知県金林造具武訓事実詳文」『大全』一四頁。「堂邑武善士興学碑記」『大全』五一頁。

(10) 武訓歴史調査団「武訓歴史調査記」は「武訓が家を出て、母を顧みなかったことは事実である」（『大全』六九九頁）「武訓は……早くからその家族と仲違いしていた。……かれはもらってきた食料を他人に売って家畜に食わせることはあっても、母と兄には一口も食わせなかった」（『大全』七〇四頁）としている。ただし、この調査記の記述の真偽については問題があり、それについては後述する。

(11)「山東巡撫袁樹勛奏義丐武訓積資興学請宣付史館立伝摺」『大全』二九頁。

(12) 前掲「論《武訓伝》」『大全』六〇七頁。

(13) 前掲「行乞興学的武訓」『大全』二四三頁。

(14) 周抜夫「武訓先生年譜」『大全』六三頁。前掲「聖丐武訓行乞所唱的歌謡」『大全』七二頁。楊応時「書武訓先生事」『大全』一二三頁。

(15) 劉子丹「義学症武公伝」『大全』一一四頁。

(16)「臨清州士紳請奨公稟」『大全』一七頁では、一五歳の時から興学のための資金を蓄え始めたとしている。

(17) 周抜夫「武訓先生年譜」『大全』六四頁。この他に武訓の性格は、誠実で真面目だが、愚鈍であることから、人々はかれを「豆沫」と呼んだともいわれている（陳恩普「武訓先生興学碑文」『大全』五六頁）。
(18) 前掲「具稟堂邑県署請奨表文」『大全』三頁。
(19)「武訓先生行乞興学歌」『大全』八〇頁。
(20) 前掲「行乞興学的武訓」『大全』二四五頁。
(21) 前掲「聖丐武訓行乞所唱的歌謡」『大全』七四～七五頁。
(22) 前掲「義丐武訓伝」『大全』一九七頁。
(23) 同前『大全』一九一頁では、最初は九〇〇余文を得たとし、李士釗「《武訓画伝》注文」『大全』三三〇頁では、最初に京銭一千文を得たとしている。
(24) 前掲「聖丐武訓行乞所唱的歌謡」『大全』七四頁。
(25) 周抜夫「武訓先生年譜」『大全』六六頁。
(26) 梁啓超「武訓先生伝」『大全』八三頁。
(27) 沙明遠「紀武訓興学始末」『大全』一五二頁。
(28) 前掲「臨清州士紳請奨公稟」『大全』一七頁。
(29)「臨清州知州李維誠呈送増生靳鶚秋所造武訓事実」『大全』二五頁。
(30) 前掲「武訓先生興学碑文」『大全』五六頁。
(31) 賈品重「武善士訓墓誌銘」『大全』五三頁。
(32) 前掲「聖丐武訓行乞所唱的歌謡」『大全』七五頁。
(33) 臧克家「武訓」『大全』一六二頁。
(34) 方与厳「義学痴的武訓先生」『大全』四八九頁。
(35) 張道平「武訓先生年譜」『大全』六一頁。周抜夫「武訓先生年譜」『大全』六五頁。

(36) 前掲「千古奇丐武訓先生的生平」『大全』一七四～一七五頁。
(37) 柏水「千古奇丐」『大全』四〇〇頁。
(38) 前掲「武訓先生興学碑文」『大全』五六頁。
(39) 趙局度「武訓興学碑文」『大全』五八頁。
(40) 張道平「武訓先生年譜」『大全』六一頁。
(41) 前掲「聖丐武訓行乞所唱的歌謡」『大全』七七頁。前掲「義丐武訓伝」『大全』二〇一頁。
(42) 張元亨「武訓先生興学記」『大全』一四八頁。
(43) 前掲「〝義学症〟武七先生外伝」『大全』二二四頁。
(44) 前掲「紀武訓興学始末」『大全』一五一頁。前掲「千古奇丐」『大全』四一六頁。
(45) 楊吟秋「行乞興学義士武訓先生事略」『大全』一〇九頁。
(46) 「堂邑知県郭春煦造送義学房屋地畝詳文」『大全』七頁。
(47) 『大全』七三八頁。
(48) 周抜夫「武訓先生年譜」『大全』六七頁。
(49) 前掲「堂邑県知県郭春煦初次請奨詳文」『大全』五頁。
(50) 前掲「義丐武訓伝」『大全』二〇〇頁。前掲「《武訓画伝》注文」『大全』三三九頁。
(51) 前掲「行乞興学義士武訓先生事略」『大全』一〇一頁。
(52) 「山東巡撫張曜奏請建坊片」『大全』一〇頁。
(53) 周抜夫「武訓先生年譜」『大全』六七頁。
(54) 前掲「堂邑県知県郭春煦初次請奨詳文」『大全』五頁。
(55) 董汰生「武訓先生」『大全』一四二頁。
(56) 前掲「具稟堂邑県署請奨表文」『大全』三頁。

(57) 前掲「堂邑県知県郭春煦初次請奨表文」『大全』六頁。周抜夫「武訓先生年譜」『大全』六八頁。

(58) 前掲「山東巡撫張曜奏請建坊片」『大全』一〇頁。「楽善好施」の扁額下賜の件はスムーズに運んだが、建坊の件は社会的影響が大きいことから楊樹坊が反対し、武訓の祠堂建設を強行した一族の武茂林は、楊家の圧迫を受けて自殺したと「武訓歴史調査記」は伝えている（『大全』七〇六～七〇七頁）。

(59) 武訓歴史調査団『武訓歴史調査記』（人民出版社、一九五一年）図版説明による。

(60) 「館陶貢生熊徳潤等請奨楊二庄義学出示暁諭稟」『大全』一一頁。「臨清州知州庄洪烈、堂邑知県王福増、館陶県知県向植会請奏咨立案稟」『大全』一二頁。

(61) 武訓の楊二庄義学への援助額については、諸説がある。二、〇〇〇千文に加えて義田一頃五〇余畝、学舎一ヵ所という説（前掲「臨清州知州李維誠呈送増生靳鶚秋所造武訓事実」『大全』二五頁）。五、〇〇〇千文の寄付という説（前掲「武訓先生興学碑文」『大全』五六頁）。九、〇〇〇千文の寄付という説（前掲「武訓興学碑文」『大全』五八頁）。学田八〇余畝、宅地一ヵ所を購入し、一〇余間の建物の建設を援助したとする説（周抜夫「武訓先生年譜」『大全』六八頁）。以上の説の中には誇張されたものも少なくないと思われる。

(62) 御史巷義学設立のための土地七畝（評価額四〇〇千文）と雑貨店三ヵ所（評価額一、五六二千文）からの賃貸料一、三〇〇千文という説（前掲「臨清州知州庄洪烈、堂邑知県王福増、館陶県知県向植会請奏咨立案稟」『大全』一二頁）。援助額を三、〇〇〇余千文とする説（前掲「武訓先生興学碑文」『大全』五六頁、陽湖・庄洪烈「武訓遺像記」『大全』八六頁、徳孫「乞丐興学」『大全』一三三頁）。援助額を五、〇〇〇千文とする説（王鉄梅「武訓小伝」『大全』一一八頁）。これらの説にも誇張された表現があると思われる。

(63) 前掲「臨清州知州李維誠呈送増生靳鶚秋所造武訓事実」『大全』二五頁。この李維誠の文はまた堂邑県中路野庄の未亡人張陳氏が、貧窮の中で姑の張張氏に対して己の肉を割くような思いで仕えているのを見て、武訓は一〇畝の土地を貸し与えて孝養を尽くさせたとしている（『大全』二五頁）。同様のことは、周抜夫「武訓先生年譜」『大全』六六頁も伝えているが、冠県張八寨の張氏としている。さらに周抜夫は、これより先に発生した山東省西部の旱害の際、四〇石の紅高粱を購入し館陶県西二庄の郜若純を通じて貸し出したとも伝えている（『大全』六六頁）。他にもこれを裏付ける文献はあるが、前後の詳細については、明らかではない。

(64) 前掲「義丐武訓伝」『大全』二〇六頁。前掲「行乞興学的武訓」『大全』二四八頁。

(65) 前掲「《武訓画伝》注文」『大全』三五一頁。

(66) 前掲「千古奇丐」『大全』四二八頁。

(67) 前掲「提学使羅造具武訓事実請奏咨宣付史館立伝詳文」『大全』二六頁。

(68) 『武訓地畝帳』（人民出版社、一九七五年影印）。

(69) 前掲「武訓歴史調査記」『大全』七三四〜七三五頁。武訓は一八九三年までに集積した二八五余畝のうち五八・八％に当たる一六八畝弱を、一八八〇〜八一年の二年以内に入手しているのである。

(70) 前掲「義丐武訓伝」『大全』一九九頁。

(71) 前掲「提学使羅造具武訓事実請奏咨宣付史館立伝詳文」『大全』二七頁。前掲「千古奇丐武訓先生的生平」『大全』一七五頁。

(72) 周抜夫「武訓先生年譜」『大全』六九頁。

(73) 前掲「臨清州知州李維誠呈送増生靳鶚秋所造武訓事実」『大全』二四頁。沈景鴻「郷賢武訓」『大全』四四四頁。

(74) 武進・沈同芳「山東義丐武訓題像徴文啓」『大全』四五一頁。

(75) 馬明琴・邢培華「行乞興学的武訓精神」『大全』九一六頁。

(76) 前掲「具稟堂邑県署請奨表文」『大全』四頁。張道平「武訓先生年譜」『大全』六一頁では、学生三〇余名、外課生一〇余名とする。

(77) 『大全』七頁。

(78) 前掲「提学使羅造具武訓事実請奏咨宣付史館立伝詳文」『大全』二八頁。

(79) 前掲「千古奇丐」『大全』三八六頁。

(80) 前掲「臨清州知州李維誠呈送増生靳鶚秋所造武訓事実」『大全』一二五頁。
(81) 前掲「千古奇丐武訓先生的生平」『大全』一八三頁。
(82) 同前『大全』一八二頁。
(83) 「山東巡撫袁飭司委査堂邑義学董札」『大全』三七〜三八頁。
(84) 「堂邑勧学員粛以苞査復学生情形稟」『大全』三三〜三四頁。
(85) 「堂邑知県茅乃厚会同委員趙瓛清査復稟」『大全』三九頁。
(86) 「堂邑知県茅乃厚遵飭続挙学董稟」『大全』四〇〜四一頁。
(87) 前掲「行乞興学義士武訓先生事略」『大全』一〇八頁。
(88) 「臨清州士紳張汢等訴于殿元妄控稟」「臨清州士紳張汢等査復義学帳目稟」「臨信州増生靳鶚秋訴于殿元妄控稟」『大全』四一〜四六頁。
(89) 前掲「乞丐興学」『大全』一三四頁。前掲「義丐武訓伝」『大全』二〇九頁。王丕顕は臨清私立武訓小学に勤務すること三六年。一〇元の月給のうち六元を学校の経費に入れ、学校維持のために熱心に募金活動をおこなったという（前掲「《武訓画伝》注文」『大全』三五四頁。張光第「我所見到的武訓学校」『大全』五一二頁）。
(90) 前掲「行乞興学義士武訓先生事略」『大全』一一一頁。
(91) 詳細は「張季直先生自訂年譜」および「年表」（劉厚生『張謇伝記』香港竜門書店、一九六五年影印、所収）参照。
(92) 張謇「師範学校第一届簡易科卒業演説」（一九〇五年）『大全』八七〜八八頁。
(93) 前掲「山東義丐武訓題像徴文啓」『大全』四五一頁。
(94) 李瑞階「武訓先生簡譜」『大全』七一頁。その他に武訓を称賛した軍閥の指導者に馮玉祥（『大全』所収の「千古奇丐武訓先生的生平」を著す）がおり、呉佩孚・段祺瑞らも同様であった（楊耳「評武訓和関于武訓的宣伝」『大全』六六〇頁）。
(95) 蔡元培「臨清武訓学校募捐啓」『大全』四五八頁。また高平叔編『蔡元培全集』（中華書局、一九八八年）第五巻、二八〇〜二八一頁、所収。

(96) 蔡元培「武訓先生提醒我們」『大全』四七九頁。
(97) 舒新城の業績に関しては、本書第六章参照。
(98) 舒新城「武訓先生在教育史上的地位」『大全』四八〇～四八二頁。
(99) 宋春主編『中国国民党史』(吉林文史出版社、一九九〇年) 三四七～三四八頁。
(100) 前掲「評武訓和関于武訓的宣伝」『大全』六六二頁。
(101) 陶行知「新武訓」『大全』五三三頁。また華中師範学院教育科学研究所主編『陶行知全集』(湖南教育出版社、一九八五年) 第三巻、四三一頁、所収。牧野篤氏は、この点に関して「陶が「新武訓」「集団的武訓」を提起し、「育才学校」の学生たちが「旧武訓の学生とはなりません」と応じていることが注目されねばならない。……陶の「新武訓」の提唱は、「大衆」自らによる「民族」「大衆」解放運動を支える精神的支柱として提示されたものだといえよう」と述べている(牧野篤『中国近代教育の思想的展開と特質――陶行知「生活教育」思想の研究――』日本図書センター、一九九三年、六三五頁)。
(102) 陶行知「育才両周歳前夜」『大全』五三四頁。また前掲『陶行知全集』第三巻、四三八頁、所収。
(103) 陶行知「介紹武訓――致呉樹琴」『大全』五三六頁。また前掲『陶行知全集』第五巻、七八五頁、所収。なお一九二三年に陶行知は、『平民千字課』の中で武訓の故事を紹介した(姜林祥・黄清源「武訓評価一百年」『大全』九三五頁)。これを一九二八年のこととする説もある(兪潤生「陶行知与武訓」『大全』八四二頁)。
(104) 陶行知「武訓先生誕辰――致育才之友及生活教育社同志」『大全』五四一頁。また前掲『陶行知全集』第五巻、八五七頁。
(105) 陶行知「《武訓先生画伝》再版跋」『大全』五五六頁。また『陶行知全集』第三巻、五一七～五一八頁。
(106) 陶行知「把武訓先生解放出来――為武訓先生誕辰一百零七周年紀念而写」『大全』五五九～五六〇頁。また前掲『陶行知全集』第三巻、五七五～五七六頁。
(107) 詳細は拙著『中国近代教育の普及と改革に関する研究』(汲古書院、二〇〇二年) 第六章参照。
(108) 黄炎培「従一個〝情〟字出発――為武訓紀念写」『大全』五六三～五六四頁。
(109) 李緒基・孫永都「応該恢復武訓的真正形象」『大全』八一一頁。「李瑞階先生談武訓在中国教育史上的地位」『大全』八三一頁。

(110) 秋楓「従武訓的人生観談到我們的人生観」『大全』五五三〜五五五頁。

(111) 孫瑜「編導《武訓伝》記」『大全』五九八頁。

(112) 前掲「論《武訓伝》」『大全』六〇七〜六一〇頁。

(113) 晴簃「武訓不是我們的好伝統」『大全』六一二〜六一三頁。

(114) 賈霽「不足為訓的武訓」『大全』六一五〜六二一頁。

(115) 楊耳「陶行知先生表揚〝武訓精神〟有積極作用嗎?」『大全』六二九頁。

(116) 『人民日報』社論「応当重視電影《武訓伝》的討論」『大全』六三〇頁。また『毛沢東選集』第五巻（人民出版社、一九七七年）四六頁。

(117) 「共産党員応当参加関于《武訓伝》的批判」『大全』六三五頁。

(118) 揚耳「表武訓和関于武訓的宣伝」『大全』六四一頁。

(119) 同前『大全』六五四頁。

(120) 何其芳「駁対于武訓和《武訓伝》的種種歌頌」『大全』六七〇頁。

(121) 同前『大全』六七七頁。

(122) 前掲「武訓歴史調査記」『大全』六九二頁。

(123) 同前『大全』七〇〇頁。この他に註（10）に示したように、家族と疎遠であったことも取り上げている。

(124) 同前『大全』七〇五頁。

(125) 同前『大全』七一三頁。

(126) 同前『大全』七二六頁。

(127) 同前『大全』七〇八〜七〇九頁。

(128) 前掲「応該恢復武訓的真正形象」『大全』八一四頁。「司洛路同志談《武訓歴史調査記》的写作情況」『大全』八二六頁。

(129) 前掲「応該恢復武訓的真正形象」『大全』八一四頁。「趙国璧同志談当年調査武訓其人其事的一些情況」『大全』八二二頁。

(130) 武訓歴史調査団によって発掘された宋景詩に関する文献が急遽収集され、以下のものが公刊された。北京大学文化研究所編『宋景詩史料』（開明書店、一九五三年）。鄭天挺等編『宋景詩起義史料』（中華書局、一九五四年）。なお上記両書の内容は、ほぼ同一である。国家檔案局明清檔案館編『宋景詩起義檔案史料』（中華書局、一九五九年）。

(131) 前掲「武訓歴史調査記」『大全』六九四頁。この点については、三島宗良氏も宋景詩の「偽装投降」説を支持している（三島宗良「白蓮教・黒旗軍の反乱――一八六〇年代前半華北民衆運動の一形態――」野沢豊・田中正俊編『講座中国近現代史・一・中国革命の起点』東京大学出版会、一九七九年、所収）。中国での宋景詩に対する評価は、一九五〇年代には高かったが、一九七〇年代後半以後は厳しいものに変わってきており、「黒旗軍の叛徒」とする評価と「肯定できる点もある」とする評価の二つに分かれている（黄清源「試論宋景詩」『斉魯学刊』一九八一年第一期）。

(132) 周揚「反人民、反歴史的思想和反現実主義的芸術――電影《武訓伝》批判――」『大全』七六〇頁。

(133) このタイトルは「革命的教育家陶行知先生――紀念陶先生逝世四周年」。

(134) 徐特立「『武訓伝』的討論是一個厳重的政治問題」『人民教育』第三巻第三期、一九五一年七月。

(135) 馬叙臨「我過去表揚過「武訓」的自我検討」『人民教育』第三巻第三期。

(136) 曾昭掄「端正我們的教育思想」『人民教育』第三巻第三期。

(137) 丁浩川「幾個基本的教育観点問題」『人民教育』第三巻第三期。

(138) 毛礼鋭「従教育看「武訓問題」」『人民教育』第三巻第三期。

(139) 張健「所謂「三無」「四有」」『人民教育』第三巻第三期。

(140) 牧野前掲書、四六四頁。

(141) 董純才「我対陶行知先生及生活教育的認識」『人民教育』第三巻第六期、一九五一年一〇月。

(142) 戴白韜「対陶行知教育思想認識的初歩検討」『人民教育』第三巻第六期。

(143) 劉季平「略論陶行知先生的哲学観点」『人民教育』第四巻第一期、一九五一年一一月。

(144) 鄧初民「我們必須対陶行知先生給以重新評価」『人民教育』一九五七年七月号。なお鄧初民は、一九五一〜一九五二年頃の陶行知に対するある種の批評は「一種の極端な曲解と中傷である」とした（趙文衡「陶行知先生的政治思想和学術思想——在陶行知先生座談会上的発言」『安徽史学通訊』第九号、一九五九—一）。
(145) 張宗麟「関于陶行知先生」『人民教育』一九五七年七月号。
(146) 張経済「希望給武訓平反」『大全』七七一〜七七二頁。
(147) 前掲「武訓評価一百年」『大全』九三七頁。
(148) 範際燕「電影《武訓伝》批判的意義和経験」『大全』七八〇頁。
(149) 範守信「試論対電影《武訓伝》的批判」『大全』八〇〇〜八〇二頁。
(150) 同前『大全』八〇五〜八〇六頁によれば、山東省堂邑県の宣伝部の一人の同志は、武訓批判で異なった意見を発表したため全省的規模の批判を受け、最後は階級反対分子として党籍と公職を剝奪された。また《武訓伝》の作者である孫瑜と李士釗に対する批判は、完全に学術討論の範囲を超えていた（李士釗「対《武訓伝》問題応進行学術性的探討」『大全』七七三頁）し、一九五一年に西北芸術学院の教師であった張乾一は、武訓を称賛する文章を書いたことが原因で解職され、文革の時にも厳しい批判を受けた（張乾一「為武訓鳴不平」『大全』八三六頁）。
(151) 胡喬木「対電影《武訓伝》的批判是非常片面、極端和粗暴的」『大全』八〇八頁。
(152) 張明「為武訓的研究説幾句話」『大全』八〇九頁。
(153) 安徽省陶行知教育思想研究会の手によって『行知研究』が発刊されたのが、一九八〇年二月である。「章程」によれば、この研究会は「マルクス＝レーニン主義、毛沢東思想の下に……社会主義教育思想の普及と向上のために努力し、四つの現代化のための多くの人材養成に力を尽くす」ことを宗旨の一つとして掲げていた。また一九八一年八月、張健は「自らを含めた少なからぬ人が心ならずも陶を批判する文章を書き、歴史の実際に合わない批評をした」と自己批判した（張健「偉大的人民教育家陶行知先生——為紀念先生誕辰九十周年而作」江蘇省陶行知教育思想研究会編『紀念陶行知』湖南教育出版社、一九八四年、二五九頁）。さらに劉季平も一九八三年七月、《武訓伝》と陶行知に対する批判は、左傾思想の表れで、すべて改めなければならない、と述べた（劉季平「正確評価陶行知教育思想」前掲『紀念陶行知』三四五頁）。

(154) 前掲「応該恢復武訓的真正形象」『大全』八一〇頁。前掲「趙国壁同志談当年調査武訓其人其事的一些情況」『大全』八二三頁。

(155) 前掲「応該恢復武訓的真正形象」『大全』八一三頁。

(156) 黄清源「武訓与宋景詩」『大全』八八五～八八六頁。

(157) 兪潤生「陶行知与武訓」『大全』八三八頁。

(158) 前掲「李瑞階先生談武訓在中国教育史上的地位」『大全』八三二頁。

(159) 邢培華・馮雲章「武訓・葉澄衷・楊斯盛」『大全』九二三頁。なお陳嘉庚については本書第二章参照。葉成忠（字は澄衷）は澄衷学堂を創建し、当時の代理校長蔡元培は葉を称えて「卓而不群」の「賢豪」とした。楊斯盛は浦東中学などを創建したが、この浦東中学校長であった黄炎培は、在任中から清朝政府反対、新思想宣伝の活動を開始し、張聞天・范文瀾・羅爾綱・董純才・蔣経国らが在学した（『大全』九二四～九三〇頁）。なお葉澄衷と楊斯盛の業績は、武訓と並んで『清史稿』列伝二八六、孝義三、に収められている。

(160) 前掲「応該恢復武訓的真正形象」『大全』八一三頁。

(161) 李炳均「論陶行知提唱〝新武訓精神〟的積極意義」『大全』八六四頁。

(162) 前掲「武訓評価一百年」『大全』九四八頁。

(163) 劉卓「論武訓精神的複合結構」『大全』八七六～八七七頁。

(164) 李泉「武訓批判的歴史教訓」『聊城師範学院学報』一九八九―一。

(165) 「弘揚武訓精神、発展冠県教育事業――呼炳旭同志在第二次全国武訓研討会上的講話」前掲『武訓研究論集、第一・二次全国武訓研討会』一〇頁。

(166) 「武訓歴史調査紀」『大全』七〇六頁は、楊樹坊と武訓の対立を取り上げ、楊は武訓の建坊に反対し、匾額は可としたと述べている。坊を建てることは匾額を下賜されることよりはるかに影響が大きいからである。この調査記には誇張された記述が少なからず見られるため、この点についても検討が必要と思われるが、その後の楊樹坊と武茂林（武訓の族孫）との対立から見ても、否定できない事実と考えられる。また柳林鎮では、楊氏一族の財力から考えて、「楊氏義学」を建てることは可能であったと思われるが、後々の運営・維持費のこともあり、楊樹坊としては武訓をできるだけ利用したいと考えたのであろう。武訓にとっても、楊の後援があってはじめて義学創建が可能になったと考えられる。

第二章　陳嘉庚の興学と愛国

はじめに

陳嘉庚（一八七四〜一九六一）は、中国の福建省泉州府同安県仁徳里集美社（現在の廈門市集美鎮）出身で、シンガポールに出て財をなすとともに、故郷に集美学校や廈門大学などを創立し、南洋においても教育事業を振興するなど「毀家興学」をもって知られた華僑資本家である。かつて筆者は陳嘉庚の興学事業について小論を著し[1]、かれの建学への傾注やその過程で生起した諸問題を考察した。その中で集美学校や廈門大学での学校騒動を重点的に取り上げ、魯迅と許広平との往復書簡である『両地書』における批判的記述や陳独秀の『嚮導』論文[2]に盛り込まれた陳嘉庚批判を承けて論を展開したため、陳嘉庚自身の興学に注いだ思いを充分に描ききれなかったという憾みが残った。またその後、日本では市川健二郎氏の論文[3]が公刊され、中国では陳嘉庚研究のシリーズ[4]の他に集美学校や廈門大学についての歴史書が刊行されるなど陳に関する研究が広がり、深化してきた。以前の拙稿より三〇年以上の歳月が流れ、上述のように関連文献も続々と刊行されてきたため、再度前稿とは異なる視点から陳嘉庚の興学の経過と目的、背景、さらにはその歴史的意義を再考すべきと考えて本章を著した。

一、興学事業の経過

『南僑回憶録』[5]は、第二次世界大戦中、日本軍の追っ手を避けてジャワ島に潜みながら一九四三年四月より翌年四月までかけて書かれた三〇余万字からなる陳嘉庚の主要著作である。その内容は華僑の抗日戦争援助と帰国視察の見聞が中心で、自ら資産を傾けて学を興したことの記述は少ないといわれる。[6]しかし、その書き出し部分の重点は興学事業に置かれ、随所に教育に関わる記述が見られるのである。そのため陳の主要な関心が教育にあったことは確かであると考え、この『南僑回憶録』や年譜[7]に依拠しつつ、かれの興学事業を追っていくことにする。

陳嘉庚は、数え九歳で南軒私塾に入り、一七歳の夏に塾師陳寅の死去により学習を中断した。かれが師事した陳寅は融通の利かない学究であり、子どもたちに『三字経』や『四書』を読ませるだけで、解説を加えることもなく、勝手に半月から一ヵ月も休んでしまうなど責任感も乏しかった。[8]一八九一年、陳はシンガポールに出て父親の陳杞柏の経営する順安号米店で働き始めたが、学問がないために苦労することが多かった。[9]一八九三年、陳は集美に帰り、母の命令により張宝果と結婚する。翌年かれは二、〇〇〇元を出資して惕斎学塾を集美に建てた。これがかれの興学事業の始まりである。陳は一八九五年再びシンガポールに出て、父の経営を助けるが、九七年には母の死で集美に帰り、九九年にはシンガポールに出て、一九〇〇年には集美に帰るというあわただしい生活を続けた。一九〇三年、かれにとって四度目となる出国をしてシンガポールに出たが、不在の間に順安号米店は経営不振に陥り、多額の債務を抱えるに至っていた。[10]翌一九〇四年より陳は七、〇〇〇余元の資金を元手に「新利用」と名付けたパイナップル工場を建設したほか、謙益米店の開設など業務の多角化を進めてさらに収益を上げた。さらに一九〇六年には一八万粒のゴムの種子を購入して福山園のパイナップルの木の側に植えてゴム園経営を拡大するとともに、氷砂糖工場の採算がとれなくなると操業を停止するなど積極的で柔軟な経営をおこない、父の残した順安号米店の債務返済を進めるとともに利益を生める企業へと体質改善おこなった。[11] 一九〇四年から一〇年末までに陳の企業体は七三万元の収益を上げ、債務の返済を達成した上に四五万元の資産を保有するに至った。[12]

陳嘉庚は、一九一〇年に同盟会に加入し、[13] 辛亥革命後の孫文の中華民国臨時大総統就任に際し、要請に応じて五万元を送ったが、これは当時の全財産の八分の一であったといわれる。[14] 陳にとって中華民国の成立は「国民の一份子としての天職を尽くさんと欲す」るきっかけとなった転換点であった。一九一二年秋にかれは帰国し、集美社に小学校を創立する事業に着手し、翌一三年に正式に開校した。[15] その建学の背景には、故郷の旧い社会的体質があった。陳氏の始祖が河南省の固始県より集美社に移住して来て二〇世代以上を経過し、男女二、〇〇〇余人が六、七房に分かれてそれぞれに私塾を作り、女子は入学させなかった。各房の間では二〇年前まではしばしば武装しての内部抗争である械闘を繰り広げ、死傷者を数一〇人も出す有様であった。村々を巡ると、学齢期の児童が群れをなして遊び、裸体の者が多かった。近隣の同安県立小学校では一〇〇余名の児童を有しながら一〇余年間卒業生を出していなかった。その原因は教育が政争の具とされ、県長が交替すると校長以下教職員が更迭されるという腐敗があったためである。加えて教員不足も大きな課題となっていた。[16]

シンガポールで経営の最前線に立ち自らの企業体再建の目処を立てた陳嘉庚にとって、抗争に明け暮れる故郷の現実は憂慮すべきものであっただろうし、教育を通じての人材育成こそが郷土を救い、人々を豊かにする最善の手段であるとの思いを強めたと考えられる。しかし、教育界の実情は上述のごとく惨憺たるものであった。その教育不振を解消するためには、学校建設と並んで教員養成が不可欠となる。そのため師範教育の振興は、喫緊の課題であり、教育に私財を投入するためには、当然ながら資産形成が前提となる。陳は一九一三年秋には五たびシンガポールに出る。翌年には第一次世界大戦が勃発したが、かれは二隻の輪船を購入して利益をあげ、パイナップル工場やゴム工場の経営が順調であったため原資確保の見通しが立ち、師範や中学などを創立することを決意した。ただ経営の第一線を離れることができないため、弟の陳敬賢を集美に帰し、校舎の建設と開校の準備にあたらせた。(17) 英語ができなかった陳嘉庚ではあるが、一九一六年にイギリス国籍を取得し、四九年まで中国との二重国籍を保持している。それはイギリス政庁の下で支障なく経営をおこなうという現実的な選択でもあっただろう。(18)

陳嘉庚は、優秀な人材を師範や中学に入学させるため、学費や寄宿費を免除し、布団や蚊帳を提供し、食費は中学生から取ったが、師範生からは免除した。それだけに入学者の選抜は厳正におこなうよう力を入れ、福建省南部の勧学所長に依頼して貧困家庭の優秀な学生を大県で五～六人、小県で三～四人推薦してもらい、履歴を詳しく調べ、第二次の入学試験をおこなって慎重に選抜した。(19) それは福州の師範学校が、定員の多くを公開で募集せず、「官僚教師及城内富人豪紳之子弟」で早くから定員が満たされ、ただ卒業証書を得ることだけをめざし、薄給の教師にはなろうとしない悪しき現実を徹底して否定するためであった。(20)

シンガポールでの興学事業にも尽力していた陳嘉庚は、南洋華僑小学校の卒業生で帰国して集美中学をめざす者は、シンガポール本店の紹介状でおおむね受け入れ、試験不合格者には補習教育を施すという華僑子弟への優待ぶりを示した。(21) なおシンガポール在住の華僑のための小学教員として、教育の先進地域と称せられる江蘇省や上海から招聘した教師の多くが水準に達しておらず、故郷の集美小学校の教員たちより劣っていることを認識した陳は、(22) 教員の質の確保を最優先に考え、校長や一般教員に適格者を採用するよう早期に着手し、慎重に人選するよう力説している。有為の人材を確保するには、教育界の有力指導者との連携が欠かせない。たまたまシンガポールを訪れていた江蘇省教育会副会長の黄炎培と知り合い、かれに教員候補者の推薦を依頼するとともに、黄の唱道していた職業教育運動に財政的支援をおこなうことになった(23)。

陳嘉庚はトップダウンを好む経営者であったためか、学校経営でも校長のリーダーシップに期待し、その人選に精力を注いだ。しかし、陳の鑑識に合格するだけの人材を確保するのは難しく、二年足らずで三度校長を交替させる結果となり、かれは世間の批判を怖れ、焦慮している(24)。結局、陳は外省から校長を迎えることは不適当と考え、福建省内でふさわしい人材を招聘する方針をとり、一九二〇年に安渓の葉采真を集美学校の校長に迎え、すべての権限をかれに委ねて、陳自身は校務運営に干渉しないことにした(25)。福建省は海岸線が長く、航運や漁業との関わりが少なくないため、その人材養成のための集美水産航海学校をこの年に創立した。入学者の待遇は師範生と同様に優遇しており、ドイツから機器を、フランスからトロール船をそれぞれ購入し、教員候補生を日本に留学させるなどテコ入れを図った(26)。これは陳の地域の特性に着目する姿勢を象徴している一例だろう。

中国は農業立国を称しているが、農業に関する科学水準が低く、水利が整わず、収穫が上がらず、農民生活は向上していない。福建省は海に臨むが、農業も重要な産業である。しかし、農林学校が少ないので、人材養成と研究改良のためにも専門学校の創設が欠かせない。陳はこのような理由から、一九二三年、葉校長に農林学校の設立を命じた。この学校は同安県仁徳里の天馬山麓で開校するが、土質の悪さ、疾病の頻発、治安の不良などの悪条件があり、卒業生の進路確保にも苦慮した(27)。進学至上主義の教育界の意識を打破したいという思いが、そこには窺えるのである。

陳嘉庚は、男尊女卑の封建的観念を打破し、女子に教育を受ける機会を与えなければならないと考えていた。そこで弟の陳敬賢と夫人の王碧蓮が中心となって一九一七年に集美女子小学を設け、入学者から学費は取らず、毎月二〜三元の手当を出している(28)。当時の女児は家事を手伝う即戦力として期待されていたので、学校に織布廠を付設して就業訓練もおこなった[29]。一九一九年には集美幼稚園を創設するが、女子教育の振興には教員養成が欠かせない。そのため集美学校に女子師範と幼稚師範を設け、入学者の待遇は男子師範と同等とした。さらに商科も設けて、入学者の待遇は中学と同等とした。集美小学校は地域振興のために地元の児童のみを入学させ、中等以上の学校は南洋華僑の子弟も含めて広い地域から受け入れる方針を明確に打ち出している[30]。

陳嘉庚の興学精神は、純粋で強い愛国主義思想に基づくといわれる[31]。確かに陳の愛国主義の発露はいろいろな局面で見られるが、決して主観に偏ったものではない。陳はかつて廈門の日本人学校を参観したが、それは校長と教員のうち三名が日本人、他は中国人教員で児童の大半は中国人という学校であり、そのうちの日本人教員が周辺地域で計画的に海産物・動物・鉱物などを採取して標本化している自主性と努力を称えている。またシンガポールの教会学校の校長が本務をこなすだけではなく、週末に学生のために補習をしている努力を評価している。その一方で、中国人教員に自覚がないことや、ストライキに走る学生とその是非を論じようとしない報道機関、成り行き任せの政府機関を苦々しく思っている[32]。

陳嘉庚は、広東・浙江・江蘇など近隣の省には公立大学が林立し、医学校もまた少なくないが、福建省は一、〇〇〇万人以上の人口を有しながら公私立大学が一ヵ所もないとして、廈門大学の創設を決意した。その創立費用に一〇〇万元を準備し、経常費三〇〇万元を一二年に分けて二五万元ずつ支出するとした[33]。政府から演武場の四分の一を大学の敷地とする許可を得て、一九二一年五月九日の国恥記念日に定礎式をおこなった。建設用地には墓地を含んでいたため買収交渉は難航し、住民の迷信の深さが進捗を阻んだことを嘆きつつも、住民の移転先の確保と移転費用の明文化などの手続きの結果、ようやく建設が始まった[34]。陳は廈門大学の創立に向けて準備委員会を組織し、蔡元培・郭秉文・余日章・胡敦復・汪精衛・黄炎培・葉采真・鄧萃英・黄孟圭らを理事とし、上海における理事会で鄧萃英を廈門大学校長に選出した。鄧萃英は北京教育部の参事であったが、廈門大学校長就任にあたっては参事職を辞して廈門に来ることになっていた。しかし、鄧は校長の業務を代理人に委ね、北京を離れる意思はなかった。校長のリーダーシップによる校務運営を信奉する陳は「こうした名目上の校長は他のところではよくあるが、廈大では当然不可である」として、毅然とした態度を示した。(35) 結局、鄧萃英は書簡をもって辞職を願い出て、陳は慰留しなかった。陳は新たな校長としてシンガポールの医学者である林文慶博士を招聘する。ケンブリッジ大学卒業の福建系三世であった林文慶は、廈門大学に到着するや学生に英語の口述試験をして、その学力の低さに呆れ、教育体制の確立に苦労を厭わず努め、厳格な校務運営をおこなった。(36)

二、興学の財政的基礎

陳嘉庚の資産は、幾多の曲折を経ながらも大きくなっていったが、一つの総合大学を維持しうるほどのものではなく、陳自身そのことを充分に認識し、多くの南洋華僑の資金面での協力に期待していた。廈門大学開学当時、南洋華僑で財を成し、廈門の鼓浪嶼に帰郷している者が多く、そのうち資産一、〇〇〇万元以上の者が三名、一〇〇万元以上の者はさらに多かったが、陳が寄付を募っても応じる者はいなかった。廈門大学開学後、陳は福建省出身であってシンガポールで資産一億元以上と称せられる華僑に寄付を依頼し、医学科に名前を記すと約したが、結局断られている。(37) 一九二四年に陳はゴム製造事業の拡張のためにジャワ島のバンドンを訪れ、同じく福建省出身の富僑と出会い、図書館にその姓名を記念として残すことを条件に寄付を頼んだが断られた。(38) 福建省から南洋に出た富僑に数一〇万元から一〇〇万元を募って基金にしたいと願って失敗し、四、五万元から一〇万元の寄付を集めて図書館を建てたいとする依頼も実現できない。陳はこのように嘆き「怪しむべきはわが国人の伝統習慣で、一生の艱難辛苦の多くは子孫のために計り、たとえその血脈が既に絶たれても、なおまた人に代わって吝嗇に努めて、一毛も抜かない。社会のために計らないだけでなく、自らの名誉のためにも計らないのは、まことにその愚かさは及ぶべくもない」と記している。[39] 陳はオランダ領東インドの華僑に比べて、マラヤの福建省出身華僑の蓄財状況が劣ることから寄付を募ることをあきらめている。その一方で、シンガポールの南洋華僑中学校創立の際には、広東省出身華僑と共にある富僑に数万元の寄付を頼んだが断られた。まもなく亡くなったその富僑の遺産六、〇〇〇万シンガポールドルのうち四、〇〇〇万シンガポールドルが相続税として現地政府に徴収されたことを特記している。陳は富僑の協力を仰いで大学経営を維持していきたいという願望が、次々と壁に突き当たり「自ら以前の理想の失敗を恨み、それまた何を言わん」と嘆いている。[40]

陳嘉庚の興学事業は、集美学校と廈門大学だけに限定されず、シンガポールでの学校建設でも中心的役割を果たした。シンガポール福建会館の手になる愛同学校（一九一二年創立）や崇福女子学校（一九一五年創立）、南洋華僑中学校（一九一八年創立）などが初期の代表的なものである。[41] 陳が創立したり、資金援助した各種の学校は一一八ヵ所にのぼるといわれる。[42] 多数の学校の設立と維持のために陳の事業は常に利益を生み出さなければならなかった。しかし、内外の厳しい経済情勢はかれの経営を窮地に陥れることになる。

第一次世界大戦は経済界に大きな刺激を与えた。陳嘉庚が有する「東豊」「謙泰」の二船は地中海でドイツ艦艇に撃沈されたが、保険金で六〇万元の利益を得、各種事業の順調な発展もあって、大戦終結時には資産四〇〇万元の大実業家になっていた。一九一九年五月、陳敬賢がシンガポールに来て事業を受け継いだので、陳嘉庚は帰国するが、その際、シンガポールのゴム園七、〇〇〇エーカーと宅地一五〇万平方尺（フィート）を集美学校の永遠基金として寄付した[43]。帰国後、一九一九年七月から翌年末までの一年半の間に、陳嘉庚は廈銀四〇数万元を投じて集美学校の整備を進めたが、かれの海外の事業はゴム価格や地価の大幅な下落、廈銀の交換レートの下落などの苦境に立たされた[44]。一九二〇年代、世界経済はしばしば不況に襲われるが、陳嘉庚の事業経営も一九二六年以降、不振に陥っていった。かれの最大の事業体である謙益ゴム廠は欠損が続き、ゴム園・米店・パイナップル工場も収益が上がらなかった[45]。こうした状況下でも陳は集美学校や廈門大学などへの資金拠出を止めなかった。一九三四年の段階で、かれは三〇年間の経営を振り返り、米業で約五〇万元、パイナップル工場で一〇〇万元、輪船で一五〇万元、ゴム園で四〇〇万元、生ゴム工場で一、二〇〇万元の計一、九〇〇万元の利益を上げ、廈門大学と集美学校に八〇〇万元、事業面での諸々の損失が七〇〇～八〇〇万元、地価の損失が一〇〇万元で、支出は合わせて一、八〇〇～一、九〇〇万元と見ている[46]。また一九〇四年から一九三一年までの二八年間、陳嘉庚の総支出は一、三二九万元で、各種学校への教育費援助が八三七万元と総支出の六三％を占め、学校設立費用と利子補給の三八〇万元を加えると総支出の九二％になったとするより詳しい計算もある[47]。

一九二六年からわずか三年の間に資産は半分程度にまで減少するという財務体質の悪化で、銀行の指導を受けることとなり、一九三一年八月、ついに企業体を陳嘉庚有限公司に改組した。銀行側は董事会（理事会）に三～四名を派遣して経営の実権を握り、集美・廈門両校への経費支出を毎月各々五、〇〇〇元に限定した。両校には月毎に計一万元しか支援できず、陳は廈門の学校資産一〇余万元分を売り、三〇万元を借りて、当面の窮状をしのいだ[48]。しかし、世界恐慌の波及により一九三四年二月、陳嘉庚有限公司の経営は破綻する。陳は廈門大学の充実のために華僑に資金協力を求めて断られ、失望している様をこれまで述べてきたが、かれの情熱はやがて人々を動かし、一九二七年以後、黄奕柱・曾江水・葉玉堆・李光前・黄廷元・陳六使・陳延謙・李俊承やシンガポールの群賢公司が資金援助し、経済状況が一段と悪化した一九三二～三三年には曾江水の一五万元、葉玉堆の五万元といった寄付などで六〇余万元の経費不足分を補い、林文慶校長も資金集めに努力した(49)。それでも廈門大学の維持は困難で、一九三七年七月一日、陳嘉庚の申請により、南京国民政府は私立廈門大学を国立に移管することを決定した(50)。

集美学校も全校経費は毎月一五、〇〇〇元に制限されたため学費の引き上げと経費の節減で対処せざるを得なかった。一九二九年七月に学費徴収条例を発表し、男女の中学校・商業学校と男女の小学生のうち寄宿生は一人年間一〇元の学費を納めさせるようにした。ただし、男女師範学校・水産航海学校・農林学校の学生と幼稚園児は学費を免除し、一人毎月二元の食費援助をおこない、陳の当初からの方針を貫いた(51)。一九三五年には教職員の給与規定を見直し、校董・校長・各部主任の月給は八〇元、一〇〇元以上の月給の教職員は給与を二割引き下げ、月給七〇～九〇元の教職員は月に一〇元、月給四〇～七〇元の教職員は月に五元それぞれ引き下げるとして経常費の圧縮に努めた(52)。集美学校は師生の努力によって維持され、学生数は一九三八年の八五一人から一九四四年には二、三八〇人と二・八倍近くまで増加し(53)、陳の存続への願いは達せられていった。

三、興学事業の評価をめぐって

陳嘉庚は、集美学校の学生への書簡で「教育振るわざれば実業起こらず、国民の生計日々絀し(54)」と述べ、廈門大学で「国家の富強はすべて国民に在り、国民の発展はすべて教育に在り(55)」と演説している。実業界の最前線で活躍してきた陳嘉庚にとって「商業は戦いであり、学による戦いはその中に含まれる」というのが基本姿勢であって、その基底には科学があると認識していた(56)。科学人材の養成を重視したことは、一九二二年に集美学校に科学館を設立し、物理・化学・生物などの学科の設備、機器・標本の大部分は外国から輸入し、当時では国内一流の水準にあったことからもわかる。[57] 陳は教育の命脈は経済にあって、経済が充実すれば教育が中断される虞がないと認識していた。[58] そして、実業の発展は科学技術に依拠し、科学技術の振興はまず教育に拠るという教育思想の持ち主でもあった。[59] つまり実業と科学技術の繋がりを重視し、その基礎に教育があるとの確固とした信念を持っていたのである。

陳嘉庚の故郷福建省の教育は、隣省の浙江・広東両省より甚だしく劣っていた。中華民国発足直後の全省の教育費は一年に一〇〇余万元で、省都が半分を占め、他の六〇余県を均分すると一県当たり一万元前後に過ぎない。師範学校の卒業生は毎年一〇〇余名で、省内の各中心小学に配当しても焼け石に水である。省立の高等・中等学校も少なすぎる。こうした教育の後進地帯に学校を興して全省の教育の進歩に見るべきものがあったと陳は回想している。[60] 教員養成を質・量ともに充実させ、教育普及をはかることは、陳の興学事業の原点と考えてもよいだろう。

「教育は立国の本、興学は国民の天職」という信念を陳嘉庚は終生持ち続けたが、[61]「立国」は「強国」とも言い換えられ、[62]「愛国興学」と表現されることもある。[63] いずれにしても「教育救国」の熱情の現れと理解してよいだろう。[64] 陳はかれのことを「教育救国論者」とする批判に対して「民智」を開けば「革命を助け、救国を助け」ることになり、「教育は千秋万代の事業にして、国民の文化水準を高める根本措置であり、どのようなときにも必要である」[65] と答えている。陳が教育救国論者であるか否かの問題について、『集美学校七十年』の編者は、

ある人は陳嘉庚を「一人の典型的な教育救国論者である」と考えている。この論断は正確ではない。……正確に言えば、陳嘉庚先生の興学の動機は完全に国に報いるためであった。「報国」と「救国」とは一字の差にすぎないとはいえ、その含む意味は異なっている。[66]

と述べている。こうした見方に対して『陳嘉庚伝』は、

陳嘉庚の興学の動機は完全に救国のためであることは、すこぶる明らかで、かれは一人の典型的な教育救国論者である。……読書救国論・教育救国論がまだ盛行して広汎な青年が革命に参加するのを阻む力となっていなかったころに、一人の海外商人出身の陳嘉庚は、国家民族の存亡を重しとし、「金銭を犠牲に、心力を尽くす」ことを惜しまずに教育を発展させ、民智を啓いて奔走呼号したことは、何といってもすべてわれわれが敬い心に抱くに値することは確かである。(67)

と述べている。中国共産党の指導方針を承けて中国国内の中国近現代教育史研究は、教育救国論を否定すべきものと結論づけてきた。その枠内での苦肉の解釈と考えてもよいだろう。しかしはたして陳嘉庚は、教育救国論者ではなかったのだろうか。市川論文も指摘するように、陳は伝統的な「莫談政治」という華僑の保身術を守り、「無党無派」の立場を唱えていたことは事実である。(68)同盟会に加入したとはいえ、中華民国初期には政治活動から離れた。わずかに一九三六年一二月に発生した西安事件に際して、陳は華僑の「援蔣救国」大会を開き、南京国民政府の擁護を声明し、電報をもって張学良が蔣介石を釈放するように要求した。(69)これはあるいは翌年に実現された廈門大学の国立移管が関係しているのかもしれない。一方で救国への思いと教育振興への情熱は変わらず、抗日戦争中、陳は国民政府と福建省政府の弊政に心を痛めながらも、国父孫中山が創立した国民党の大多数の党員や将領は愛国的で、抗日の戦いに精力を傾けていると信じ、南洋華僑をまとめて支援をおこなった。また一族の陳六使や女婿の李光前らの寄付金を重慶国民政府財政部の手を通じて集美学校維持のために拠出しようとした。(70)無党無派の姿勢を保ち続けた陳の姿勢の大きな転換点となったのは、一九四〇年五月三一日からの慰労団を率いての延安訪問であった。そこで見た中国共産党支配下の世界は陳にとって新鮮で「余はすなわち平等無階級の制度を知る」ことになった。(71)とはいえ、陳が政治的に突出した行動をとったとの記述はほとんどなく、わずかに大躍進の時代に、天津で密植した稲から大量の収穫があったと聞いて腹を立て、各地に林立した小型製鋼所の非効率性を訴える書簡を書いたことが特筆される程度である。[72]抗日戦争期、陳嘉庚が述べた「敵未だ国土を出でざる前に、和を言うはすなわち漢奸[73]」は、鄒韜奮が「古今中外の最も偉大なる提案である」と称したが[74]、陳の変わらぬ愛国精神を象徴する言葉といえるであろう。教育を政治から分離する陳の姿勢は、国民政府が教育界を政治的に支配するための党化教育を南洋にまで及ぼそうとしたときに激しく反発したことにもよく現れている。[75]

魯迅は一九二六年に廈門大学教授に招聘されたが、わずか一三〇日余りで辞任して広州に向かった。その間の事情は魯迅と許広平との書簡で構成される『両地書』の中から読み取れる。北京の混乱を避けて南下した魯迅は、決して安くはない給与で迎えられた。しかし、魯迅は言葉が通じず、食事が合わないこの地を短期間で離れてしまう。それは『現代評論』派とされるグループとの軋轢が大きな要因と考えられるが、林文慶校長にその原因の一端を求める主張もある。魯迅自身が「私の俸給は、多くないとはいえません。授業は五時間か六時間、これもかなり少ない方です」と述べつつも「学校当局は、功を急いでいて、履歴がどう、著作がどう、計画がどう、年末の業績発表は何にするかなど問い合わせ殺到で、うるさくてかなわん[76]」という。魯迅は林文慶を「校長は尊孔派」としつつも、林が「陳嘉庚も「好事の徒」であったればこそ、学校経営を発意したのだと言うのです」とその「尊孔」との矛盾を指摘する。[77]こうした魯迅の批判を承けて関連する研究は「林文慶は魯迅の演説の精神を簒改[78]」した「権勢と利益の徒[79]」と断じ、「林文慶のもう一つの特徴は崇洋で、尊孔だけでなく、また尊洋であり、中国半植民地社会の典型的な高等華人であった[80]」と批判的にとらえている。たしかに林文慶は『孔教大綱』や『孔教精神』などを著した「尊孔派」であることは間違いないが、一方で医学者として国際的にも知られ、早くから黄遵憲の『日本国志』の価値を認めるなど見識[81]の広さも持ち合わせていた人物である。魯迅が批判した教員の研究業績の報告についても、まともな研究と教育の成果を求める大学を迅速に建設していこうとするなら当然の方針である。『民主堡塁革命揺籃』は、集美学校や廈門大学における革命運動の回憶が大部分を占める。それは林文慶校長以下の大学当局が、学生たちの思想や行動に過度の干渉をしていなかったことの反映とはいえないだろうか。林文慶校長はその努力にもかかわらず、「毀家興学」の声誉を得た陳嘉庚と文豪魯迅の狭間で不当に低い評価しか与えられなかったといってもよいだろう。

集美学校もまた学術の自由を基本方針とし、[82]先進的な教育への取り組みを進めていた。その代表例が、陶行知の弟子である張宗麟を集美試験郷村師範学校校長に迎え、陶行知教育理論の実験をおこなわせたことである。[83]これは陳の創立した「新型の暁荘式の革命学校」[84]とも称され、暁荘から潘一塵・陸静山・欧陽藩・倪式増・鄭先文・王炳乾らが指導員として招かれ、陶行知の「生活教育」の宗旨に基づく教育実践がおこなわれ、「会農友去」という課も設けられて、郷村の環境衛生や風俗習慣の改善にも取り組んだ。[85]各地で取り組まれた郷村建設運動と同様の実践である。集美学校はまた「集美学村」として軍隊の駐屯や作戦を許さない「永久和平学村」としての公認を、北京の国会や国務院などに誓願して承認されている。[86]

陳嘉庚は、華僑の財政支援の広がりを一貫して願いながら、その成果を上げることができないことを嘆いていた。しかし、少しずつ身内からではあるが道は開けていった。陳嘉庚の族弟陳六使は益和橡胶公司を経営した著名な華僑実業家であるが、苦境に陥った廈門大学のために一九三六年に五万元を援助し、一九三九年には集美学校基金として上海華僑銀行を通して公債券一〇〇万元を購入し、その利息六万元をあてた。[87]南益橡胶公司の経営者である李光前は陳嘉庚の長女陳愛礼と結婚した女婿であるが、[88]中華人民共和国成立後も陳嘉庚に協力して廈門大学の校舎再建に六〇〇余万シンガポールドルを寄付し、集美学村の復興などにも多額の寄付をした。この他、李光前は一〇〇名以上の華僑と共に泉州華僑大学に陳嘉庚紀念堂を建設する際には中心的役割を果たした。[89]

陳嘉庚は、南洋華僑の指導者として抗日戦争に協力し、晩年には集美学校や廈門大学の修復に全力を注いだ。抗日戦争中に集美学校や廈門大学の校舎は大きく破損していたが[90]、さらに一九四九年に集美学校の校舎は蔣介石国民政府軍の爆撃によって破壊され[91]、その再建や設備の更新は不可欠であったためである。集美学校の工事現場には八〇歳近い老人が毎日、設計者や施工責任者など関係者を伴い、指揮している姿が見られた[92]。贅沢を嫌い、質素な生活を続けた陳は、家族にも同様の生き方を求めた[93]。「国民の発展は、すべて教育にあり」と考え[94]、実業救国・教育興国で、一生を祖国に捧げようとしたと称えられる陳は[95]、その遺産の大半を集美学校の整備、充実など教育公益事業に注ぐよう言明するなど教育至上主義ともいうべき信念を生涯変えなかった。陳が生涯を通して教育事業に投じた資金は一億アメリカドル[96]、あるいは人民幣一億五千万元といわれる[97]。ただし、市川論文は「齢八〇歳（五四年）を超えた陳老人の郷土愛は中央政府から遊離していた。例えば五八年に分離改組したアモイの水産学院と航海学院を上海と青島の海洋学院へ吸収合併しようとする政府の計画に反対して、彼はアモイの集美各校校長会で相変らず郷土規模の教育充実を唱えていた」と述べている。また陳が建設をめざした潮力発電所は、一九六〇年、三年間の取り組みと九一万元の費用を使った後、成功の望みなく放棄された[98]。晩年、陳の願望と時代の流れとの間にギャップが生じてきていたことも明らかである。

おわりに

陳嘉庚は、自らの私塾での不十分な学習への反省やシンガポールの経済活動での教育の重要性の認識が起点となって、興学事業の道を歩み始めた。郷里の人々の意識を変え、豊かな生活を実現するには、教育普及が不可欠である。

その前提は、優れた教員の育成にあるとして、師範生を優遇する一方で、教職就任義務を課すことで、師範教育のあるべき体制確立に努めた。地域社会の特色を生かした集美水産航海学校や農林学校の設立も地域活性化の取り組みといえよう。人々の意識改革をめざす取り組みは、女子教育を重視し女子小学、女子師範、幼稚園を設立したことなどに見られるが、とりわけ女子の入学者に金銭的支援をおこなったことは、陳の情熱の大きさを物語っている。

陳嘉庚は愛国主義者ではあるが、経済界のリーダーとして是々非々主義を徹底させており、廈門の日本人教師やシンガポールの教会学校の校長の情熱をきちんと評価している。陳にとって廈門大学の設立は重大な決意を要するものであり、他の華僑の財政的支援を期待したが、成果はなかった。教育事業に着手した以上、その維持のためには経済活動で利潤を追求することに全力を注がなければならない。かれは経済活動に専念し、集美学校にしても廈門大学にしてもそれぞれの校長に全権を委ね、トップダウンで速やかに成果を生む学校運営を是とした。そのための優秀な校長の選任に陳は腐心し、一旦適任者を選ぶや校務運営の細部に介入することはなかった。ただ集美中学の葉校長が学生の要求により、卒業生の無試験での廈門大学進学を認めてほしいと要請したとき、教学の質を確保するために陳はその要請を断固として拒否した(99)。こうした事実があるとはいえ、大枠において教学に関しては校長の判断を尊重する方針を守っている。

陳嘉庚が教育救国論者であることを否定するため、「報国」と「救国」は異なり、かれの姿勢は読書救国論や教育救国論が盛行する以前のものとするような苦しい論理が生み出されている。しかし、陳は「無党無派」を標榜し、興学の姿勢は終始一貫変わることはなかった。かれは国を愛し、郷土を愛し、教育を通じてその願望を達成しようとした典型的な教育救国論者であった。また科学を愛したかれは、小惑星にその名を記されることで(100)、科学教育の面でも記憶されることになったのである。

註

（1）拙稿「陳嘉庚と教育」『東洋教育史研究』第五集、一九八二年。
（2）陳独秀「廈門大学学生也有今日」『嚮導』第六八期、一九二四年。
（3）市川健二郎「陳嘉庚・ある華僑の心の故郷」『東南アジア・歴史と文化』ナンバー三、一九八四年。
（4）中共廈門市委党史研究室編で二〇〇一年に中央文献出版社より全五冊シリーズとして刊行されている。それらは第一冊から第五冊まで順に『華僑領袖陳嘉庚』『回憶陳嘉庚文選』『科教興国的先行者陳嘉庚』『民主堡塁革命揺籃』『回憶我的父親陳嘉庚』となっており、以下引用の際は書名のみ示す。
（5）陳嘉庚『南僑回憶録』（福州集美校友会、一九五〇年、以下書名のみ示す。また陳嘉庚を陳と略称する場合もある）。
（6）曾昭鐸『陳嘉庚――華僑旗幟民族光輝』（中央文献出版社、一九九九年、以下『陳嘉庚』と略す）一八一頁。
（7）陳碧笙・陳毅明編『陳嘉庚年譜』（福建人民出版社、一九八六年、以下『年譜』と略す）。
（8）陳碧笙・楊国楨『陳嘉庚伝』（生活・読書・新知三聯書店香港分店・福建人民出版社聯合出版、一九八二年、以下『陳嘉庚伝』と略す）三頁。
（9）陳「南僑回憶録弁言」『南僑回憶録』一頁。陳は後に著作まで残すことになるが、それは完全に自学自習によるものであった（張楚琨「陳嘉庚光輝的一生」『華僑領袖陳嘉庚』四頁）。
（10）『年譜』五～九頁。陳「個人企業追記」『南僑回憶録』三九三～三九六頁。
（11）『年譜』九～一二頁。陳「個人企業追記」『南僑回憶録』四〇一～四〇三頁。
（12）『年譜』一四頁。
（13）黄順通・劉正英「陳嘉庚与集美鰲園」『科教興国的先行者陳嘉庚』一九三頁。庄希泉「光輝旗幟耀千秋」『回憶陳嘉庚文選』四八頁。
（14）黄順通・劉正英「陳嘉庚与抗日戦争」『華僑領袖陳嘉庚』一三四頁。ただし、この献金を疑問視する見方もある（市川健二郎前掲論文参照)。

(15) 一九一三年一月二七日に郷立集美両等小学校として開校し、高等一クラス、初等一クラス、学生は計一三五名で、同安出身の洪紹勛を校長に招き、教員は五名であった。翌年には集美小学の通俗夜学校を開設し、成人教育にも取り組んだ(紀念陳嘉庚先生創辦集美学校七十周年籌備委員会校史編写組編『集美学校七十年』福建人民出版社、一九八三年、以下書名のみ示す、五〜七頁)。

(16) 陳「創辦集美小学校」「県立小学校之腐化」『南僑回憶録』四〜五頁。陳はまた『民俗非論集』で民衆の陋習改革について具体的意見を述べている(曾講来「陳嘉庚是傑出的社会改革家」『科教興国的先行者陳嘉庚』一八六頁)。

(17) 陳「創辦集美師範及中学」『南僑回憶録』六頁。

(18) 市川健二郎前掲論文。

(19) 陳「師範生按県分配」『南僑回憶録』六〜七頁。

(20) 陳「閩垣師範学校」『南僑回憶録』四〜五頁。陳は師範入学生を優待するかわりに師範卒業生の教職就任義務の遂行を厳しく求めた(『集美学校七十年』九頁)。

(21) 前註(19)。

(22) 陳「集校第一次更動」「集校第二次更動」『南僑回憶録』七頁。

(23) 陳「師範中学師資之困難」『南僑回憶録』八頁。孫起孟「正確認識和処理経済与教育的関係」『回憶陳嘉庚文選』一七頁。黄炎培「陳嘉庚毀家興学記」『新教育』第一巻第五期、一九一九年(田正平・李笑賢編『黄炎培教育論著選』人民教育出版社、一九九三年、一四頁)。ただし、黄炎培は陳の期待するだけの人材を招聘できなかった。

(24) 陳「集校第三次更動」『南僑回憶録』八頁。

(25) 陳「集校安定」『南僑回憶録』九頁。

(26) 陳「添辦水産航海学校」『南僑回憶録』九〜一〇頁。その他、一九二一年にはイギリスから船と機器を購入し、集美において三一トンの実習船「集美一号」を建造している。トロール船は一九三〇年だけでも一、〇六九回網を下ろし、漁獲物の販売などで水産航海学校の経費を補って余りあった（『集美学校七十年』二二三〜二二四頁）。

(27) 陳「添辦農林学校」『南僑回憶録』一〇頁。この農林学校は一九二六年に開校するが、農林試験場を設け、植林活動にも力を入れた（『集美学校七十年』二二五頁）。

(28) 『集美学校七十年』八頁。陳はシンガポールでも一九一五年に崇福女校の設立に資金援助するなど女子教育の必要性を力説していた（駱懐東「旧教育体制改革的先行者——陳嘉庚」『科教興国的先行者陳嘉庚』二〇六頁）。

(29) 陳延杭・陳少斌「昆仲協力樹偉業——記陳嘉庚的胞弟陳敬賢」『科教興国的先行者陳嘉庚』三〇八頁。学校はすべての女学生に毎月一〜二元の交通費を支給していたともいう（王増炳・余綱『陳嘉庚興学記』福建人民出版社、一九八一年、一九頁、以下書名のみ示す）。

(30) 陳「添辦女師範幼稚師範及商科」『南僑回憶録』一〇頁。

(31) 王増炳・余綱「陳嘉庚的辦学精神」『科教興国的先行者陳嘉庚』五五頁。

(32) 陳「添辦女師範幼稚師範及商科」『南僑回憶録』一〇〜一一頁。

(33) 陳「倡辦廈門大学」『南僑回憶録』一三頁。

(34) 陳「演武場校址之経営」『南僑回憶録』一三頁。

(35) 陳「廈大仮集美開幕」『南僑回憶録』一四〜一五頁。

(36) 陳「廈大校長更動」『南僑回憶録』一五頁。劉正英・黄順通「陳嘉庚与廈門大学」『科教興国的先行者陳嘉庚』一二三頁。

(37) 陳「廈大第一次募捐無効」『南僑回憶録』一五〜一六頁。

(38) 陳「廈大第二次募捐無効」『南僑回憶録』一六頁。

(39) 陳「廈大第三次募捐無効」『南僑回憶録』一七頁。郭梁「陳嘉庚精神与教育振興」『科教興国的先行者陳嘉庚』四一頁は、日本の華僑呉錦堂が故郷の浙江省慈渓で新式学堂を創立したような盛挙もあるが、全体としてそのような意識に欠けると述べている。なお呉錦堂は神戸在住の華僑であった。

(40) 陳「募捐理想之失敗」『南僑回憶録』一七頁。

(41) 洪絲絲「陳嘉庚在新加坡興学的光輝業績」『科教興国的先行者陳嘉庚』一八～一九頁。崇福女子学校の創立者は王会儀だが、女子教育に理解のある陳嘉庚は快く資金援助をした（『陳嘉庚興学記』六四頁）。また南洋華僑中学校では標準語である国語を用いて教育し、南洋華僑の間の標準語普及に大きな役割を果たした（陳「南僑中学校之興設」『南僑回憶録』一二〇頁）。
(42) 王毅林「中華英傑華僑領袖陳嘉庚」『華僑領袖陳嘉庚』三五頁。同「留得光輝照人間」『回憶陳嘉庚文選』二六頁。
(43) 『陳嘉庚伝』二九～三〇頁。『集美学校七十年』一五頁。なお陳嘉庚の事業のピーク時には、一万エーカー以上のゴム園、三〇余ヵ所の工場、本店の他に支店は一〇〇余ヵ所、代理店は五大陸に及び、数万人の従業員を有し、資産一、二〇〇万元に達したといわれる（『陳嘉庚伝』三八頁）。
(44) 『集美学校七十年』三〇頁。
(45) 張楚琨「陳嘉庚光輝的一生」『華僑領袖陳嘉庚』一〇頁。
(46) 林沙「〝取諸社会、用諸社会〟的楷模」同前書、三〇〇頁。
(47) 陳延杭・陳経華「陳嘉庚与東南亜開発」同前書、三〇九頁。『陳嘉庚』一三〇頁。
(48) 『陳嘉庚伝』三九～四〇頁。
(49) 『陳嘉庚興学記』四三頁。
(50) 廈門大学辦公室編『廈門大学』（浙江大学出版社、二〇〇〇年）一四頁。
(51) 『集美学校七十年』五三頁。
(52) 同前書、五七～五八頁。
(53) 同前書、七九頁。陳の方針で、集美銀行の税引き後の利益の六〇％を集美学校の経費に充てると規定しており、中華人民共和国建国前の六年間だけでも約三〇万米ドルが補助されている（王毅林「陳嘉庚辦学育人的豊碑」『科教興国的先行者陳嘉庚』八二頁）。
(54) 陳「致集美学校諸生書――興学動機」『民主堡塁革命揺籃』一頁。
(55) 陳「籌辦廈門大学演詞」同前書、三頁。

(56) 伍任之「陳嘉庚与集美学校」『華僑領袖陳嘉庚』一七五頁。同「陳嘉庚与精神文明」『科学興国的先行者陳嘉庚』二五〇頁。
(57) 王毅林「陳嘉庚——科教興国的先行者」『科教興国的先行者陳嘉庚』二頁。
(58) 郭永福「興学重教振我中華」同前書、二四頁。
(59) 施若谷「試論陳嘉庚的科学教育思想」同前書、二三七頁。
(60) 陳「摧残教育」『南僑回憶録』二七六頁。
(61) 呉文華「陳嘉庚——独具特色的華僑領袖」『華僑領袖陳嘉庚』一一五頁。
(62) 劉正英・黄順通「陳嘉庚与廈門大学」『科教興国的先行者陳嘉庚』一〇一頁。
(63) 伍任之「陳嘉庚与集美学校」『華僑領袖陳嘉庚』一七八頁。
(64) 王毅林「民主堡塁革命揺籃——集美学校」『民主堡塁革命揺籃』二頁。黄坤勝・劉正英「閩西南建党問題初探」同前書、九六頁。陳共存「我的伯父」『回憶陳嘉庚文選』二七六頁。
(65) 張楚琨「陳嘉庚光輝的一生」『華僑領袖陳嘉庚』九頁。
(66) 『集美学校七十年』二頁、四頁。
(67) 『陳嘉庚伝』一九七頁。
(68) 陳は無党派で法律遵守の姿勢を崩さなかったことが、政府の干渉や束縛を受けなかったことにつながっている（黄奕歓「赤子丹心照汗青」『回憶陳嘉庚文選』一三九頁）。また陳は「私は共産党員ではなく、国民党員でもなく、無党無派である。……民族の利益・国家の利益の立場で話をする」と語った（林志群「陳嘉庚的光輝楷模照人間」『民主堡塁革命揺籃』三八頁）。
(69) 『陳嘉庚伝』四四頁。
(70) 王毅林「中華英傑華僑領袖陳嘉庚」『華僑領袖陳嘉庚』五四頁、五六頁。
(71) 陳「平等無階級」『南僑回憶録』一五五頁。
(72) 黄順通・劉正英「陳嘉庚与周恩来」『華僑領袖陳嘉庚』九九頁。

(73) 陳「参政員歓迎会」『南僑回憶録』一〇七頁。なお陳「到処有耳目」『南僑回憶録』二六〇頁、では「敵人いまだわが国土を退出せざる以前に、公務員の和平を言うは、すなわちこれ漢奸国賊」としている。息子の陳国慶は、陳嘉庚の本来の提案はこれで、友人の勧告でより簡潔なものに変えたと述べている（陳国慶『回憶我的父親陳嘉庚』三五頁）。
(74) 『陳嘉庚伝』二〇一頁。
(75) 陳「南洋教育党化」『南僑回憶録』三二九頁。
(76) 魯迅・許広平著、竹内好・松枝茂夫訳『両地書』（筑摩書房、一九七八年）一二二頁。
(77) 同前書、一六七頁。
(78) 廈門大学中文系『魯迅在廈門』（福建人民出版社、一九七八年）四三頁。
(79) 同前書、五六頁。
(80) 顧明遠・兪芳・金鏘・李愷『魯迅的教育思想和実践』（人民教育出版社、一九八一年）五六頁。陳独秀もまた前掲の『嚮導』論文で「孔教国学大家林文慶」と痛罵している。
(81) 王暁秋『近代中日文化交流史』（中華書局、二〇〇〇年）一九九頁。
(82) 盧茂村「集美学校在建立閩西南党団組織中的作用」『民主堡塁革命揺籃』一一〇頁。
(83) 伍任之「陳嘉庚与集美学校」『華僑領袖陳嘉庚』一八一頁。
(84) 王毅林「陳嘉庚辨学育人的豊碑」『科教興国的先行者陳嘉庚』七七頁。
(85) 劉心村・林光輝「集美試験郷村師範学校事略」同前書、一四八～一五〇頁。
(86) 『陳嘉庚興学記』二八頁。王毅林「中華英傑華僑領袖陳嘉庚」『華僑領袖陳嘉庚』六二頁。
(87) 蔡仁龍「実業興学――脈承――記陳嘉庚的族親陳六使」『科教興国的先行者陳嘉庚』三三三～三三四頁。
(88) 『陳嘉庚』三〇頁。
(89) 蔡仁龍「雛風清于老風声――記陳嘉庚的女婿李光前」『科教興国的先行者陳嘉庚』三一七～三一八頁。
(90) 『陳嘉庚興学記』五一頁。

(91) 王毅林「中華英傑華僑領袖陳嘉庚」『華僑領袖陳嘉庚』六三頁。
(92) 張楚琨「陳嘉庚光輝的一生」同前書、二五頁。王毅林前掲論文は、人々が陳を「総工程師」と称えたと記す(同前書、六一頁)。一九六〇年、重病に陥っても陳は、毎日のように手紙を書き、電話をして、工程の進捗状況を気にしていたという(『陳嘉庚興学記』八〇頁)。
(93) 張楚琨同前論文『華僑領袖陳嘉庚』二七頁。『陳嘉庚』一四〇頁。
(94) 呉伯善「職業技術教育的偉大実践」『科教興国的先行者陳嘉庚』二二七頁。
(95) 陳輝中「偉大的精神与高尚的情操」『回憶陳嘉庚文選』一八四頁。
(96) 林志遠・洪詩農「陳嘉庚与集美中学」『科教興国的先行者陳嘉庚』一三六頁。
(97) 郭永福「興学重教振我中華」同前書、二六頁。『集美学校七十年』一六七頁。
(98) 張基華「陳嘉庚先生在最后的日子里」『回憶陳嘉庚文選』二二三頁。
(99)『集美学校七十年』二〇頁。
(100)『陳嘉庚』三頁。

第三章　黄炎培と職業教育の展開

はじめに

黄炎培（一八七八～一九六五）は、上海の東方、江蘇省の川沙に生まれ、二〇世紀中国における職業教育運動の指導者として知られた人物である。かれは楚南、韌之、任之と号し、抱一の筆名を持ち、国共対立の時期には中間勢力である第三勢力のリーダーとして活躍し、中華人民共和国成立後は、政務院副総理兼軽工業部部長、全人代常務委員会副委員長などを歴任した政治家でもあった。黄炎培の前半生については、筆者はすでに職業教育運動との関わりのなかで考察しているが、(1)一九三〇年代以降の後半生についてはほとんど言及していない。一方、黄炎培の後半生に関しては、日本では第三勢力の指導者としての活動を中心に研究が進められている。(2)しかし、そこでは黄のライフワークともいうべき職業教育の実践に関する分析は深められているとはいいがたい。そのため黄の後半生における職業教育に比重をおいた分析が求められているといえよう。

最近ではまた、二〇世紀中葉に発生した国共の政権交替に関して「歴史の断絶性ではなく、その継起性・連続性」から研究を進めようとする動きが生まれている。(3)こうした研究動向を踏まえて、黄炎培が生涯を通じて関わってきた職業教育が抗日戦争期から国共内戦期、さらに中華人民共和国の初期においてどのように変化したのか、それとも変化しなかったのかを考察しようとするのが、本章の主たる目的である。こうした分析を進めるにあたって、黄炎培の教育思想とかれが中心となって一九一七年に創立した中華職業教育社（以下、職教社とも略す）の活動を中心におくことになるが、ここに黄が実践の出発点とした教育をもって国を救おうとする「教育救国」論の評価も取り込んでいきたいと考えている。

一、黄炎培と抗日戦争から国共内戦期の職業教育

黄炎培は青年時代、教育事業に関わった頃から「教育救国」の新学説の影響を受けていた。[4] しかし、一九三一年に発生した「九・一八事変」（満州事変）を機に黄は「教育を捨て去った」[5]として、教育救国論を放棄したことを言明している。黄はまた、教育と政治は不可分のものであることを繰り返し述べており、[6] 後半生になると少なくとも教育と政治を別物と考える姿勢はとらなくなっていた。とはいえ、それが教育救国論の放棄になるのか否か、現実の実践を追う中で検証しなければならない。そのためにまず前提として、一九三〇〜四〇年代の中国職業教育の実態とそれに対する黄炎培の教育思想や実践を見ていきたい。

一九三一年四月、国民政府教育部は第五三六号訓令をもって職業教育の振興のための具体的な政策措置を訓令し、普通学校の多すぎる地域では普通中学の設立の抑制や職業学校への改組、職業科目の増加や職業科の附設、そのための経費や設備の増加を図った。[7] 翌三二年より国民政府はまず単独で職業学校を設立するように命じていたが、この方向は国際連盟教育視察団の求めるところと一致していた。[8] しかし、現実は何清儒が「多くの学生が進学の道を歩むの

は、現有の職業学校が、なおまだ成績を上げて、社会の信仰を得ることができず、多くの職業学校は関を閉じて自ら守り、産業界とは隔離され、設備は欠乏し、教師は良くなく、書本をもって教材とし、教授をすることを方法とした。こうした類の学校の育成した学生は、知識の面ではやや違っているが、生活の技能を養成することができていない。だから職業教育は職業教育の意義を失っているのである」(9)と述べているとおりであった。

中国における職業教育の実情を見ると、職業学校の教員は一九三〇年代まで一貫して欠乏状態が続いていた。経費については、国民政府教育部が一九三二年に中等学校教育経費の少なくとも三五％を占めるべきと規定したが、守られなかった。そのため設備の改善が遅れることになり、何清儒が指摘するように、書本の教育を中心とせざるを得なかった。実習を軽視し、実習に適していない場所に職業学校を設立し、統一的な課程標準もないため授業に混乱を持ち込んでいた。実業界との連繫に乏しいため、卒業生の進路確保についても苦戦を強いられていた。(10)こうした現状は、一九一七年の職教社の創立時期から続いてきた状況でもあった。

黄炎培自身、職業教育運動に着手して以来、こうした問題の解決に腐心し、一九三〇年代以降もさまざまな形で発言し、取り組んできた。まず教員不足への対処については、早急な取り組みが重要で、実績を持つ職業学校に職業師範科を設けることが最も望ましいと考えていた。(11)経費や設備に関しては、職教社自体は中華職業学校の運営など学校経営に精力的に取り組むことによって、持続可能な職業教育体制を築き上げたことは事実であるが、全国的な取り組み体制の構築につなげることはできなかった。そのこともあって、国家に対して教育費の増額を求める姿勢は失わず、「私はなお政府が教育の普及に対する相当な政治権能を持ち、教育の将来の発展にとって必要な助力をするよう欲している」と述べている。それでも教育費の慢性的な欠乏状態の解消に期待が持てないため、教育を地域社会が支えるのは中国社会の伝統であり、郷村の公益事業であるとし、「経費はわれわれが負担し、学校はわれわれの学校であり、教師はわれわれの教師であり、精神面では一体となっている」と述べて、黄らが独自に考案した「区域で自給する制度」に期待を寄せている。[12]

黄炎培は徐公橋郷村改進区の経験を踏まえ「書物の上での学理と方法は、当然一生労苦に耐えてきた老農民を簡単には説得できなかった」と述べている。[13] 書本による教育の限界を痛感していた黄は、職業教育の実習については、実地実習をすべきであり、社会機関において実習させるべきだという。[14] 卒業後の就職を何よりも重視した黄は、職業学校を適切な地域に設立し、カリキュラムや教材は、教員が自らの経験に基づいて規定すべきである、と述べている。[15] 手と脳の活用は、当時陶行知ら新教育運動の指導者たちによっても力説されていたことであり、「手を動かす者は書を読み、書を読む者は手を動かさなければならない」[16] とする姿勢を黄自身も終始持ち続けていたのである。むろんそれは初歩的なレベルに止まるものであってはならず、職業教育は「人格の培養、体格の鍛錬とその基礎学科の修習、常識と基本技術の養成」を普通教育と同じレベルで追求していくことを目標として掲げていた。[17] 黄は「中華民族の教育は、中華の広汎な民衆の最も切実な中心となる要求に向かうべき」[18] であるとし、「民衆に教育が欠け」る社会の危機を説き、[19]「科学の民生への利用」を説いている。[20] 民衆と科学の重視を唱えているのである。また黄は職業訓練生に対して「万も工業の改良に努めるという虚名をもって、青年たちに犠牲を強いる実害を与えてはならない」といい、「教育と実業を一体化」し、「地方産業の開発」を推進し、「要するに目標のある教育は、比較的青年をして己のために生を謀り、大衆に奉仕する道を得やすくする」と述べている。[21] このように常に実践より出発し、実際に生起する問題に取り組む中で、三〇年代以降の職業教育は職業学校教育、職業補習教育、職業指導の三分野へと発展していくことになった。[22]

では、黄炎培の職業教育への関わりは、現実の歴史過程の中でどのような意味を持ったのであろうか。一九三七年七月の盧溝橋事件より日中間の全面的な戦争が始まり、翌八月には上海事変が勃発した。上海戦において日本軍の侵攻に抵抗した国民政府軍もやがて退却を余儀なくされていく。その直前の三七年八月一一日に上海工廠遷移監督委員会が成立し、国民政府軍の撤退に伴い内陸部への移動に同意した工廠は一〇〇以上に達していたが、中華職業学校の実習工場もその中に含まれていた。内遷に同意した工廠の大多数は四川省に移り、一部分が湖南、広西、陝西の各省に移った。[23]三八年一〇月には、中華職業教育社は四川辦事処を重慶に成立させたが、重慶に国民政府が移り、黄炎培・江問漁・冷遹ら職教社の主力メンバーが国民参政会員となって重慶で活躍しており、他の董事の多くも重慶に移っていたので、[24]この決定は当然の流れであった。一九三九年四月に職教社は重慶付近の永川県に永川賑済造紙廠を建設し、穆藕初が理事長となり、黄炎培・冷遹・黄伯度が理事、江問漁は経理にそれぞれ就任した。この工場は主として抗日戦争に伴う難民を収容し、新聞紙を中心とした製紙をおこない、設立後半年間で、一千トンの紙を製造した。また黄は中華職業学校の校友会を中心に難民救済の事業に取り組み、武漢に一〇ヵ所以上の難民収容所を建て、湖南省などに難民の疎開基地を作るなどで、数ヵ月の内に一〇万人以上の難民を救済したといわれている。[25]

一方で、職業教育に関わる事業も続け、三八年には広西職工培訓所（後に広西省立桂林職業学校となる）、中華職業学校渝校（渝とは重慶の別名）を設立し、三九年には広西平楽実用職業学校、四四年には四川灌県農業職業学校をそれぞれ設立した。その他に、四〇年に銀行専科学校、四三年に中華工商専科学校を設立した目的には、抗日戦争終了後の国家建設のための人材育成が含まれていた。重慶の職業指導所では、一九三八年の一〇～一二月の三ヵ月で二、九四一人の求職登録があり、五〇一人が就職できた。桂林職業指導所では一九三八～四一年に六、〇〇〇人以上の職を紹介した。こうした顕著な成果は、抗日戦争中の大後方での人材を求める動きが目立っていたことが背景にあると考えられる。

しかし、抗戦中に流亡を強いられた人々は、求職活動の中で保証人を確保できず、求人側も採用を躊躇せざるを得なかった。こうした現状を承けて、重慶職業指導所は一種の互助保証制度を創設した。職教社は民族資本家の拠出した一〇万元を保証基金とし、被保証人からも互助公益金を納めさせる方法で職業互助保証協会を発足させた。銭新之・盧作孚・穆藕初・康心之・康心如らが基金保管委員会委員となり、黄炎培・江問漁・楊衛玉・孫起孟・張雪澄らが経理委員となった。この協会は、一九三九年一〇月一日に正式に活動を開始し、被保証人が雇用主に損失を与えれば協会自体が賠償の責任を負う形で就業を促進したのである。(26)職教社は職業補習教育にも積極的で、重慶中華職業補習学校と昆明中華職業補習学校は短期の募集と訓練を繰り返し、合わせて三万人以上を養成した。(27)

黄炎培は「大職業教育主義」を説いたが、それは社会運動を出発点としていた。(28)また徐公橋郷村改進区に代表される職教社の郷村改進事業は「大職業教育主義」の精神を体現したものといわれている。(29)黄は「職業学校の最も大切な一点」として「その本質についていえば、社会性であり、その作用についていえば、社会化である」と一九三〇年に語っている。(30)さらに職教社は二四年間の取り組みを総括して、第一の時期には「教育を社会に適応させて中心と」し、第二の時期には「職業教育を国家民族に適応させて中心と」して、「社会」の二文字を特別に重視したと一九四一年に述べている。(31)職教社自体も表面的に見れば職業教育からかけ離れたように見える事業に取り組んできた。例えば、農村改進試験区だけでなく、農業教育研究会、新農具推広所、国貨指導所、業余図書館、玩具展覧会などの取り組みがそれであり、職教社は一部の教育家から「空泛化（つかみどころがない）」との批判を受けていた。(32)しかし、これは職教社の社会教育への取り組みとして理解できるものであり、黄炎培の「社会化」の主張に沿うものであった。

黄炎培は『中国商戦失敗史』（商務印書館、一九一七年）に象徴されるように「国貨（国産品）の愛用」を一貫して唱えており、(33)国民を挙げて経済活動に取り組む必要から女子職業教育の振興にも力を入れた。一九三一年に黄が中心となって発表した「中華職業教育社宣言」では「婦女の職業」は社会組織にとって大きな意味を持つと述べ[34]、一九四七年には「婦女の職業教育と訓練」の拡大と女性の自立を唱えている[35]。男女を問わず全国民が経済活動に参加し、国家を支えることを願い、その軸となるのが広い意味での職業教育であるとする姿勢は一貫していたと考えられる。職教社について、黄が「国族の復興を願う大方策の下で、すべての経済建設計画に基づき、自給の目的のために、生産に必要な人材を訓練し、自衛の目的のために、国防に必要な人材を訓練する[36]」と述べたのは、その方向を明示しているといえよう。むろん抗日戦争が長期にわたる中で、黄ら職教社のメンバーは政治への関与を深め、職業教育との直接的な関わりは希薄化していかざるを得なかった。抗日戦争前に一時期注目された「全国職業学校聯合会」「全国職業教育討論会」「全国職業指導機関聯合会」「全国職業教育出品展覧会」などは次々と姿を消していったのである[37]。

一九三九年一〇月に結成された文化界・教育界の知識人を中心とする統一建国同志会は、一九四一年三月に中国民主政団同盟へと発展する。この結成への取り組みは、秘密裏に進められたが、その中心となり発足時の主席に就任したのが黄炎培であった。この同盟は、少数の指導者による国共間の調停工作を進め、そのことを通して中間派に属する小党派の政治的地位を高めようとするものであったといわれている[38]。しかし、国民政府の圧力を受けて黄自身は主席を辞任せざるを得なかった。それでも一九四四年春からの民主化運動の高まりと共に、中国民主同盟と改称することになる[39]。中国民主同盟は、平和と民主主義の実現を要求したが、この方針に全面的に賛成できない中間勢力が独自の組織を結成していくことになった[40]。

こうした流れの中で、一九四五年一二月一六日、重慶で民主建国会が結成された。菊池貴晴は「国民政府は以前から民族資本に対する税金徴収、原料統制、生産管理、販路制限等搾取や圧迫を加えたが、援助、救済、奨励は渋った。……こうした蔣介石一派や官僚買弁資本との激しい対立の中から民族資本家集団は民主建国会を設立[41]」したととらえている。民主建国会は五章四六条にわたる「民主建国会政綱」を作成した。この政綱の内容を見ると、政治面では人民の各種の自由を保障し、「国家の利益と社会の安寧に違反しないという条件の下で、絶対に制限を加えない」とし、議会主義を唱えた。経済面では「人民は企業を経営する十分な自由を持つべきである」とし、「一方で国営企業の国家化、私人企業の社会化を主張し、一方でさらに官僚化を抑える前に国営企業の範囲を拡大することに反対」した。教育文化の面では「建国目標に違反しない原則の下で、その自由な発展に任せるべきである」とした。こうしたことから民主建国会は民族資本家とその知識分子の利益を代表しているととらえられている。(42)

黄炎培は後年『八十年来』の中で周恩来より「民主建国会は民族工商業者を団結教育させることを主要な政治的任務とするのが最も好い」という指示を受けたと語っている。(43)さらに中国民主同盟から離れて民主建国会を創立したことについて、息子の黄大能は、民主同盟を「中間偏右路線」であると述べるとともに、民主建国会は「なお中間路線を離れることがなく、国共の間の調停人であり、平和・団結・民主・建国の目的を達することを想っていたが、立場は転変することがあった(44)」と想起している。国共内戦期に民族資本家の利害を代弁しつつ、軸足を中国共産党の側に移していった経過と背景を述べているのである。

第二次世界大戦終了後の職業教育のめざすべき道として、「(一)工鉱農商各業の基本幹部であって、とりわけ民族産業の発展にとって必要な工業人材を育成する。(二)普遍的に人民大衆の職業知能を高め、わが国の職業素質を改造する」という目標を掲げ、「今後の職業教育は専ら狭隘な学校化の形式の上で努力すべきではなく、各種各様のやり方で人民大衆に対して広汎な指導をしなければならない」との方向が提起されているが、(45)これは抗日戦争中から職教社が取り組んできた方針でもあった。抗日戦争中は、職業教育が「完全に軍事色一色に塗りつぶされていた(46)」といわれ、救国の有力手段として職業教育が推進されていたことは確かである。しかし、戦争より平和の方が産業の発展に有利であり、(47) 国共内戦は当然回避しなければならなかった。黄炎培は終始、国共合作を主張し、(48)『延安帰来』では「内戦は絶対にやるべきではなく、絶対に不可能である」と述べている。しかし、「近年奔走を辞せずに国共の間を斡旋したのは、また大衆のためと思ったのであるが、不幸にしてこの種の努力は、失敗を宣告した」(49) という結果に終わってしまったのである。それでも黄は内戦の停止への努力は続け、一九四七年五月二三日には、張瀾・梁漱溟・章伯鈞・韓兆鶚とともに国民参政会に「停止内戦恢復和平案」を提出し、「政治が党争を解決する大原則を確定し、政治協商会議の精神と路線に拠り、新たに和平会議をおこない、国家統一の最高目的を達成する具体的な方案とする」と建議した。(50)

一九四五年八月の抗日戦争の終結から四九年の国共内戦の終結まで、黄炎培は時に複雑な動きを見せつつも、(51) 内戦の停止に向けた政治的な努力を続けた。その傍ら職教社などの活動にも参画し、職業教育復活のための努力を続けた。黄炎培の日記を軸に編まれた『黄炎培年譜』に拠りつつ、一九四五年から四九年にかけての黄の職教社に関係する活動を以下に抜き出してみる（なお最下段の巻数とページ数は、黄炎培『黄炎培日記』華文出版社、二〇〇八年、の該当部分を示している）。

一九四五年	八月一一日	職教社で緊急に会議し、各部の停戦後の新方針を検討。	第九巻六八頁
	九月一八日	職教社の戦後工作討論会に参加し演説。	第九巻八〇頁
一九四六年	三月三日	職教社の主催した民主建国会在上海の会員親睦会に参加。	第九巻一三〇頁
	四月一五日	中華職業学校の教員・学生に「敬業楽群」の題目で講演。	第九巻一四三頁
	五月六日	職教社成立二九周年記念会で講演。	第九巻一五一頁
	六月一〇日	職教社の会議に参加。	第九巻一六四頁

	九月四日	職教社の第一次理監事聯席会議に参加し、常務理事に選出される。	第九巻一九一頁
	一〇月一四日	中華職業学校を参観し、学生に講話。	第九巻二〇四頁
	一一月二日	上海工商専科学校で「倫理学と機関管理」を講義。中華職業学校校友聖餐会で国家への貢献と個人の打算の排除を語る。	第九巻二一三頁
	一一月二六日	上海工商専科学校で「和平のための努力の結果」と題して講演。	第九巻二二二頁
一九四七年	九月二一日	中華工商専科学校の開学式で講演し、世界の大局、内戦の現状と個人の修養問題について語る。	第一〇巻八頁
一九四八年	一月一〇日	職教社の工作検討会に参加。	第一〇巻四八頁
	三月二一日	中華工商専科学校で「しっかりと是々非々の大衆の側に立つ」と題して講演。	第一〇巻七三頁
一九四九年	九月一六日	華北人民政府で董必武らと職教社の北平への移動について相談。	第一〇巻二七九頁

黄の職業教育との関わりについては、一九四六年を除き特筆される活動は少ないとはいえ、常に職教社や中華職業学校・中華工商専科学校などへの配慮をおこないながら、その政治活動を続けていたことが窺えるだろう。

二、一九四九年前後の黄炎培と職業教育

一九四五年七月一日より五日間、黄炎培は冷遹・左舜生・傅斯年・章伯鈞と共に延安に飛び、国共間の調停を試みた。その記録が『延安帰来』であり、黄の中国共産党への理解と共感を示すものと考えられている。しかし、黄らの努力もむなしく勃発した国共内戦の中で、かれは早くからその党派的立場を明らかにしたわけではなかった。平野正氏は「黄炎培の立場が南京政府に対して極めて妥協的であり[52]」、かれの中国共産党への接近、すなわち改良の道から

「革命の道の承認」への転換についても「民主建国会の指導者の黄炎培という人物の複雑な性格と人間関係は、この転換をスムースには行わせなかった」と述べている。[53]さらに、その黄炎培が南京政府への反対姿勢を明確にした背景には、南京政府がアメリカの日本経済復興政策を支持したことがあるとし、[54]かれが「最終的に革命を受け入れ、新政治協商会議に参加するにいたったのは、民族資本家層の階級的利益が新しい政府権力のもとで保証されることが明確になったから」[55]であるとする。ここに民族資本家の利害を念頭に行動している黄炎培の姿が読みとれるが、この民族資本家の階級的利益を支えているのが、広い意味での職業教育であった。

黄炎培自身は、中国共産党陣営に合流するに当たって、汪精衛が中華職業教育社の教育を「偽善者の教育」と罵り、「学閥」と名付けて批判した[56]と過去を振り返り、反蒋闘争をおこなった際、共に上海で闘った三〇人以上の学生と教師が逮捕され、ある者は殺されたことを取り上げている。[57]こうした国民政府批判と共に職業教育が新国家建設で大きな意味を持つことを訴えるとともに、「新社会の経済成分は、主に労働者農民を基礎とする人民大衆に属する国家経済であり、たとえ私人の工商業であってもまた、国計民生に有利な経済である」[58]と述べている。そこには民族資本家が国家のために貢献できる可能性を認知してもらいたいという積極的な姿勢が示されているといえよう。

中華人民共和国が成立して間もない一九四九年一二月四日、中華職業教育社の総社は上海より北京に移った。[59]一九五〇年三月より人民政府は毎月、職教社に補助費を支給し、このことによって該社は「化私為公」という社会主義体制に対応する方針変更への第一歩を踏み出した。すでに職教社の主要な指導者は政府の要職に就任していた。黄炎培は政務院副総理兼軽工業部部長に、楊衛玉は軽工業部副部長に、江問漁は政務院文化教育委員会委員に、冷遹は財政経済委員会委員兼華東軍政委員会委員に、孫起孟は政務院副秘書長にそれぞれ任命されている。[60]同年四月五日から一一日まで、職教社は建国後最初の工作討論会をおこない、新時代の綱領的文書である『我們的方向』を採択した。そこで黄は職教社の方針として「今後進めなければならないのは「化私為公、公私合一」であり、国家教育体系の一部分にしなければならない」と主張し、私営企業を公営化するとともに、技術教育と業余教育に取り組むが、とくに後者に重点を置くとした[61]。また職教社は「中間の立場」に立っており、主に民族資本家の立場を反映しているのであるが、『我們的方向』の中では「改良主義は、超政治的態度で、九・一八事変より起こり、抗日戦争と解放戦争の二つの時期を経て、すでに事実の修正をおこない、一歩一歩革命力量に向かって歩み寄っている」と述べている。これは職教社の社会主義体制承認への変貌を明確に示している表現である[62]。

いずれにせよ社会主義建設をめざす「化私為公」は、黄炎培らにとって避けて通れない問題であった。建国当初、陸定一は人民政府を代表して二つの希望を述べている。第一点は、中華職業教育社が今後職業教育に従事するときには政治教育の強化を希望するということであった。第二点は、将来は公私互助となるべきで、私人の事業は政府の足らざるところを助けるものであり、政府の私人事業への協助には責任があって、共同で努力すべきであるということであった。私営企業を公有にする基本方針については、関係者に異論はなかった[63]。しかし、その後の「化私為公」の政策の展開の中で、職業教育は誤解され、圧迫されるものとなった。例えば、政治協商会議籌備会常務委員会の第六次会議において、黄炎培が朱徳・李立三・馬寅初らと共に『共同綱領』の「教育」の章に「職業教育」の内容を加えるべきと提案したが、反対にあって修正を余儀なくされた。その反対理由は（一）職業教育は資本主義国家の産物であり、（二）ソ連には職業教育はなく、（三）中等と高等の教育はすでに職業教育を内に含んでいるということであり、最終的に「技術教育」を重視するという一文を『共同綱領』に入れることで妥協した[64]。

一九五二年一月二三日、中華職業学校は正式に軽工業部に移され、上海軽工業学校と改名した[65]。ちょうどこの時期は、三反五反運動が展開されている時期でもあった。この運動は、政府関係機関の職員や労働者、党員などの間に存在する官僚主義、汚職、浪費の三つの害毒に反対する三反運動に加えて、これらの関係者と結びついた資本家が引き起こす贈賄、脱税、国家資材の盗み、材料と手間のごまかし、国家の経済情報の漏洩といった五つの害毒に反対する五反運動から成るものであった。この三反五反運動と私営工商業の社会主義改造の取り組みの中で、黄炎培は思想の転換を成し遂げ、中国共産党と歩調を合わせ、毛沢東主席の下で大きな役割を果たすようになったといわれている。(66)

しかし、三反五反運動の行き過ぎは、資本家の恐怖心理をかき立て、生産と経営への展望を失わせることとなった。(67)黄炎培は、こうした弊害が表面化している現状を毛沢東に報告し、この運動の収束後の対応について提議した。三反五反運動は、一九五二年九月になってようやく下火に向かったが、黄は毛沢東の指示に基づき「新たな民主建国会」の総路線について以下のような方向性を示した。（一）大商工業者の獲得、（二）中小商工業者の代表的な者を継続して吸収し、教育すべきこと、（三）守法と基本的に守法の商工業者を勝ち取るだけではなく、半守法半違法も勝ち取り、厳重違法はその態度を見る必要があり、完全違法の者だけが不要であること、（四）マルクス主義の学習も必要だが、まず共同綱領を学ぶことが重要であること、という内容であった。これは明らかに三反五反運動の行き過ぎを是正し、民主建国会のさらなる発展をめざしたものであった。(68)水羽信男氏は、黄の主導する民主建国会の中小の私営工商業者の役割を重視した経済発展の構想は、一九四九年以後も一貫していたといえる、と述べている。(69)

建国当初には「卒業は即ち失業」の問題は解決できたとする楽観的な雰囲気が一時的に起こった。(70)しかし、上海・天津・武漢・広州・済南等の都市の統計に拠れば、一九五〇年の前半、私営工商業で新たに開業する者は五、九〇三家、休業する者は一二、七五〇家で、全国二九都市の失業者は一〇〇万人に達している。資本家は社会主義への急激な移行を怖れ、経営に消極的となり、職工を解雇し、工場を閉鎖して逃げ出すこともあった。(71)こうした中で生まれた『共同綱領』は「凡そ国計民生に有利な私営経済事業について、人民政府はその経営の積極性を奨励し、その発展を助けなければならない」と規定している。[72] 朝鮮戦争の勃発に伴い、民主建国会は黄炎培を主任委員とする抗米援朝捐献運動委員会を成立させて、[73] 人民政府への協力姿勢を維持しつつ、民族資本を代弁する階級的立場を維持せんとした。「鎮反運動」と称せられる反革命運動の鎮圧が始まってまもなく、黄炎培は鎮圧は法令に基づくものでなければならず、厳しすぎるものであってはならないと政府に献策した。毛沢東は「寛大さに限度があるのと同様に、鎮圧にも限度があるべき」として、行き過ぎの是正を指示している。[74] 黄の「理性的な教育家」[75] としての一面を窺わせる献策に、毛沢東も応じざるを得なかったのである。

一九五三年九月一〇日、黄炎培は政治協商会議常務委員会拡大会議に出席し、（一）私営工廠は全国総計画に入れるべきこと、（二）技術合作を推進すること、（三）私営企業は国家を助けて軽工業を発展させること、という提案をおこなっている。[76] 中華職業教育社の事業の存続を願い、社会主義体制下の私営企業の役割を訴えようとする苦心をそこに読みとることができるだろう。一九五四年に公布された中華人民共和国憲法には「職業教育」という表現が盛り込まれた。[77] その一方で、黄炎培はこの年に、「職業教育」は今日の人民政府の下では適合しないものであると述べ、翌五五年五月には「我們応有的認識和努力」という文章の中で「職業教育」はすでに歴史上の言葉になってしまった、と宣言した。[78]

一九五六年一月一五日、北京市副市長で中国民主建国会中央常務委員の楽松生は、毛沢東主席に対して北京市の全企業は公私合営を実現したという報告をおこなった。[79] 同年五月六日、黄炎培は中華職業教育社設立三九周年の記念会で次のように語った。（一）中華人民共和国憲法はすでに公民に労働権があると規定し、国家は国民経済の計画的な発展を通して労働人口の拡大、労働条件と待遇の改善を進め、公民がこうした権利を享受できるように保証しているので、「人々をして業をもたせる」という目標はすでに問題とならない。（二）毛沢東主席は、社会主義革命は全国レベルで完成するといっている。社会主義社会では、各種の工作はいずれも人民のために奉仕するものであり、「人々をして業を楽しませる」問題もまた解決したのである。(三)二年に一回職教社の社員大会を開くことになっているが、一九三八年より開いていない。こうした点から黄は一九五七年の職教社成立四〇周年記念会を期して、職教社の解散を宣言しようと提案したのである[80]。しかし、それから一年を経過しても職教社は解散されることなく、上海分社は基本生産技術教育研究委員会を発足させ、同分社と昆明辦事処は業余補習のための学校を開き、北京の総社は函授師範学校を通じての通信教育に力を入れた[81]。

黄炎培は晩年になってから『資本論』や『共産党宣言』などのマルクス主義の経典を読み、社会主義への理解を深めていった[82]。それが職業教育を歴史上の表現と語り、中華職業教育社を解散させようとする言動につながったと思われる。しかし、「技術教育」を名乗っていても、事実上の職業教育は広く進められた。統計に拠れば、一九六五年末段階で、全国の高級中学に在学する学生は二七三万一千人となり、その中の中等専業学校、技工学校などの職業教育に関連する学校の在学者は一四二万三千人で五二・一%を占めていた。初級中学の在学生は一、一六九万一千人で、その中の農業中学、初級師範などの職業性を帯びた学校の在学者は三六六万一千人で三一・三%を占めていた[83]。黄が職業教育を否定し、職教社の解散を提案したとしても、かれが半生をかけて育ててきた職業教育は確かな広がりを持ち、職教社も根強い信頼を勝ち得ていたのである。一九五八年一月一日より黄は自らの経験を総括する『八十年来』を書き始めた。ちょうど反右派闘争が盛り上がりを見せていた時期である。「数十年、資産階級社会で成長し、養われてきた私は、徹底して改造されて社会主義の労働者階級に忠実な知識分子となった[84]」と語る黄であるが、一九六三年一二月には孫起孟らと「職業教育の重視」を主張して指導方法について協議し、一九六四年五月には職教社の記念大会に出席するなど職業教育との関わりを終生絶やすことはなかった[85]。

おわりに

黄炎培は性格も人間関係も複雑であると評されるが、半世紀を超える職業教育の実践という側面からかれをとらえて見ると、ほぼ一貫した教育的姿勢を読みとることができるのである。黄は一九一七年に中華職業教育社を創立し、一九二二年の学制改革ではその立案に参画し、学校系統の中に職業教育を位置づけることに成功するが、伝統的な教育観の壁に阻まれて二〇年代には従来の形の職業教育は停滞を余儀なくされた。黄はこの状況を打破するために「大職業教育主義」を唱え、徐公橋での実践に代表される郷村改進事業に参入するなど新たな挑戦を続けた。一九三〇年代に入ると黄は、社会との連携の強化、実習の強化や現場主義のカリキュラムと教材の重視、地域性の尊重などを唱え、民衆に配慮しつつ科学を重視する職業教育を説いた。こうした職業教育を普及させる運動においても、職業学校教育に職業補習教育や職業指導を結合させた総合的な事業へと発展させる努力を続けた。抗日戦争時期には、大後方において職教社を率いて職業教育機関を再建するだけでなく、難民救済にもつながる産業の振興、職業指導や就職の相互保証制度など実情を踏まえた取り組みを次々と打ち出し、実践した。

「教育救国」論については、「教育万能を信じ、教育を発展させれば、人民に智を与え、国家を強く豊かにし、最終的に救亡図存の目的を達成させられる[86]」と考える理論であると一般的にいわれている。黄炎培の救国思想については、「教育救国」から「抗日救国」へ、さらに「社会主義のみが中国を救うことができる」という思想に変化し、発展したとみなされている[87]。しかし、黄は中華職業教育社設立の初期から民族産業の振興こそが救国の道であり、その実現のためには職業教育が不可欠という姿勢を一貫して持っていた。その教育によって国家を救うという基本姿勢の上に、現状に応じた多様な取り組みを展開したのである。黄は中国民主同盟や民主建国会の指導者として活躍しながらも、職教社の活動に関わり続け、早くから持論としていた「無業者有業、有業者楽業」というスローガンを、さまざまな局面で生かそうとする姿勢を変えることはなかった。こうした長年の取り組みは、職教社を中心とした職業教育の実践を強固なものに育て上げた。黄自身が中華人民共和国という社会主義国家建設の現実を承けて、「職業教育」を歴史上の言葉と見なし、職教社をその成立四〇周年を機に解散させようとしたとしても、結局は実行できなかったという事実が、逆に解放後も黄炎培の長年培ってきた教育思想と実践の確かさを証明しているといえるだろう。一九四九年を機に職業教育は表面的には大きく変化したかに見えるが、本質的にはその内容は継承され、期待されただけの結果を出したと考えられるのである。(88)

註

（1）拙著『中国近代教育の普及と改革に関する研究』（汲古書院、二〇〇二年）第六章。なお本文中の（　）は、筆者註である。

（2）平野正『中国民主同盟の研究』（研文出版、一九八三年）、同『中国革命と中間路線問題』（研文出版、二〇〇〇年）、菊池貴晴『中国第三勢力史論――中国革命における第三勢力の総合的研究――』（汲古書院、一九八七年）第三章、などが代表的なものである。

（3）この動きを中華民国政府の諸政策から考察したものに、姫田光義編『戦後中国国民政府史の研究　一九四五―一九四九年』（中央大学出版部、二〇〇一年）がある。同書の教育史の分野では、高田幸男「教育における『復員』と教職員」がある。一方、中華人民共和国の成立した一九四九年における「連続と非連続」を問う試みをしているのが、久保亨編著『一九四九年前後の中国』（汲古書院、二〇〇六年）である。同書の教育史の分野では、高田幸男「江蘇省教育会の「復活」、一九四七年」がある。高田氏の現地で渉猟した史料に基づく研究を除いて、この時期の中国教育史研究では、まだ未開拓な部分が多い。

(4) 黄炎培「川沙公立小学校史最初的一頁」(田正平・李笑賢編『黄炎培教育論著選』人民教育出版社、一九九三年、三一六頁。以下『論著選』と略す)。なお黄炎培は、黄と略すことがある。

(5) 黄「不想与不忍」『論著選』三九六頁。黄の友人の江恒源のいうところでは「先生が忽然として政治面で熱心となったのは、民国二〇年春の日本行に始まる」ということであった(兪潤生『黄炎培与中国民主建国会』広東人民出版社、二〇〇四年、六頁)。

(6) 黄「我們為什麼這様努力辦《国訊》」『論著選』三七四頁、同「中国職業教育三十年来大事表弁言」(中華職業教育社編『黄炎培教育文選』上海教育出版社、一九八五年)三〇六頁。

(7) 劉桂林『中国近代職業教育思想研究』(高等教育出版社、一九九七年)二一二頁。

(8) 同前書、二二〇頁。

(9) 「全国専家対於学制改造的態度」『教育雑誌』第二五巻第一号、一九三五年。

(10) 前掲『中国近代職業教育思想研究』二二四~二二六頁。

(11) 黄「中華職業教育社宣言」『論著選』二三五頁。

(12) 黄「地方収入鋭減後如何解決普及教育経費問題」『論著選』二八七~二八八頁。

(13) 黄「従六年半的徐公橋得到改進郷村的小小経験」『論著選』二七八頁。

(14) 黄「職業教育機関唯一的生命是怎麼」『論著選』二二八~二二九頁。なお一九三三年、中華職業教育社は栄氏兄弟(栄徳生、栄宗敬)と合作して、無錫中新三廠で労工自治区を開いたが(黄嘉樹『中華職業教育社史稿』陝西人民教育出版社、一九八七年、一二九頁。以下『史稿』と略す)、この労工自治区に見られる企業との連携は、職業補習教育と並んで、抗戦前の職教社が取り組んだ特色ある事業である、といわれている(『史稿』一三四頁)。

(15) 前註黄炎培論文『論著選』二二八頁。

(16) 黄「職業教育該怎麽様辦――中華職業学校十五周年紀念」『論著選』二六一頁。
(17) 黄「敬介紹〝学習一貫互進法〟于国人」『論著選』三六三頁。黄炎培は、職業道徳教育にも力を入れていた（沈灌群・毛礼鋭主編『中国教育家評伝』上海教育出版社、一九八九年、第三巻、六五五頁）。
(18) 黄「今后中華民衆教育的方針」『論著選』三七二頁。
(19) 黄「自述四十年来服務社会所得的甘苦」『論著選』三五九頁。
(20) 「中華職業教育社成立三十周年宣言」『論著選』三八二頁。
(21) 黄「怎様辦職業教育――敬告創辦和改辦職業教育機関者」『論著選』二五三～二五六頁。
(22) 黄「従困勉中得来――為紀念中華職業教育社二十四周年作」『論著選』三四八頁。
(23) 『史稿』一五〇頁。
(24) 『史稿』一五九頁。
(25) 『史稿』一六二～一六五頁。なお難民救済に関しては、陳竹筠・呉志剛「黄炎培伝」（彦奇主編『中国各民主党派人物伝』華夏出版社、一九九一年、第一巻、二二頁）による。
(26) 『史稿』一六五～一六六頁。
(27) 『史稿』一六八頁。
(28) 許紀霖・倪華強『黄炎培：方圓人生』（上海教育出版社、一九九九年）八七頁。例えば、一九四二年六月、黄は四川省の西北一帯に赴いて辺境の状況を調査し、「山村職業教育」を実施し、また成都では華西大学に中華復興講座を開設して講義をおこなった（許漢三編『黄炎培年譜』文史資料出版社、一九八五年、一四五頁。以下『年譜』と略す）。このように大後方においても社会との関わりを意識しつつ活動している。
(29) 田正平・周志毅『黄炎培教育思想研究』（遼寧教育出版社、一九九七年。以下書名のみ示す）二九七頁。
(30) 黄「職業教育機関唯一的生命是怎麽」『論著選』二二七～二二八頁。
(31) 前註（22）『論著選』三五〇頁。

(32)『黄炎培教育思想研究』二五九頁。
(33)黄炎培の主張は「洋貨を購わなければ、今後、商品は輸出されるだけで、輸入されることなく」(黄「国難中之職業教育」『論著選』二九四頁)とあるように、単純化されすぎている傾向がある。
(34)この宣言の節録は、『論著選』二三三頁、『教育雑誌』第二三巻第四号、一九三一年、にある。
(35)前註(20)『論著選』三八三頁。
(36)黄「二十年来服務職業教育的回想」『論著選』三三二頁。
(37)『史稿』一七六頁。その一方、国民政府教育部の一九四三年の統計に拠れば、大後方には三八四ヵ所の職業学校に六七、二二七人の学生を在学させるなど、職業教育の取り組みは継承されていた(尚丁『黄炎培』人民出版社、一九八六年、九三頁)。
(38)前掲『中国民主同盟の研究』三一〜三二頁。
(39)平野正氏は、中国民主同盟の特色を「いかなる党派にも所属しない個人の加盟を認め、民主主義の実現を目指す個人と諸党派の包括的な組織」(前掲『中国民主同盟の研究』六二〜六三頁)ととらえ、「軍隊の国家化」を説いたとする(同前書、九八頁)。
(40)平野正氏は、この「民主主義の理論が、理念的・観念的なものにすぎなかったとしても、……国民党の一党専制支配に対して、中間層をひろく結集しうる闘争主体が確立されたことを意味」するととらえている(前掲『中国民主同盟の研究』一〇九頁)。
(41)菊池貴晴前掲書、一二四頁。
(42)汪朝光「抗戦勝利後的黄炎培」(朱宗震・陳偉忠主編『黄炎培研究文集Ⅰ』四川人民出版社、一九九七年、七三頁。以下書名のみ示す)。また前掲『黄炎培与中国民主建国会』一九四頁、では、民主建国会を「一つの進歩的な民族資産階級の政党」と定義している。
(43)黄炎培『八十年来』(文史資料出版社、一九八二年)一〇二頁。
(44)黄大能「憶念吾父黄炎培」(前掲『八十年来』一六五頁)。

(45) 楊衛玉・孫運仁「対於今後中国職業教育的建議」『教育雑誌』第三三巻第三号、一九四八年。
(46) 菊池貴晴前掲書、一一五頁。
(47) 民主建国会の指導的人士が指摘するように「国民党政府が内戦を行おうとしていることは、民間工業の発展を大きく阻害するもの」であった（前掲『中国革命と中間路線問題』一〇三頁）。
(48) 尚丁前掲書、一四八頁。黄は国共の紛争を調停しようとするのは、火災を見て消火に当たる消防隊員のようなものであり、他の意図をもってやっているのではない、と主張している（黄「不想与不忍」『論著選』三九六頁）。黄は「調和をもって衝突を緩らげることを己の任」としていたと評されている（前掲『黄炎培：方圓人生』三五頁）。黄はまた、重慶の進歩的人士を動かして内戦反対の大衆大会である「陪都各界反対内戦連合大会」を開き、各地に「各界反対内戦連合会」や「全国反対内戦連合総会」を組織するなどの努力を続けた（前掲『黄炎培与中国民主建国会』九二頁）。
(49) 黄「黄炎培先生七十寿辰与諸親友談話録」『論著選』三九〇頁。
(50) 張小曼・周昭坎主編『中国民主党派史叢書・中国民主同盟』（河北人民出版社、二〇〇一年）八六頁。
(51) 平野正氏は、黄炎培について「彼の人間関係は極めて複雑であって、単純ではない。……極めて保守的で、時には反動的とさえ言えるような一面をもつ」と述べている（前掲『中国革命と中間路線問題』九二頁）。
(52) 前掲『中国革命と中間路線問題』一四三頁。
(53) 同前書、一八〇頁。
(54) 同前書、一七〇頁。
(55) 同前書、一八一頁。
(56) 黄「中華職業教育社奮闘三十二年発見的新生命」（『人民日報』一九四九年一〇月一五日記事）『論著選』四一二頁。後に黄炎培は『八十年来』の中で一九二七年に蒋介石は「私を目して「学閥」として逮捕命令を下した。江蘇教育会は解散させられ、江蘇教育経費管理処は閉鎖された」と述べ、合わせて中華職業教育社も破壊されたが、中華職業学校と附属工場の接収には徹底して抵抗して守り抜いたと回想している（『八十年来』八八〜八九頁）。

(57) 黄「中華職業教育社奮闘三十二年発見的新生命」『論著選』四一五~四一六頁。
(58) 同前『論著選』四一九頁。
(59) 『史稿』二六七頁。ただし、『年譜』では、黄炎培は一九五〇年二月二三日、中華職業教育社の第三回第一次理事会議に参加し、総社は即日北京に移ることを決定したとある。この点の当否については、目下のところ未詳である。
(60) 『史稿』二六七~二六八頁。
(61) 『年譜』二三四頁。
(62) 孫起孟「対於『我們的方向』的領会」(『人民教育』第一巻第二期、一九五〇年)。
(63) 『史稿』二六六頁。
(64) 『黄炎培教育思想研究』一七〇~一七一頁。黄炎培は「職業教育」と「技術教育」の名称にこだわって職業教育の発展に影響を与えるべきではないとして「技術教育」の呼称を受け入れた(聞友信・楊金梅『職業教育史』海南出版社、二〇〇〇年、二八頁)。いずれにせよ、一九五一年一〇月一日、中央人民政府政務院の公布した「関於改革学制的決定」で職業技術学校と専科学院の学制上の地位が明確に規定され、事実上の職業教育が重視されたのは、政治的自覚と技術を持つ社会主義の労働者の育成を必要としたためであった(銭民輝『職業教育与社会発展研究』黒竜江教育出版社、一九九九年、四六頁)。
(65) 『史稿』二七一頁。同年七月には、中華工商専科学校も歴史を閉じ、その財産・図書・儀器等は院系調整の中で同済・交大・体育・財経などの院校に移された。ついで一九五三年から五六年にかけて、上海中華業余学校、昆明中華業余学校、比楽中学などは相前後して公立に移管された(『黄炎培教育思想研究』一六九頁)。
(66) 黄大能「黄炎培与民盟及民建」『黄炎培研究文集Ⅰ』一二~一三頁。
(67) 資本家はすべてを費消せんとする姿勢を見せ、上海ではコーヒー館、ダンスホール、食堂の「三多」現象を生みだした(前掲『黄炎培:方圓人生』一九三頁、前掲「黄炎培伝」『中国各民主党派人物伝』第一巻、五三頁)。
(68) 水羽信男「共和国成立前後の民主建国会、一九四五―一九五三年」(前掲『一九四九年前後の中国』八九頁)。
(69) 同前(前掲『一九四九年前後の中国』九三~九四頁)。

(70)『史稿』二七五頁。
(71)楊栄華主編『中国民主党派史叢書・中国民主建国会』（河北人民出版社、二〇〇一年）一二六頁。
(72)同前書、一二八頁。
(73)同前書、一五二頁。
(74)同前書、一五七頁。毛沢東と黄炎培とのやりとりについては、前掲「黄炎培伝」『中国各民主党派人物伝』第一巻、五二頁、も言及している。
(75)朱宗震「黄炎培対興亡周期律的懸念」『黄炎培教育文集Ⅰ』九九頁。
(76)『年譜』二五〇頁。
(77)前掲『職業教育史』四七頁。黄炎培は、憲法起草委員会の委員でもあった（前掲『中国民主建国会』一七六頁）。
(78)『黄炎培教育思想研究』一七二頁。『史稿』二七六頁。
(79)前掲『中国民主建国会』一九四頁。
(80)『史稿』二八〇〜二八一頁。
(81)『史稿』二八四頁、二八七頁。
(82)『黄炎培教育思想研究』一八七頁。
(83)『史稿』二七六頁。
(84)『年譜』二七九頁。
(85)同前書、三〇一〜三〇二頁。
(86)顧明遠主編『教育大辞典』（上海教育出版社、一九九一年）三一七頁。
(87)周彦・劉薇・劉恩格「試論黄炎培救国思想的演変」『黄炎培教育文集Ⅰ』一二二頁。
(88)中華職業教育社は、文化大革命中に解体を余儀なくされたが、一九七九年に中華職業教育社上海工作組が成立し、八二年に正式に組織の回復に着手し、八五年に機関誌『教育与職業』が再刊された（『史稿』二九六〜三一四頁）。

第四章　兪子夷と新教育運動

はじめに

兪子夷（一八八六～一九七〇）は、江蘇省呉県出身で、二〇世紀前半の中国教育界において新教育導入の先駆となり、その試行の中心的存在として活躍した教育家である。中国近現代の小学校における教学方法の変化と発展の歴史を見るとき、五段教授法・単級教授法・分団教授法・自学輔導法・設計教学法・ドルトン制などの新たな教育理論の導入と実践、さらにはその普及において、ほとんどすべてのものが兪子夷と関係するといわれている。(1) かれの最高学歴は、六年制中学に相当する南洋公学中院で、正規の留学歴もなく、自らの営々たる努力によって教育家としての実績を積み上げた人物である。(2) 小学校を中心とした教育現場に主たる拠点を持ったかれは、日々直面する諸々の課題に真摯に向き合い、新たな教育理論を導入することによって教育効果を上げようと努力した。

兪子夷の実践の跡を追うことは、中国近代教育史における新教育導入の過程を追い、その成果を検証し、さらには影響を明らかにする上で大きな意味を持つと考えられる。とくに兪は、算術教授法の研究と実践において第一人者として知られていたが、その算術教授法を含む教育実践の全体像と教育思想に重きを置く分析を進めることによって、かれの中国近代教育史における評価を試みたい。なお兪は、『教育雑誌』に二〇本を超える文章を書き、『教育雑誌』自体が二〇世紀前半の中国教育界の歴史を追う上で最良の素材と考えられるので、本章ではこの雑誌を軸に新教育をめぐる分析をおこなう。

一、五四時期以前の教育方法の導入と展開

一九〇三年、兪子夷は愛国学社で蔡元培らに学んでいたが、『蘇報』案が起こり、日本に逃れた。その際、かれは日本の書店で初等数学の参考書を購入して大切にしたが、とくに日本語の幾何学の教科書を読んで、かつて『幾何原本』を読んだときに感じた不明の点はすべて解決したと回想している。[3] なおこのときかれは、横浜の中華学堂で珠算を教えて生計を立てている。翌〇四年に帰国し、蔡元培の組織した光復会に加入した。一九〇五年には安徽公学で化学を教え、翌〇六年には広明学堂（後の浦東中学）の師範生を相手に算術・小学理科・中学の動物・植物を教えた。一九〇八年には上海の単級規模の青墩小学で教えるなど[4]主として理数系の科目指導を担当している。

こうした多様な教育経験が評価され、一九〇九年に江蘇省教育会は、楊保恒・周維城・兪子夷の三人を日本に派遣して「単級教法」（複式教法）を調査させた。このとき兪子夷は、算術と理科の教法にとくに注目している。その際、日本から教材を持ち帰っており、かれは「分数部分は、教材が簡易であり、加減法と通分は観察法を用い、効果はさらに顕著であった。……むろん数学や教法は、日本のものはすべて良いと考え、それらを模倣し、それらを崇拝さえした[5]」と述べている。これは兪の算術教授法への大きな関心からきた見解であるが、理想とする授業を進めるには、当時の中国における学校教育の環境はあまりにも悪かった。

清末の一九一一年三月二四日、学部は各省の初級師範学堂に単級教授法を採用するように通達しているが、そこでは「窮僻である地方の初級小学は、人数が多くなく、年級が各々異なるのに、編制はおおむね単級教授を用いているので、単級教授法に熟達した教員でなければ任に耐えられない。小学教員はおおむね単級教授を重んじているので、初級師範課程は単級教授法を増やし、学生が卒業後に応用する助けとするべきである」(6)と採用の理由を述べている。このような悪条件の教育環境の中で、いかに教育指導の実際的効果を上げるかが、日本視察の主なねらいであったと考えられる。兪子夷らは、東京高等師範学校附属小学の単級を主要な対象として、開学の日から連続して四～五週間参観し、引き続いて他の学校も調査し、三ヵ月後に帰国した。(7)

当時の日本では、ヘルバルト学派(8)の方法論が流行しており、兪子夷自身も「単級はただ編制方式で、教法の実質はなお日本で通行していたかのいわゆるヘルバルト五段法である」と回想している。(9)民国期に入った一九一三年においても、鄭朝熙は「わが国は改革より以来、民窮し財乏しく、教師も欠乏し、教育普及を望めば単級編制以外には善法はない。……一人の教師が同時に教授することになるが、それは経費を節約するためであり、学級の人数の多さを顧みず、教員の精力を普通の人として顧みれば、教員一人に学生六～七〇人を超えることは望ましくない」(10)と述べており、教育経費、教員数ともに欠乏している清末民国初期の段階で、教育普及を図ろうとすれば、単級教授法を採用せざるを得ない状態が続いていたことがわかる。

一九一二年一月、中華民国南京臨時政府が誕生し、蔡元培が教育総長に就任した。同年一月一九日、教育部が業務を開始し、「普通教育暫行辦法」と「暫行課程標準」を公布したが、準備不足もあって抜本的な改革ができず、基本的に「奏定学堂章程」以来の日本の教育制度の影響を払拭できなかった。(11)教育方法に関しても日本の影響が大きく、日本から単級教授法とともに五段教授法が導入され、普及していった。その基礎となったヘルバルト教育学は、日本化されたヘルバルト教育学と称してもよかったが、一方で中国の国情に結びづけた教育理論にしたいとの思いも生まれはじめていた[12]。

清末民国初期の中国教育界では、五段教授法はプロセスを重んじ、実用性と操作性に優れ、経験に乏しい教師でも順序を追って教案を作り授業を進めることができた、と評価されている[13]。兪子夷は、こうした五段法の活用は問題解決の教学という面で、効果を上げられることを論証するとともに[14]、それが形骸化することを警戒した。「五段法は、伝わってきた後、ついに四五分か三〇分の作業で完全に五つの段階を経ることができるものに変わってきたが、試みに創始した人の本意を問えば、このようなものではない」というかれの言葉は、五段教授法は教育手段として系統的で充実した内容を持つべきである[15]、との思いを表したものであろう。

兪子夷は、私塾の教学を含む伝統的な教育に対して終始温和な姿勢で臨み、「穏健派」を自認していたが[16]、一方で現状認識は確かなものであった。かれは「私塾には公の補助がなく、地方の公款もなく、すべて家庭の出費によって維持されている」が、小学校は若干の公費に頼っているので私塾より学費が安いけれども「郷民はむしろお金を多く使っても子女を私塾に送る」といい「かれらの心理にも充分な理由がある[17]」という。兪がこのように考えた背景には、新式の小学校の欠陥があった。教育普及に関して「各県はただ小学を増やす報告を求め、半私塾半小学の商標を盗用して数にあてている。結果として、経費は非常に少なく、教員は非常に悪く、そのため人々の信を得られない仮小学が非常に多い[18]」という現状があった。私塾の多くは基本的に規模は小さく、単級教法が適用される規模であったと思われるが、発足当初の新式小学校の多くも規模としては単級教法が適用される規模であったと考えられる[19]。かれは「新式学校は主に日本に倣って、初期には注入に偏り、後には次第に改進して、啓発を重んじ、自学を重んじたが、なお五段法の大枠の中にあった[20]」と回想する。このように民国初期には、中国でもヘルバルト学派の教育論が依然として主流であった。

一九一四年に兪子夷は「画一制なるものは、亡国滅種の教育である」[21]と述べている。さらに「学校の中心となる学童は、現在の児童であり、将来の成人である。……要するに、児童は学校において、陶冶される者ではなく、指揮される者でもなく、盲従する者でもなくして、まさに自己発達する者である」といい、知識の習得に関しても「児童の求知心を引き起こし、児童が自ら判断推考する」ことが大切であると述べている。[22]当時、『教育雑誌』で論陣を張っていた天民の「児童の能力に各々差がある中で、同一の方法で全体の児童を理解させる授業法はない」という現状を打破するには、「分団組織の学級教授をおこなう以外に、とくに良法はない」[23]とする主張は、教育現場の実情を踏まえたものであった。さらにかれは「分団教授というものは、単式学級において複式教授をおこなうことではない」とし、「一組は直接教授し、その他は間接教授して、努めて児童が自ら動き、もってその自学自習の精神を養成することがそれである」と述べている。[24]また楊祥麐は、算術科の指導方法に関して「児童の自発自動の活力を養成し、自ら研め求めさせるという自学輔導主義の教授のみ」が重要であると主張している。[25]

これより先の一九一三年、江蘇都督府教育司は兪子夷をアメリカに派遣した。かれは留学中の郭秉文・陳容と共に六ヵ月にわたってアメリカ教育を視察した後、翌一四年にはヨーロッパに渡り、ロンドンとその近郊で教育調査に携わった。[26]天民の説く分団教授法も楊祥麐の自学輔導主義も、基本的な方向性は兪子夷の教育思想と共通する。それは実際に兪子夷らがアメリカやヨーロッパでの教育調査で得た教育方法でもあり、それまでの伝統的教学が教師の講授を重視し、児童や学生の主導的な学習を軽視してきた弊害に対する一種の批判であり、改革であって、急速に中国教育界に広がっていった。[27]五段教授法に関しても、次第に機械的で融通が利かず生気に乏しいと受け止められるようになってきていた。[28]

単級教授という制約の中で、能力差のある児童に如何に授業を展開し、教育効果を生み出せるのか。算術教授においては、とくにその方法論が大きな意味を持つことになる。兪子夷は、算術教授について科学的な研究と分析をおこなうことの意義を説く。(29) かれはアメリカのニューヨークにおける算術教授を紹介して、短時間の練習による成績は長時間の練習に勝ると述べる。(30) さらに教育現場での経験とアメリカでの視察を踏まえて、算術教授に関して大胆な提言をした。

兪子夷は「教育に従事する者は、効果と方法の適応を明らかにしなければ、教育上の消耗（時間の浪費、精神の消耗）は必ず大きなものとなる。日常の教授は、まさに用いるところの方法と費やす時間・精神の一つ一つの得る効果とをあい比較すべきで、これを教授の経済観という」(31) と述べ「教授の経済観」という新たな観点を提示したのである。そして、「経済面での算術教授の革新を謀るならば、まさにまず教材の節減を求めるべきである」と述べ、利息計算を元の小数点以下六～七位までおこない、車輪の周りを寸の小数点以下四～五位まで計算させているのは「無益の計算」として排斥する。(32) かれは授業内容にも注文を付ける。それは毎時間、題目を写し、式を立て、線を引くなど重複する作業や無益の計算に大半の時間を使うので、一時間当たりの練習問題数は平均して二〇題を出ることなく、応用問題は五～六題に止まっていることである。さらに複雑な計算はできても、「井戸を掘り溝を開くときに泥土をどれだけ出さねばならないかを知らず、算術の題目に対しては常にその実際の用途を知らない」と批判する。(33) かれは現実生活に役立つ算術教育をめざすが、授業時間の増加を求めるのではなく、授業の方法と内容を工夫することによって徹底して無駄を省き、効率的な指導をおこなうことを求めているのである。

単級での学習を前提とする小学校の算術授業においては、学習方法も常に工夫し、一グループを指導すると同時に他のグループには練習問題をさせることが欠かせない。(34) 兪子夷には、『一個郷村小学教員的日記』(35) という単著がある。

かれの言によれば、その記述は仮想のものであるが、大多数は根拠があり、記述内容は実見したか、経験したものという。[36] この日記の中で、単級学校は同時に授業を始め、同時に終えなければならないという。さらに「精巧な作業は短くすべき」「単調な作業は短くすべき」「難しい科目は朝の一限以後にすべき」[37] など児童の心理や集中力の持続に配慮した授業上の注意をおこなっており、教育経験者ならではの細やかな配慮が見られる。

こうした授業の有効性の判定には、児童一人ひとりの到達度の測定も必要である。兪子夷は、児童一人ひとりの学力に応じた進級を考え、弾力的な運用を図ることを考えているが、その際に知能と学力を評価する手段が必要であると述べている。[38] それが測験（テスト）法の導入につながった。兪は、一九一八年にソーンダイクの方法を参考にして『小学国文毛筆書法量表』を編んで、中国では最初の試験制度を作り上げた。[39] かれは「標準テストを用いれば、このクラスの学生の中国における位置を明らかにできる。さらに知能検査を用いれば、各学生が算学に用いる努力がどのようなものか明らかにできる」として、教学指導の成果を客観的に評価する方法として測験を重視したのである。[40] この測験運動は、一九二〇年代に入ってマッコールが来華したことで広く知られるようになった。[41] 兪自身は「中華教育改進社は、アメリカのマッコールに中国でテストを作成して、学校調査を準備するように依頼した」と経過を述べ、マッコールが「学力効力」の公式を定めたが、それは「学校での毎年の学生一人当たりの平均費用をもって全学のテスト成績を割った平均効力数が、すなわち効力である」と規定している。[42] これは「教育効力」と称してもよいことであるが、兪にいわせれば、テストの目的の一つは教育効力を高めることであり、算術練習のテストを用いて過去の盲目的で児童の時間と精力を費やす練習を改めることができれば、教育効力を高める結果に繫がるのであった。[43]

教育測験はやがて全国的に普及することになったが、その具体例を挙げると、兪子夷の『小学書法測験』など一三種類の国文科測験、兪子夷らの『初小算術四則測験』など六種類の数学科測験、兪子夷の『小学社会自然測験』など七種類の社会自然測験、一種類の外国文測験、二種類の各科混合測験および個人と団体の智力測験などがあった[44]。ここでは兪子夷の名前が中心を占めていて、かれが測験運動の牽引役となっていたことが分かるが、かれはこの測験をどのように活用していたのであろうか。それを窺わせる話が『一個郷村小学教員的日記』に見られる。国語では、第二学年で六五点以上は第四学年に進み、第四学年で六〇点に満たない者は第三学年に下りる。第一学年で年齢と知能で第三～四学年の組に入れる者は、たとえ六五点以上でも暫くは第三学年に入れる[45]。仮想の話であるとはいえ、これは兪子夷の基本姿勢であると考えてよいであろう。この日記では、一人の教員が「四〇人以上を教える単級学校では、クラス分けはかえって難しい問題[46]」と記しているので、ある面では機械的ともいえるグループ分けは、やむを得ない選択ともいえるだろう。

兪子夷の測験方法に対する提言は、とくに算術の成績評価に特化する傾向があったためか、伝統的な論文形式の成績評価に衝撃を与え、記憶力重視の試験制度にも批判の矢を放つことになった[47]。かれの発想には、プラグマティズムの影響が見られるが、かれが唱えた世間で流布しているサイコロや骨牌を使って暗算を中心とする計算能力を向上させようとする試み[48]などはその典型といえるだろう。また「国民学校に一年留級すれば、社会の平均で一人五元前後の経費を使う」と留級問題に言及した兪は「限りある経済をもって小学校を運営するのに、この学生が五元余計に使えば、別の一人の学生がこの五元の利益を受けられなくなる。実に一人が一年留級すれば、別の人の一年の権利を奪うことになる。留級する人が一千人となれば、全国で一千人が一年学ぶことが少なくなる[49]」と述べて、限られた予算を可能な限り効率的に使うことを主張する。それは「少数の女学生のために、一クラスを独立して開くか女子部を設けるのは、男女同校には及ばない[50]」とする主張と同様に、プラグマティックな傾向の強さを示している。その他に「一つの教室を、毎日一～二時間利用するだけであれば、その建設費がいかに安くとも、すべて浪費である」といい、逆に「より精緻で美しい教室でも、朝早くから学びに使わせ、夜も学生に自修させれば、大いなる節約となる」[51]と教育資源の最大限の活用を強調している。とはいえ、兪のこうした発言を表面的に受け取ることは、かれの本質的な理解には繋がらないであろう。「道徳がなければ、われわれの民族は、すみやかに別の民族の統治を受けなければならない」と道徳の重要性を語り、中国は「いまだ教育をもって立国の精神を養成できていない」「いまだよく全国の人民をして教育の価値を確信させていない」と教育の重要性を語る姿が[52]、兪の本来の姿と考えられるからである。

二、五四時期以降の教育方法の導入と展開

設計教学法（Project Method）は、アメリカの教育家キルパトリックが創始した教学法で、学生（児童）が自発的に学習の目的と内容を設計・決定し、自らの責任で実行する単元活動であり、関連する知識や実際の問題を解決する能力を獲得することをめざしていた。それは班級を単位とする授業体制を取らず、学科の壁を打破し、教科書を無くし、学生（児童）の学習動機を喚起する教師の任務を強調するものであった[53]。その中国での導入の目的は、書物の知識の重視、受け身の学習、分科教学の独立・分散などといった伝統的教学の欠点を克服することにあったといわれている[54]。

兪子夷は、一九一八年夏に南京高等師範学校（後の東南大学）附属小学の主任に任命され、翌一九年夏、同校で設計教学法を試行し、その後八年間にわたって継続した[55]。『論著選』「前言」では、その実践は小学校低学年に対する「不徹底な」実験とされるが、兪は「設計の学習は学生が自ら学習するので、種々の用具や資料は各学生が便利に使用できるものでなければならない」といい、「供給」とは「モノをそこに置けばよいのではなく、学生に用法を理解させ、学生に用いるときに時間を空費させないようにすべき」であるし、「字典」を用いるとき「調べ方を知らせな

ければならず」、「参考書」については「目録と索引等の調べ方を明らかにすべき」であり、「儀器」については「装備方法を知らせるべき」などと述べる。さらに「指導が無く、学生の成すにまかせるのは、設計教学法ではない。学生を強迫してやらせ、学生を指揮し、学生に命令するのもまた設計教学法ではない。学生を導いて向上発展させるのが、真の設計教学法である」と定義している。[56] 一つの教室での活動については「作業の秩序は、時間を浪費しないこと」を基準とするが、全体の秩序を考えて、例えば「一団は木工をし、一団は実演をすると、声や音が衝突し、時間が不経済なだけでなく、精神もまた大変疲れる」[57]ので、各グループの活動のバランスに対する配慮が重要となる。設計教学法の可能性や目的については、「生活上の実用があり、道徳上は公正で、知恵を増進でき、積極的な動作を生み出せる」可能性があり、目的については「伸縮性があるべき」で、その需要は「実際の生活から生み出される」べきであるとする。[58] こうした兪の表現の中に、時間の浪費を避け、実用を重視しつつも、道徳的な公正さを求めようとする、上述のかれの言葉の一貫性が見えてくるのである。

兪子夷以外の教育関係者の設計教学法の理解は、どのようなものだったのか。例えば、知我の理解では「学校は社会で、教育は生活である」というデューイの見解を基本とし、「設計教学法は、被動で、強制的なものではなく、自ら動いて努力するもの」であり、教師は「児童が自ら動いて多くの関係する材料を集め、努力して完全なる全体を組み上げる」とともに「傍らから児童が経済的ではなく、適切ではなく、完全でないところがあれば注意し、指導・改正・補足」することによって児童に興味を持たせる役割があるとする。さらにこの設計教学法は「一種の最も経済的な方法であり、最も効率的な方法」であると述べる。[59] こうした設計教学法の理解は、兪子夷の理解と共通する部分が多い。その背景には、兪がアメリカ教育の視察を踏まえ、[60] 他に先んじて中国の実情に応じた実践に組み替える努力をし、普及にも努めたことがもたらす影響力があると考えられる。

兪子夷は、キルパトリックの提起した四つの段階を目的・計画・実行・批判と表現し、各学科をその性質に照らして観察・遊戯・故事・運動・練習などの「系」に分ける「分系」設計法の教学を採用し、学科の性質が同じか類似しているものを混合科に組み込んだ。その組み合わせは、語言・文字・故事を一系に、史地・公民・社会常識などを一系に、音楽・体育を一系に、自然・衛生・園芸・算術などを一系に、美術・労作を一系にそれぞれ組み合わせて、児童にとって取り組みやすいものにした[61]。

一九二一年、全国教育会聯合会は「推行小学校設計教学法案」を成立させ、各省区の師範学校が設計教学法を研究するとともに、「師範附属小学と都市の規模がやや大きい小学は先行して実施し、模範とし、倣わせて、教学の良法を、次第に全国に広めんことをこい願う」と呼びかけた。こうしたことから小学校の設計教学法の試みは、上海・南京・蘇州から全国に広まっていった[62]。設計教育法とも呼ばれたこの方法は流行してはいるが、少数ながら、この方法の意義・価値・根拠等々に関しては、一種の表面的な説明が見受けられるとの声があったし[63]、各地の小学で試行されているが、設計の定義についての各人の表現の仕方が異なっているという声もあった[64]。このように設計教学法についての共通理解は完全なものとはいえなかった。それでも王家鰲が一九二一年の夏休みに江蘇第二女子師範附属小学の暑期講習会に行って兪子夷の設計教学法の話を聞き、設計教学法の長所が多い、と感想を述べており[65]、沈百英は江蘇第一師範附属小学での設計教学法の実施に当たって、兪子夷を顧問として招聘している[66]。こうしたことから中国における設計教学法に対する兪子夷の影響力は相当大きかったことが判明する。

五四時期のデューイの来華から一九二二年の「学校系統改革案」の成立の時期、アメリカ教育の影響は強まっており、「児童中心」「児童本位」の呼び声は日々高まりを見せていた。その中で設計教学法の実験に踏み切った兪子夷は、科目の壁を打破し、授業時間を点数制に改める一方で、大枠では学期・学年毎の教学内容や到達目標をあらかじめ定めている。こうした方法が成果を上げたので、一九二〇年に二学級、二一年に四学級、二二年に七学級に増やし、二三年秋には全校に拡大した。[67] かれは試行するクラス数を増やすとともに、教室環境の整備にも努力した。小学校の児童用の机と椅子は、子どもたちの姿勢や身体と密接な関係があるが、現状では条件を満たしていないことを指摘する。さらに一つの完備された試験学校ならば、少なくとも一万元の設備費を要するが、公立学校で最も切実なことは机と椅子の改造で、少なくとも一人当たり四元で衛生的な机と椅子が準備できると述べている。[68] これは兪の理想とする小学校の姿と現実に到達可能な目標を併記したものといえるが、ここに児童に対するかれの愛情と配慮を見いだすことができるだろう。

ドルトン＝プランは、一九二〇年代にアメリカのヘレン＝パーカースト女史が生み出した教育指導法で、当初はドルトン実験室案（Dalton Laboratory Plan）と呼ばれていた。中国での初めての本格的な紹介は、鮑徳徴の「道爾頓実験室計画」[69] と考えられるが、そこでは「設計教学法の根拠とする原理と差がない」としている。『教育雑誌』第一四巻第一一号（一九二二年一一月）は、「道爾頓制専号」としてドルトン制に関する八本の論文が掲載されている。[70] その中心となったのは舒新城であり、私塾や年級制の学校の弊害が、この制度導入の背景にあることを指摘している。[71] また朱光潜は、ドルトン制と設計教学法の相違点について「ドルトン制の主旨は、個別の児童がその天資をはかり、興味に応じて自由に発育していくことにある。設計法の主旨は学校の授業と人生の実際の需要を聯絡し、児童をして人生の実際の需要に疑いを持たせ、しかるのちに再び目的を定め、自ら解決の方法を求めていく」とし、「目的を立てて実際生活の精神で学ぶのが設計法で、こうした条件はドルトン制の中で軽視されている」と二つの方法の主旨や目的の相違点を明らかにしている。[72]

ドルトン制の実施に関して、舒新城は「小学校では現在試験した人はいないが、……ドルトン制は大部分の困難を解決でき、ドルトン制の原理をとり、適宜の辨法を研究し、努力して試し」てほしいと希望し、「小学校でも国語ならドルトン制を採用できる」[73]と述べている。[74]ドルトン制に関しては、私塾・書院に似た生き生きとした教学方式という見方がある一方で、[75]各個人の自由は完全なものとなるが、「社会化の精神はいささかも発展できない」[76]と評されるように限界も見られるのである。兪子夷は「われわれは純粋のドルトン制を採用せず、分団を主とし、個別を輔とする混合辨法を用いたので、参観者はわれわれに代わって「分団式のドルトン制」と命名した」[77]と回想している。さらに兪子夷の教学方針とドルトン制とを比較して、兪は子どもの発展を主体としたのに対して、ドルトン制は教材の修了を主体としたことと、兪が子どもを健全な社会分子に養成することを目標としたのに対して、ドルトン制は各人が多少なりとも一生役立つ知能を得させることを目標にしたとする。こうした違いがあるとはいえ、兪自身はドルトン制を全面否定したのではなく、この教学方法が自学を重視するのは、その優れた点であると考えていたのである。[78]

兪子夷は、設計教学法の試行と併行して、自学輔導・分団教授とドルトン制の長所を採り、小学高学年の児童は自学能力が高いので、ドルトン制を五～六学年に採用し、算術教授では学習過程で差が生まれるので分団教授法を導入して、教師の指導に都合のよいものとした。[79]兪自身は、パーカースト女史がドルトン制の下での学習は最も自由であると宣言しているけれども、児童は教材に対して絶対に選択の余地はなく、いわゆる自由はただ学習の日時と時間の長短に限定されている、[80]と批判的に見ている。ドルトン制は設計教学法に比べて寿命がやや短く、影響もやや小さかったが、その原因はドルトン制が伝統的な教育観を持つ人々にとって、急進的で新しすぎたためといわれている。[81]またドルトン制の本格的採用には、環境整備の負担が大きすぎたことも普及を阻む大きな原因であった。ドルトン制の実施には、特殊な作業室が必要であり、学生（児童）が自由に使える各種の実験機器・図書・標本とそれを使いこなせる教員が必要であった。[82]むろん設計教学法にも欠点があって「作業中心の大単元教学」となり、その単元も常に互いに重複し、学生（児童）の知識をバラバラにしているか、学科を分ける設計式の各科教学法になっているかであり、設備と教師の確保に苦しんだことなどがあげられている。[83]

設計教学法やドルトン制といった新教育方法に共通する弱点や欠陥としては、次のようなことが指摘されている。完全に学生（児童）の需要と願望から出発し、教師の作用を軽視し、教学の多くは偶然と願望より出て、放任に流れた。完全に学科の壁を打破し、教学内容を散漫で系統に欠けるものとし、学生（児童）の知識水準を低下させた。過度に直接経験を強調し、事々に学生（児童）自身に模索させ、教学課程自体の特殊性を抹殺し、無意味に時間と精力を費やした、等々である。[84] 兪子夷は、算術教授をより効果的に進めるための教材の作成に細心の注意を払っており、教材の編集者がともすれば「専門家の目から見て初歩で、易しいものとしているが、往々にして小学生の実際の能力より大変高い」ものとなっていることに注意せよと呼びかけ、[85]「小学生の心理情況に照らして、材料を重ねて組むのは、教員の最も重要な工作である」[86]と主張している。

上述したように、兪子夷がパーカースト女史を批判して「児童は教材に対して絶対に選択の余地は無く」としているのは、教材作成の重要性と教材選択に対する柔軟性を欠かせないものとしているためであろう。兪が「小学校の課業は、宿題をしないのが最も良い」と述べて、学校での学習に重きを置くとともに、綱要等の作成は「常に教員の指導の下」でと教員の指導を重視するのは、[87] ドルトン制の本来の姿とは距離を置くかれの教育方針と考えてよいであろう。兪は学生（児童）の訓育に関しても、「多数の学生はただ自らの自由を知っているだけで、絶対に他人の福利を顧みない。常に他人を犠牲にして、自らを満足させる。だから小学校の自由教育には、大変問題がある。学生に自由の運用を教えることがなければ、規律・訓練が一種の装飾となってしまうことを恐れる」[88]と述べて、教員による指導を重視した。

「設計教学法は新しい教学方法であるが、啓発法・注入法を脱しきっているわけではない[89]」とする評価があるように、算術教育に携わり続けた兪子夷の意識の中には、啓発主義・注入主義の要素が残っていて、それが教員の指導の重視につながっている可能性がある。兪は「教学の指導は、師範学校で自学輔導法や設計法を用いて師範生に教学法の実習を教えるようなものである。命令と注入は決して成功することはできない[90]」と自らを戒めつつ、「ドルトン制は社会性に欠け、互助の機会が無く、優秀な学究式の学生には都合がよい[91]」と批判しているように、ドルトン制の全面的な採用には踏み切れなかったのである。中国の鉄道駅で切符を買うときに人々がきちんと整列できない状況をあげて、「小学校の中で、もし秩序ある習慣を養成できれば、この種の弊病を救済できる[92]」としているのは、自主的にルールを守る中国人を教育的手段を通して育成しようとした兪の教育的姿勢を示している。兪は陶行知と自らを比較して「私が実際を語り、かれは理論を語った[93]」と述べているように、あくまでも現状を直視し、より具体的な教育的手段を求めたのである。より具体的な教育実践を求め続けたこともあって、一九一八年より一〇年近いかれの教育実践には全国から三万名近い教育関係者が参観に来たといわれている[94]。

おわりに

兪子夷は、五〇年にも及ぶ算術教育の実践者であり、その教育をより効果的にするためにさまざまな工夫をおこなった教育者であった。大学に学んだこともなく、留学経験もなかった兪は、一九〇三年から翌年にかけての『蘇報』案に関係した日本亡命、一九〇九年の江蘇省教育会に選抜されての日本派遣を通して、日本の教育界で盛行していたヘルバルトの教育理論などを導入し、江蘇省立第一師範附属小学で試行した。辛亥革命後の一九一三年から翌年にかけて、江蘇都督府教育司の手でアメリカとヨーロッパに派遣され、教育現場への新教育導入の可能性を求めて精力的な教育視察をおこなった。かれは「教育救国」の立場[95]で教育普及を図ったが、その努力を阻む壁となったのは、清末民国初期の中国教育界の劣悪な条件であった。経費も教員も欠乏する状況の中で、より多くの児童に適切な教育をおこなうにはどのような方法が良いのか。かれは伝統的な私塾での教育にも一定の意義を認めるなど、改革に関しては漸進的な一面を持っていたが、その一方で新たな教育方法を取り入れることについては積極的であった。かれが導入したヘルバルト教育理論とそれを発展させたラインの五段教育法の実験、さらに分団教授法や自学輔導主義の採用は、単級学校を基本とする小規模な学校が多い中国教育界で、個々の児童に応じた多様な教育を、より多くの児童に施すための手段となった。

民国期に入って欧米の教育を視察した兪子夷は、プラグマティックな傾向を強め、教材の節減や「無益の計算」の排除などによる現実生活に役立つ算術教育の必要性を強調した。児童それぞれの到達度を測定する測験法の積極的な採用も、効率的な教育の追求と繋がっている。児童のレベルや心理を考えた教材編輯や指導のあり方を説いているのは、現場を最優先したかれの姿勢の反映であろう。設計教学法を導入するに当たっては、「分系」設計法にするなど独自の運用を図り、それぞれの場面における教員の指導を欠かせないものとした。啓発主義や注入主義の傾向が残っているのも、その表れである。教材面では柔軟な方針を打ち出したため、教材への対応という面で見解を異にしたドルトン制の本格的な採用には到らなかった[96]。児童の道徳的公正さの涵養は、国家の将来を担う人材に道徳心が不可欠であるとするかれの願望を反映していると考えられる。このように一連の教育実験を見ると、兪子夷自身の教育観に基づく試行という側面が印象づけられるのである。清末から民国前期、ヘルバルト教育理論に象徴される日本的教育方法から設計教学法に象徴されるアメリカ的教育方法へと大きな転換が図られたように見られている。兪子夷自身はその代表者と受け止められているが、かれにとっては劣悪な教育環境の中で算術を中心とした教育をより効率的に進めるための新たな教育方法の導入であり、実践方法については段階を追い、必要に応じて変化、発展しているものであって、劇的な変化とはいえず、漸進的な発展と理解すべきである。

註

（1）田正平『留学生与中国教育近代化』（広東教育出版社、一九九六年、以下書名のみ示す）二五四頁。
（2）同前書、二四二頁。
（3）兪子夷「五十多年学習研究算術教法紀要」（董遠騫・施毓英編『兪子夷教育論著選』人民教育出版社、一九九一年、以下『論著選』と略す、四三五頁）。このとき兪子夷は、日本語を学び、中国人留学生に英語を教え、翻訳と校正で生計を立て、その後、黄宗仰の紹介で、中華学堂で教鞭を執った（董遠騫『兪子夷教育思想研究』遼寧教育出版社、一九九三年、以下書名のみ示す、二頁）。
（4）「兪子夷生平和著作年表」『兪子夷教育思想研究』二〇八～二〇九頁。兪子夷は、理科が好きで、青墩小学では章程に違反することを承知の上で理科を追加したが、省視学はそれを合理的と認めた（兪「複式学級的常識教材」『教育雑誌』第二九巻第九号、一九三九年、『論著選』二七二頁）。かれはこのように伝統的な教育体制に安住せず、進取の精神で教育に取り組んでいた。
（5）兪「五十多年学習研究算術教法紀要」『論著選』四三六頁。ただし、一九一二年に兪が江蘇第一師範附属小学で一年生に対して日本の教え方を導入したが、思うような結果を出すことはできなかった（『兪子夷教育思想研究』六八頁）。
（6）「学部通行各省初級師範学堂加授単級教授法文」（朱有瓛主編『中国近代学制史料』華東師範大学出版社、一九八九年、第二輯下冊、二三九頁）。
（7）「前言」『論著選』二頁。

(8) ヨハン＝フリードリヒ＝ヘルバルトは四段階教授説を唱え、その弟子ラインは五段階教授説（予備―提示―比較―総括―応用）へと発展させ、日本でも流行した。中国では清末の段階で、張世杓「莱因氏之五段教授法」『教育雑誌』第二年第九期、一九〇九年、で紹介されている。
(9) 周谷平『近代西方教育理論在中国的伝播』（広東教育出版社、一九九六年、以下書名のみ示す）七六頁。
(10) 鄭朝煕「単級教授之要項」『教育雑誌』第五巻第九号、一九一三年。
(11) 拙著『中国近代教育の普及と改革に関する研究』（汲古書院、二〇〇二年）二一一～二一二頁。
(12) 『近代西方教育理論在中国的伝播』三六～三七頁。
(13) 同前書、八六頁。ヘルバルト学派の教育理論は、科学知識の系統性と内在的論理関係を強調し、教室での教学課程をプロセス化したといわれる（『留学生与中国教育近代化』二三八頁）。
(14) 『兪子夷教育思想研究』一六二頁。
(15) 兪「小学実施道爾頓制的批評」『論著選』一四八頁。
(16) 『留学生与中国教育近代化』二五一～二五二頁。
(17) 兪「一筆教育上的旧賬」『論著選』二三〇頁。
(18) 同前、『論著選』二三二頁。
(19) 例えば、一九〇九年の浙江省松陽県の一三校の初等小学堂に対する調査では、教員数は一校当たり平均三・五人、児童数は一校当たり平均で三一・二人となっていた（前掲拙著『中国近代教育の普及と改革に関する研究』二〇頁）。
(20) 兪「現代我国小学教学法演変一斑」『論著選』四八四頁。
(21) 兪「現今学校教育上急応研究之根本問題」『教育雑誌』第六巻第一二号、一九一四年（『論著選』には収録されず）。
(22) 同前論文続編『教育雑誌』第七巻第三号、一九一五年（同じく『論著選』に収録されず）。
(23) 天民「分団教授之実際」『教育雑誌』第六巻第一一号、一九一四年。
(24) 天民「分団式動的教育法」『教育雑誌』第八巻第一号、一九一五年。

(25) 楊祥麐「算術科之自学輔導法」『教育雑誌』第八巻第一〇号、一九一六年。
(26) 「兪子夷生平和著作年表」『兪子夷教育思想研究』二〇九頁。
(27) 呉洪成主編『中国小学教育史』(山西教育出版社、二〇〇六年、以下書名のみ示す)二二一頁。
(28) 同前書、二二三頁。
(29) 兪「算術教授之科学的研究」『教育雑誌』第九巻第三号、一九一七年(『論著選』には収録されず)。
(30) 兪「算術教授之科学的研究(続)」『教育雑誌』第九巻第六号、一九一七年(『論著選』には収録されず)。
(31) 兪「算術教授革新之研究」『教育雑誌』第一〇巻第一号、一九一八年、『論著選』一頁。
(32) 同前、『論著選』三~四頁。
(33) 同前、『論著選』五~六頁。
(34) 兪「関于小学校算学教育的問題」『論著選』一三五頁。
(35) 兪『一個郷村小学教員的日記』(商務印書館、一九二七年)。
(36) 兪「自序」同前書(上冊)、一頁。
(37) 同前書(上冊)、一七頁。
(38) 兪「関于全国教育会聯合会議決学制系統草案初等教育段的問題」『論著選』一四頁。
(39) 『兪子夷教育思想研究』四八頁。ただし、当時は中国の教育・心理両学界の大きな注目を浴びることはなかった(『近代西方教育理論在中国的伝播』二四七頁)。
(40) 兪「小学算学教学法概要」『教育雑誌』第一六巻第一号、一九二四年、『論著選』九五頁。
(41) 『兪子夷教育思想研究』四一頁。
(42) 兪「小学教育的効力」『論著選』九七頁。
(43) 『兪子夷教育思想研究』九五頁。
(44) 『近代西方教育理論在中国的伝播』二五二~二五三頁。

(45)　前掲『一個郷村小学教員的日記』(上冊)二八頁。
(46)　同前書(上冊)、二六頁。
(47)　『兪子夷教育思想研究』三七頁、四三頁。
(48)　兪「五十多年学習研究算術教法紀要」『論著選』四四八頁。また前掲『一個郷村小学教員的日記』(下冊)五頁では、こうした遊戯について、外では悪いことをしているとのデマが流れているが、牌の形式を改めて教具にしたことを語るべき、と述べている。
(49)　兪「小学教学法上的新旧衝突」『教育雑誌』第一五巻第九号、一九二三年、『論著選』六九頁。
(50)　兪「初等教育的新趨勢」『論著選』一一八頁。
(51)　兪「小学教育的効力」『論著選』九八～九九頁。
(52)　兪「道徳教育的破産与小学教員的責任」『論著選』一四六頁。
(53)　『近代西方教育理論在中国的伝播』二〇四頁。
(54)　王献玲主編『中国教育史』(鄭州大学出版社、二〇一一年)二六七頁。
(55)　『留学生与中国教育近代化』二四四頁。なお『論著選』の「前言」では、兪は教育科教授に任命されたとする。
(56)　兪「視察設計教学的標準」『教育雑誌』第一四巻第二号、一九二二年、『論著選』二一～二二頁。
(57)　同前、『論著選』二三頁。
(58)　同前、『論著選』二五頁。
(59)　知我「設計教学法的研究」『教育雑誌』第一三巻第七号、一九二一年。
(60)　兪「読了十二本設計教法専書的書後」『教育雑誌』第一六巻第一〇号、一九二四年、『論著選』一二四頁、によれば、設計教学法に関する一二冊の本の書評の中で、一九二三年に出版された林本・朱兆華・李宗武共著の『設計教育大全』は日本書を転訳したもので、一読して大変失望したと書いている。この当時、中国では直接原本を訳すことができるので、転訳の必要がないし、日本語を経由しているので、用語などの使い方に問題があって、読んでもまるで理解できない、と述べている。

兪子夷がアメリカの理論を直接取り入れ、中国に適応するものに作りかえようとする思いが伝わってくるコメントである。

(61) 『中国小学教育史』二四六頁。
(62) 同前書、二四七頁。
(63) 太玄「基爾巴脱利克論設計教学法」『教育雑誌』第一三巻第九号、一九二一年。
(64) 劉孟晋「設計教学法概要」『教育雑誌』第一四巻第一〇号、一九二二年。
(65) 王家鰲「我第一次試行「設計教学」的情形」『教育雑誌』第一三巻第一二号、一九二一年。
(66) 沈百英「江蘇一師附小初年級設計教学的実施報告」『教育雑誌』第一四巻第一号、一九二二年。この試行結果報告は、沈百英「設計教学法試験報告」『教育雑誌』第一四巻第六号、一九二二年、にある。なお沈百英は、兪子夷の教え子である（『近代西方教育理論在中国的伝播』二〇六頁）。
(67) 『留学生与中国教育近代化』二四六〜二四七頁。
(68) 兪「小学校的三個問題」『教育雑誌』第一四巻第七号、一九二二年、『論著選』二七〜二八頁。また前掲『一個郷村小学教員的日記』（上冊）四一頁、では、「机と椅子は移動に便利なものであるべき」と述べている。
(69) 鮑徳徴「道爾頓実験室計画」『教育雑誌』第一四巻第六号、一九二二年。
(70) 孫培青・李国鈞『中国教育思想史』（第三巻、華東師範大学出版社、一九九五年）二一二頁、によれば、一九二五年七月までに、全国の一〇〇余りの中小学でドルトン制という教学制度が試行され、報刊に発表された関連論文は約一五〇篇、関係する著作・訳書・試験報告などは一七冊に達した。
(71) 舒新城「什麼是道爾頓制？」『教育雑誌』第一四巻第一一号、一九二三年。
(72) 朱光潜「在「道爾頓制」中怎様応用設計教学法？」『教育雑誌』第一四巻第一二号、一九二二年。
(73) 舒新城「道爾頓制与小学教育」『教育雑誌』第一五巻第三号、一九二四年。
(74) 舒新城「道爾頓制与小学国語教学法」『教育雑誌』第一六巻第一号、一九二四年。
(75) 前掲『中国教育思想史』（第三巻）二一〇頁。兪子夷も「ドルトン編制は実に私塾・書院の精神の上に一つの系統を加える」と同様の見方をしている（兪「小学教法上的新旧衝突」『論著選』七二頁）。

(76) 兪「小学実施道爾頓制的批評」『論著選』一五〇頁。

(77) 兪「現代我国小学教学法演変一斑」『論著選』四九八頁。

(78) 『兪子夷教育思想研究』一六三～一六四頁。

(79) 『留学生与中国教育近代化』二四七頁。

(80) 兪「現代我国小学教学法演変一斑」『論著選』四九九頁。

(81) 『近代西方教育理論在中国的伝播』二一六頁。

(82) 王炳照・閻国華主編『中国教育思想通史』（第六巻）（湖南教育出版社、一九九四年）二一一頁。

(83) 前掲『中国教育思想史』（第三巻）二〇九頁。

(84) 前掲『中国教育思想通史』（第六巻）二一一頁。ほぼ同様の見解が、前掲『中国教育史』二六八頁、『近代西方教育理論在中国的伝播』二一八頁、に見られる。

(85) 兪「小学実際問題――分数的初歩練習」『教育雑誌』第三〇巻第一号、一九四〇年、『論著選』二九二頁。

(86) 兪「小学実際問題――綱要的做法」『教育雑誌』第三〇巻第七号、一九四〇年、『論著選』三二〇頁。

(87) 同前、『論著選』三二六頁。

(88) 兪「幾個訓育方面的小問題」・『論著選』四一一頁。

(89) 沈子善「設計教学法之真詮与其発達史」『教育雑誌』第一四巻第七号、一九二二年。

(90) 兪「小学校長与教学指導」『論著選』一九一頁。

(91) 兪「小学実施道爾頓制的批評」『論著選』一五一頁。

(92) 兪「設計教学法」『論著選』四〇頁。

(93) 兪「現代我国小学教学法演変一斑」『論著選』四八七頁。一方、陶行知は、教学做合一の方法と設計教学法とはたいへん近いが、往々にして「做（なす）」を忘れていると述べ、設計教学法は「做」の要素に欠けると考えていた（『近代西方教育理論在中国的伝播』一九六頁)。

(94) 『留学生与中国教育近代化』二五四~二五五頁。

(95) 『兪子夷教育思想研究』九六頁。兪子夷が「教育救国」的思想を持ち続けたことが、晩年の一九五七年、反右派闘争で批判される原因となった可能性がある。本書の著者である董遠騫は「かれの教育救国思想の如きは、主観的願望は良い。かつかれは普及教育等々の工作のために有益な貢献をした。しかし革命を経ることなく、単純に教育手段によって旧中国を改造しようと希望することは、結局のところ実際と違う幻想であり、旧知識分子の覚悟と認識の局限性を反映している」(同書、二〇〇頁)と述べ、戴逸の「序言」を忠実に踏襲した見解を表明している。しかし、こうした「教育救国論」批判は、今日では修正されつつあり、教育救国論の再評価が進んでいく可能性がある(拙稿「中国近現代教育史における教育救国論」『歴史と地理』六四四、山川出版社、二〇一一年)。

(96) 兪はウィネトカ・プランにも関心を示し、研究を進めた(兪「現代我国小学教学法演変一斑」『論著選』五〇〇頁)。

第五章　雷沛鴻と広西教育

はじめに

雷沛鴻（一八八八～一九六七）は、抗日戦争期、広西省で国民基礎教育運動を指導し、中等教育を重視して国民中学の制度を打ち立て、農村建設の人材育成に努めた人物である。雷沛鴻は字が賓南で、魯儒というペンネームを持っており、広西省南寧府宣化県東門郷の津頭村（現在の南寧市津頭村）の出身である。[1]かれが生きた二〇世紀前半の中国教育界では、教育的手段による救国をめざす各種の取り組みが展開されていた。この代表的指導者として陶行知が知られているが、それに劣らぬ活躍を見せた雷沛鴻の名前はあまり知られていない。[2]

雷沛鴻の教育改革の取り組みは、郷村建設運動の中で活躍した陶行知・晏陽初・梁漱溟・黄炎培らの指導者とは異なる方向性を持つ独自のもので、広西省という貧しい南部の省を舞台に、抗日戦争期という緊迫した政治・軍事情勢の下で進められたものである。かれの確固とした信念に基づく独自の教育改革は、どのような歴史的・社会的背景の中で生み出されたのか。雷の教育思想と実践にはどのような構想が秘められ、何をめざしていたのか。雷の改革が持った教育史における意義を明らかにするため、その具体的な表現である国民基礎教育運動と国民中学の考察を中心として分析を進めたい。

一、雷沛鴻の教育理論と時代背景

雷沛鴻は、数え四歳のときから科挙に向けての学習を始め、数え一四歳で応試して、府学第一を得、秀才に中り、廩生に補された。(3) 早熟なかれは、受験の頃には康有為・梁啓超ら改革派の啓蒙的著作を読破していた。一九〇三年に雷は広州に出て、まず両広簡易師範文科に入学し、次の年には両広高等実験学堂預科に入学して、化学を学んだ。この時期の広州での革命的風潮に影響されて、かれは鄒容の『革命軍』、章炳麟の『駁康有為論革命書』、陳天華の『猛回頭』『警世鐘』の他に『中国日報』『商報』などを読んでいる。(4) かれは朱執信の導きの下に封建制度の不合理さを認識し、孫中山の三民主義学説を深く信じたといわれるが、とくに三民主義を信奉する姿勢は長期にわたって揺らぐことはなかった。(5) かれは一九一一年の黄花崗起義の失敗をうけて、広州を脱出して桂林に逃げ帰った。

武昌起義後の一九一一年一一月七日、広西は独立を宣言した。辛亥革命期の政治変動の中で、雷沛鴻は左江師範学監・南寧中学校長に就任した。しかしその立場に満足できなかったのか、一九一二年一月、中華民国が成立した直後に、雷自身は桂林に行って公費留学試験を受けて合格した。かれはまずイギリスに行き、ケンブリッジ大学入学をめざして勉強するが、まもなく目標を転換して一九一四年にはアメリカに渡っている。雷はアメリカの地で中華革命党に参加し、六年六ヵ月の留学期間にミシガン大学、オベリン大学、ハーバード大学研究院で政治・経済・教育・法律を学び、研究した。(6)

雷沛鴻は、アメリカからの帰国後、広東甲種工業学校校長となり、フィリピンでの教育調査に従事し、暨南大学校の師範科と中学部の主任となった。一九二七年一〇月、かれはヨーロッパへの教育視察で、スウェーデン・ノルウェー・デンマーク・イギリス・フランス・ドイツ・イタリアなどを訪れた。[7] この教育視察での見聞は、雷の後の教育改革プランへと繋がるものであった。帰国後の一九二九年、かれは広西省に戻って教育庁長に任命されるが、そこで腰を据えて教育行政を指導せず、上海に出て江蘇省教育学院教授となり、南京中央大学教授を兼任した。雷が本格的に広西省での教育改革に取り組むのは、一九三三年春、桂系軍閥の中心的指導者である李宗仁が、上海の雷の寓居を訪れ、広西省に戻り省府の委員と教育庁長に就任することを要請してからである。[8]

雷沛鴻の教育思想は、アメリカ留学中にその骨格が形成されたものと考えられる。一九一六年に発表されたかれの「工読主義与普及教育」では、J＝S＝ミルの平民政治の美善を称える必要条件に「平民教育の普及」があると述べ、[9] 中国での五四時期の平民教育運動に先行する形で平民教育普及の必要性を説いている。さらに学びの姿勢に関して留仏勤工倹学運動を担った「留仏倹学会」の「辛苦をなめ節衣縮食で求学の願いを遂げようとする者」を評価するとともに、「留美工読会の会員」のように「半工半読をして向学の誠心を遂げようとしている者」を同様に評価している。とくに後者に関しては、留米学生の中で「オベリン大学に「学問と労働」の校風があることに感じ、各校の同志をあい聯合して留美工読会を組織し、会所をオベリン村に設立した」[10]と述べるように、かれ自身が学んだオベリン大学での運動であるだけにより親近感を持ったと考えられる。雷の労働を重視する教育観の原点は、ここにあるといえるだろう。

雷沛鴻は、ヨーロッパへの教育視察に出発した一九二七年に、広西の師範教育の状況に関して厳しい現状認識を示している。貧しい省である広西省にとっては、巨費を師範学校に投じ、その金額は全省教育費の五分の一を占め、多くは前期師範に投じられているが、毎年育成する師範生の数は寥々として幾ばくもなし、という状況にあった。広西省は師範学校生の学費や寄宿費を支給しており、中途退学者にはそれまでの支給額を追徴する条例を定めているが、実行されたことがない[11]。広西全省の男女師範学校はわずか五校で、入学者全員を卒業させても、全省の需要に供するに足りず、師範学校入学者も相応の責任感がない。加えて小学教師の資格検定試験もなく、教職に就く資格のない者を除外することもない[12]。師範学校の指導内容には問題がある。その通病は、純粋な通論・原理などで抽象的すぎて把握が難しく、学生は十分な理解ができず、卒業後に困難な問題に直面して、その解決方法を書物に求めても得られない状況にある[13]。雷はこうした現状を脱する方法に思いを巡らせたが、結局のところ限られた教育予算の枠内では、効率的な予算運用を図らざるを得なかったのである。

国民政府は「法律上、経済上、教育上、社会上、男女平等の原則を確認し、女権の発展を助ける」と第一次全国代表大会で宣言している。「重男軽女は中国数千年来の伝統的な悪習」であるから、男女平等のためにも女子教育を提唱し、女子師範学校をすべて初級中学師範科に改めるとともに、さらに高級中学師範科への進学も可能なものとする[14]。雷はこうした状況を作るために、初級中学と高級中学の計画的な設立を唱え、その前提として広西省の経済社会の調査の必要性と公金の無駄な支出の防止を説く[15]。雷は、女性の小学教師は「母性の愛に富み、また性情が柔和で、思慮が細密であり、まじめに児童の個性を理解[16]」していると、男性教師より適性を持つことを力説する。女性の教職への門戸を広げ、より多くの小学教員を確保するという目標達成のために中等教育のシステムを簡素化し、限られた予算での効率的な運用をめざすが、その実現のために師範学校の中途退学の厳禁と服務規程の遵守も強調している[17]。雷はさらに、「教育機会の不平等が極まっている」との認識から出発し[18]、「国中の最大多数の最大幸福を謀るために、農村教育は速やかに処理せざるを得ない」と述べ、農村に力点を置いた成人教育、産業教育、義務教育（学費を取らない教育）の必要性を主張している[19]。教育の内容に関しては「民衆教育は民衆生活から離れるべきではない[20]」とし、識字の重要性を認識しつつも「本来識字は教育の本身ではなく、それはただ教育の一種の階梯に過ぎない」[21]と述べて、教育の内容と質を問い、その到達点をより高い水準に置いている。

一九二二年一一月、新たな「学校系統改革案」が公布された。一九一二～一三年の学制改革は、充分な準備や検討のないまま見切り発車という形で出発したのに対して、一九二二年の学制改革は、周到な準備を経て発足した。しかし周予同は、この学制が第一にアメリカの六・三・三制の模倣であること、第二に郷村教育の軽視にあると、その欠点を指摘した。[22]雷沛鴻は、中国での六・三・三制に対して、周予同より徹底した批判をおこなった。アメリカが六・三・三制を実施するに当たっては、八年制の義務教育の普及と国民生計の豊かさという前提があった。[23]アメリカの六・三・三制は義務教育期間を従来の八年から一年延長したものであるが、それを支えるだけの国民経済の力ができていたのである。[24]これに対して中国の教育者は、常々固有文化を選択することを軽視し、外来のものを鵜呑みにしてきたが、それは経済条件に背いて沙灘の上に高層建築物を建てようと夢想しているようなもので、自ずから失敗しない道理はない。[25]

さらにヨーロッパの産業革命により形成された社会と中国の社会とは本質的に異なっており、中国は依然として農業社会・郷村社会・宗法社会であって、旧社会は分解して新たな秩序がまだ生まれていない状況にある。こうした状況下に形式的に外国のものを模倣しても、国民生活の上では基礎ができていない。[26]六・三・三制の最初の六年を義務教育と定めても、中国の社会経済の力では絶対に負担できないし、そもそも六・三・三制について中国では既にアメリカ教育の有する精神・目的・内容や効能を失っていて、実効力を持っていないので、「中国化の需要に適合する」方法に変えなければならない。[27]このように考えた雷沛鴻は、広西の実情を踏まえた国民基礎教育と国民中学の構想を具体化することを通して、さまざまな教育の課題の克服をめざすことになる。

雷沛鴻は、教育機会の平等を実現するためにも「教育の大衆化」を重視した。[28] その実現のためには、これまで教育当局が都市に重点を置き、郷村を軽視してきた偏向を正さなければならない。かれは具体例をもって、その格差を明示している。例えば、広西省内の邕寧県では、県城の一六小学校に投入された一九三三年の教育経費は五九・四一%であったのに対し、郷村にある四九六小学校の同年の経費は四〇・五九%であった。[29] つまり邕寧県の学校数で全体の九六・八八%を占める郷村小学校に割り当てられた経費は、全体の四割程度にとどまっていたのである。こうした傾向は、広西省内の他県でも見られた。しかもそれは県立中学や簡易師範学校でも同様に見られた傾向であった。[30]

雷沛鴻は、教育を義務としてではなく権利としてとらえるべきと述べ、[31] 現行の教育制度が有用な人材を育成せず、「高等游民」を生み出していることを批判する。[32] かれは「心を労する者は人を治め、力を労する者は人に治められる」という観念を認めず、労働と学問を分け、知識人は都市に行き、知識無き者が郷村に留まれば、これらの人々は永遠に隔離されることになると述べ、青年たちを導いて田園に行き、農村を改造するという方向は誤っていないという。[33]

雷沛鴻が好んだ言葉に「有教無類」（いかなる人にも等しく教育を与える）と「一視同仁」（すべてのものを同様に見なす）がある。貧窮の人も、壮丁や老人も、女子も等しく教育を受けなければならない。それが後述する国民基礎教育運動の基本姿勢である。[34] 教育の領域は「まさに天の覆（おお）わざるところなく、地の載（の）せざるところなしであり、かつ教育は現実を超越して、別に天地ありではない」[35]と、かれは「有教無類、一視同仁」の教育精神のあり方を説く。その実現のためには「計画的に大衆化の教育方針」を推進し、「全体の児童と成年民衆」を同様に対象とする。[36] 児童の教育には上述したような師範教育の実質化が不可欠であるが、もう一方の民衆教育は、民衆生活から離れず、民衆生活を謀るものでなければならない。雷は諸葛亮の「後出師表」を引いて「鞠躬尽瘁、死而後已（心身を労して国事に尽力する）」決意を民衆教育をおこなう者は持つべきという。[37] 当時こうした取り組みは、郷村建設運動でおこなわれていた。南京国民政府実業部の調査によれば、一九二〇年代末から三〇年代初めにかけて、全国で郷村建設工作に従事していた団体や機構は六〇〇以上あって、この時期に設立された各種の実験区は一、〇〇〇ヵ所以上にのぼった。[38] 雷の広西での教育実験もまた、各地の郷村建設運動の中での各種実験に影響され、その効果を意識しつつ進められたと考えられる。

二、国民基礎教育運動の展開と特質

雷沛鴻が定義している国民基礎教育とは、政治的には智愚・貧富・尊卑・男女を問うことなく一律の平等をめざし、真正の民主政治を達成するには、民族の意志を統一して、共に国難に赴き、民族の中興を求め、人々の平等を求めるとともに、中華民族の統一と救国を図ることを目的としている。[39] かれはそのあるべき姿として、児童教育と成人教育を一体化し、学校教育と社会教育を一体化する組織を考えている。[40] この国民基礎教育を、どのような方法で実現していくのか。具体化のプロセスが課題である。雷は、広西の人口は一、二八〇万人の多きに達しているが、国民基礎教育の普及のためには、各村に一ヵ所の国民基礎学校を設立し、各郷に一ヵ所の中心国民基礎学校を設立すると目標を掲げる。それではこれらの学校の教学は、誰が担当するのか。一九三五年当時の広西では、一人三長制を採っており、中心学校の校長は村（街）長と民団後備隊隊長を兼任することになっているので、教学に力を注ぐ余裕はない。[41]

雷沛鴻は、その解決策として「互教」と「共学」の可能性を追求している。まず第一に、中国人の互教と共学の可能性は、古く『後漢書』「馬融伝」に見られるとする。第二に、イギリスの労働者階級の互教と共学の歴史を取り上げる。かれらは自発的に募金し、多くの学会（Mechanic Institute）を成立させ、自学自教の風気を開いた。この後Sunday SchoolとAdult Schoolの成立があり、続いて労工大学の創立となった。労働者の熱情は、ニュートン大学とケンブリッジ大学の教授を感動させ、かれらは自発的に労働者が集まる場所に来て講学したので、多くのEducational Settlementができた。[42]

雷沛鴻は、こうした民間レベルのボランティア的な取り組みにも期待し、国民基礎教育研究院が中核となって、「大衆化」「平凡化」「実際化」に向けての研究工作を進める方向性を打ち出している。[43] 工作の基本は「生産教育」にあり、それを中心国民基礎学校や国民基礎学校が郷村社会の中心として担う。「全体国民総動員」の状況下で、八歳以上の学齢児童のみを重視する姿勢を修正し、学齢前の幼稚教育に注目し、成人教育にも注目しなければならないとする。国民基礎教育研究院が取り組んでいる「冬作講習班」は、その成人教育の始まりである。農村建設では、農民の実際生活の中から農村経済の問題を解決する方案を求めなければならず、農村における土地問題を除けば、農田水利が重要な課題である。[44] 雷は、こうした運動を展開して、「すべての人が生まれてから死ぬまで均しく教育と縁のある教育制度[45]」として完成させようとした。

雷沛鴻がこうした教育運動を実体化するためには、従来の教育制度をどのように改変し、それに伴って派生する諸問題をどのように解決していくのかという具体策が問われる。国民基礎教育の方針では、広西全省の老少、男女、貧富を問わず、すべて基礎教育を受けなければならない。まず児童は八歳の入学年齢から基礎教育の対象となる。さらに一三～一八歳の青年男女で過去に失学している場合は、一年間の国民基礎教育を受け、一八～四五歳の成年男女で過去に失学している場合は、六ヵ月の国民基礎教育を受けると規定している。[46] 雷は一方で、国民基礎学校に入学する年齢を、従来の中国の学制に定める六歳から八歳に引き上げようとしているが、その間の二年間をどうするのか。かれは幼稚園と国民基礎学校との間に蒙養班を設け、入学前に読・書・写・計算の予備的学習をさせることを考えている(47)。また「広西普及国民基礎教育六年計画大綱」では、八～一二歳の間に二年間の国民基礎教育を受けなければならないと規定している(48)。こうしたシステムから見て、実質的には四年間の小学校教育が雷の念頭にあり、広西省の経済力から考えて実現可能と考えたのかもしれない。

一九三四年度の広西全省の人口と教育に関わる推計によれば、以下のようになっている。規定通りならば、国民基礎学校は広西全省で二四、四〇〇校であるべきだが、既設は一五、二六〇校で六二・五%となり、未設は九、一四〇校で三七・五%となっている。中心国民基礎学校は全省で二、四三〇校であるべきだが、既設は九七一校で三九・九%であり、未設は一、四五九校で六〇・一%である。児童の就学人数は八一八、四九二人で学齢期児童の三八・六%、成人の識字者は三、八五六、一五六人で成人全体の二三・二%、成人女性の識字者は四四、四一一人で成人女性全体の一%である(49)。ここでは人口統計の正確性、識字者と認定する場合の基準、調査方法の妥当性など多くの問題点があるが、雷沛鴻自身の巡視による実情調査や全区指導専員の報告では、例えば中心国民基礎学校の繰り上げ設置などによって「(民国)二五年七月以前にあまねく設置できる望みがある」という状況にまで進んでいた(50)。

教育内容に関しては、国民基礎教育研究院と広西教育庁が合同で、教育内容や方法を検討し、教科書などの教材とカリキュラムを作成した(51)。雷沛鴻は、このときの政治情勢を考えれば、「民族教育体系」の確立に向かって努力しなければならないし、国民基礎教育だけが民衆生活のあり方を改変できると(52)、この教育運動の可能性についての強い期待感を示している。ただし、広西省の社会経済が後日発展すれば、国民基礎教育の期間は延長しなければならないし(53)、広西省の政治建設、経済建設、文化建設、軍事建設の「四大建設」との連携も欠かせないと述べているように(54)、社会的経済的基盤の整備が前提条件になるのである。また「四大建設」は、李宗仁をトップとする新桂系軍閥の「広西を建設し、中国を復興する」基本政策の軸となるものであり[55]、三民主義を最高原理とし、「一人三長制」をもって広西省全体を強力な根拠地とすることをめざす政策であった。雷が李宗仁の説得で本腰を入れて広西省の教育改革に取り組んだことからも、両者の緊密な連繫の存在を見ることができる。

上述の「広西普及基礎教育六年計画大綱」では、課題とされる教員の確保について、師範学校卒業生だけでなく、民団幹部訓練大隊の卒業生なども活用して一種の総動員体制をとり、教育経費については糧賦（現物地租）の三割を当て、地方の公有資産を生かすなどの方針を打ち出した[56]。しかし、抗戦初期に政府が教育経費を軍用に過大に転用したため、教員の給与にも悪影響を及ぼしたといわれるので[57]、雷の教育費確保の願望が新桂系の指導者たちの理解を得ることは難しかったであろう。こうした条件下でも、教育普及はあらゆる方法で進めなければならない。雷は「成人は成人に教えなければならず、児童は児童に教えなければならないが、さらに一歩進めて、成人は児童に教えることができ、児童もまた成人に教えることができる[58]」とし、「小先生制、伝習制、流動教学などに対しては、均しく採用しないことはない」と方針を語り、「互教共学の風気の中で、教学はすべての知識と技能を伝習し、もって人々にすべて愛国の心と労働生産の二つの手を持たせる」と人材養成の方向性を述べている[59]。

従来の教育では、学校に六〜七年いても「田を耕す方法、モノ作りの技術、商を営む技能を学ぶことなく、ひとたび学校を出れば失業に等しく、生産を離れ、労働を蔑み嫌う游民を作る」こととなり、児童を強迫的に就学させようとするものである[60]。こうした教育を改革していくには、やはり国民基礎学校の教師の情熱に頼らざるを得ないが、かれらは「たいへんな真心を持ち忠実に尽力して、国民基礎教育の普及運動を助けているが、生活費の高騰とわずかな報酬で、生活を続け難いものにしている」ことを「たいへん恥じ驚き恐れる」と雷沛鴻は述べる[61]。とはいえ教員の質の確保は、譲ることのできない前提である。教員に対する人事管理を改善し、教員検定をおこない、現任教員の訓練をすることから着手し、分区指導制度の充実を図ることによって、監督指導体制を整備する方針も打ち出している。(62)「人民を教育するのは政府の義務であり、教育を享受するのは人民の権利である」(63)と明確に主張する雷沛鴻は、広西省民全体に対する独自の学制系統を樹立することで、教育効果をより高める取り組みを続けていくことになる。

三、国民中学と成人教育

雷沛鴻が中心となって構想し、広西省で実際に設立された国民中学の任務は、「国民基礎教育の継続」であり、「広西建設の需要に適応するため」であり、「基層建設の幹部の育成」のためでもあった。(64)国民中学は「公衆学校の一つの新型」であり、従前の家館・家塾・義学の伝統や世界各国の私立学校制度を手本とせず、孫中山総理の「天下為公（天下は公のもの）」の精神に基づいて「教育為公（教育は公のもの）」としなければならないと謳っていた。国民基礎学校との関係でいえば、国民基礎学校が一村一街の社会センターとなり、中心国民基礎学校が一郷一鎮の社会センターになった後に、国民中学は一県の社会センターになると位置づけられている。(65)国民中学は中等教育の段階に属するため、当然、初級・高級中学と重複する可能性が大きいが、初中・高中の方は「三三制」であり、国民中学は「二二制」である点が異なっており、その前後期分設制を廃止して、修業年限を四年とする方向をめざしている。さらに省立の初級中学と高級中学は合併して「省立某区中学」とすることで学制の効率化を図るとした。(66)

従前の六年間の中等教育を四年間に短縮すれば、進学や就業といった出口の確保に苦労することが予想される。雷沛鴻は、進学や就業の道を途絶するようなことはしないと断言し、以下のような進路や資格取得の可能性を提示している。第一に、国民中学の学生は、第三学年の課程を修了した後、大学への進学準備をしたり、他の中等教育課程の学校を受験する希望者は、高級中学・師範学校・高級職業学校などを受験できる。第二に、専業訓練を強化する。第三に、国民中学の卒業生は、国民基礎教育の教員や公務員に委任される資格を持つ。第四に、国民中学の卒業生で、二年以上の勤務経験を持ち、一定の成績を上げれば、農・工・商・師範等の専科学校を受験できる。[67] このように国民中学の学制上の独自性を打ち出すとともに、その教員を「導師」と称し、教員・職員・訓導の区別を打破して、導師が教育活動と社会事業をあわせて指導すると規定した。また重点を置いている地方建設においては、民衆の公民訓練と公民道徳の普及・実践に力を入れ、成人教育でも国民中学が中心となって推進すると謳い上げていた。[68]

雷沛鴻が国民中学を構想する際に参考にしたと思われるのは、デンマークの「庶民の高等学校」であり、本来デンマークの学制の中には存在しなかったが、時代の求めに応じて創立された。その指導者は、ニコライ＝グルンドビー（Nikolag Frederik Severin Grundtvig. 一七八三〜一八七二）で「北方人民の先覚」と称せられた。[69] この時代のデンマークは、成人教育で最も成果を上げており、「農民の平民政体を建立した」と評されている。[70] 雷のデンマーク成人教育を評価する姿勢は、約二〇年後でも変化しておらず、[71] かれの教育観の骨格をなしているといえよう。

国民中学の修業期間は、上述のように四年間であるが、設立は農村を原則とし、農民子弟の進学と文化教育の普及にも力点を置いた。基本的に県立あるいは数県連立で学校を設立し、経費は各県が自ら調達しなければならないとし、社会との接触や勤労訓練を重視して、当時の中等教育の教育内容の改編をめざした実験でもあった。この国民中学は、一九三六年春に桂平・邕寧・蒼梧の三校を設立したことから始まり、一九三八年に五〇ヵ所前後に増加し、一九四二年には八〇ヵ所前後に達した。[72]

国民中学のカリキュラムの基本精神は、地方の需要に対応することが前提であり、歴史は本省・本国の通史を主とし、世界文明史と本国史の関係する部分に及ぶとし、地理は本省・本国の地理を主とし、経済政治関係も重視した。

自然は郷土の材料・日常の事物など身近な現象に重きを置くことにした[73]。雷沛鴻の教育理論の基本は、「実際から出発する」ことであり、それは「実事求是」という言葉に集約されるが、これをなすには「科学的な実験方法、観察方法、統計方法などを運用し、実事求是の実践をおこない、科学的真理を求める」ことにあるとした[74]。さらにその教育は「学費の免収」すなわち学費を取らない教育であるべきと主張する[75]。この無料の教育の強調は、広西省の民衆生活が窮迫していることと無関係ではない。雷は「成人班の学生は、生活のために奔走し、職業が不安定で、家事に忙しくて、常に欠席か向学心を失う現象があり、戦時の民工の徴発や焦土化でバラバラになることで、定まった形の成人教育の実施に対しては、相当な影響がないことはない[76]」と述べて、国民中学にも連なる成人教育の普及を阻む要因を取り上げている。

広西省の成人教育費は、一九四〇年の報告では総額九八五、六一二元で、実施プランの規定に応じて各県の成人班の教員生活費を毎月六元補助し、一期終えると手当は五元、事務費は一クラス当たり二元等々と細かく記している[77]。成人教育は社会教育とも通じるものであり、全国規模で梁漱溟の社会教育体系が推奨されたこともあったが、その基本的なあり方について見解の一致を見ることはできなかった。抗日戦争開始に至って教育部は、学校系統の外に社会教育体系を立てたが、実際に通用するものとはならず、人力も財力も欠乏していることを雷自身痛感している[78]。こうした現状の中で、国民中学には一定地域内の教育文化活動を統括する力量を期待されたのである。

広西省は少数民族の居住地域でもある。しかし、中央から遠く離れた広西では文風が振るわず、科挙合格者は少なかった。とりわけ少数民族が聚居する地域では、明代は郷試合格者が生まれなかった[79]。清代には少数民族地域も含めて書院の建置が見られたが、経費の来源確保が困難で運営に苦労している[80]。社学や義学が代わって土司地区（少数民族地区）の教育を担うことを期待されたが、明清時代を通して広西の土司地区で開かれた社学は三八ヵ所にとどまり、義学が清代だけで四二ヵ所とそれを凌駕したが[81]、充分なものとはいえなかった。このように低い教育水準に置かれていた広西の少数民族地域で、一九三五年に雷沛鴻の指導下に広西特種教育師資訓練所という民族師範を創立したことは、少数民族教育の普及にとって意義ある取り組みであった[82]。

雷沛鴻は、陶行知の暁荘師範と山海工学団、晏陽初の河北省定県での実験、兪慶棠の江蘇省無錫での民衆教育、梁漱溟の山東省鄒平・荷沢両県での郷農学校を参観し、その教育実践を学んだ。その上で、かれらの実践の範囲がやや小さく、成果も有限であるとの結論を得ていた[83]。教育を基軸とする郷村建設運動のレベルを超えた教育成果をめざした雷の取り組みは、結局、どのような成果を生んだのか。国民中学の消長を追って考察する。

雷沛鴻は、国民中学を創立して数年後の現実として人々の理解が得られていないことをあげ、以下のように述べている。「国民中学は簡易の中学であり、前期の二年は簡易の初級中学で、後期の二年は簡易の高級中学で、国民中学の真義が覆い隠され、国民中学がそれ自身の内容を持たず、普通中学の内容を借りてその内容とし、国民中学は それ自身の課程を持たず、普通中学の課程を借りてその課程としている」とみなされている。国民中学は「精細な綱領」を持っているにもかかわらず、「学程課本も、ただ中学のものを借用しているだけ」と見られ、「国民中学は低級の中学で、教師の報酬も普通中学に比べて一等を減ずべき」とみなされている[84]。さらに雷はかつて国民中学卒業生の進学と就業の大きな可能性を提示していたが、現実の経過を承けて、国民中学の課程を修了した学生は、社会においては「初級中学、師資訓練班および短期幹部学校等の卒業生と同様の地位を得ることができず、就業問題は終始合理的な解決を得ることができていない」と述べ、「国民中学は草叢の中の一株の幼苗で、経費・設備・教師等のすべての面で制限を受けて、自由に発育できない」と認めている。教育内容に関しても、「文雅教育と実用教育の統一で、それ自体は公民訓練（基本訓練）と人材教育（専業訓練）の職能を持っている」が、その面でも力を発揮していないと述べている。[85]

雷沛鴻は、「愛国主義を魂とし、生産教育を骨幹」とする教育方針を提起し、生産労働を重視するとともに、師生に社会に出て文化教育活動を指導することを期待したが、実践できたのは抗日宣伝活動のみであったといわれる。[86] 実際に国民中学レベルの教育を着実におこなうには、教員養成、カリキュラム、教科書、校舎と設備・備品、それを支える予算措置等々乗り越えるべき多くの壁があった。まず国民中学の教員養成は、広西省の教育研究所と広西師範が担当したが、規模が小さく必要な教員数を確保できなかった。教科書については、以下のような状況であった。まず前期課程の一般の授業では、中華書局と商務印書館が発行した初級中学用を採用し、内容を簡略化した。『教育概論』は、全国的に通用する箇編課本を用いることになった。『農業概要』は、広西独自の編集であったが、水準がやや低くて文意も通じなかった。さらに教員は、普通中学の方法で授業をおこなった。[87] 結局、広西の国民中学は対象とする学生の学力水準に応じた独自の教科書を編纂できず、教科書として使えるものは、中華書局や商務印書館など定評ある出版社のものが中心となった。さらに指導法についても、国民中学にふさわしい独自性を打ち出せなかった。国民中学の教育を担う校長や教員すら、国民中学を「次等中学」とみなし、情熱を失っていった状況の下で、一九四六年二月に広西当局は国民中学の「調整」を宣言し、邕寧・賓陽・靖西の三ヵ所の国民中学を存続させた他は、すべて初級中学・簡易師範・県立師範に改め、事実上そのプロジェクトの終了を認めたのである。[88] 抗日戦争期の広西省において雷が情熱を注いだ国民中学は、広西の置かれた社会経済状況の中で存在意義を持つことが期待されたが、さまざまな障壁に阻まれて真価を発揮することなく、その歴史を閉じたのであった。

おわりに

雷沛鴻は、中国の伝統的学問を身につけるとともに、欧米の先進的な教育理論の研究もおこなった第一級の教育思想家である。中国の古典に通じていたかれは、中国社会の特質を踏まえた教育の必要性を強調しつつ、欧米留学から学んだ生産労働を重視する姿勢を貫き、とくにデンマークのグルンドビーの教育実践を広西省の農村で実践しようとした。教育水準で後れをとり、財政力の弱い広西省では、教育普及と水準向上のためにより効率的な教育が欠かせない。雷にとって、広西省の師範教育の効率性の低さと指導内容の形骸化は、まず克服すべき課題であった。教育の機会均等を唱え、女性の識字率の向上を考えれば、女性小学教員の役割は重要で、雷は女子教員の適性を高く評価する。また少数民族の多い広西省での少数民族教育の指導者養成にも取り組んでいる。

雷沛鴻は、都市の教育に比べて農村の教育が軽視されている状況を具体的数字をあげて訴え、農村を中心とした教育振興を図るために国民基礎教育運動を組織した。学齢児童のみならず成人教育も重視し、学校教育と社会教育を並行して進めようとするこの運動は、可能な限りの教育的手段を動員して展開された。さらにその発展形態と考えられるのが、国民中学である。アメリカで生まれた六・三・三制は、経済的に劣る中国では実現できない。こうした現状認識の上に「二二制」の四年制中学を構想し、進学・就業の道も視野に収めつつ、学制上の位置づけ、教員の確保、カリキュラムや教科書の採択、教授方法等々を検討し、法制化して広西省内で普及させようとした。しかし、その遠大な構想は、財政面も含めて安定的な基盤を確立し得ず、抗日宣伝教育を除いて成果を上げることはできなかった。

雷の教育実践と李宗仁に代表される新桂系軍閥の政策との関連性については、さらなる考察が必要であるが、かれの取り組みが多くの郷村建設運動との共通点を持ちながらも、狭い実験領域に限定されず、省全体を対象とし、新たな学制も構想するという、より高次の段階に至ったことは確かである。雷自身が東西世界に通暁していたために、とくに広西省の国民中学の構想は説得力を持ち、抗日戦争期の困難な状況下に最終的に挫折したとはいえ、中国近代中等教育史の中に明確な足跡を残したのである。

註

(1) 胡徳海『雷沛鴻与中国現代教育』(甘粛教育出版社、二〇〇一年、以下『雷沛鴻』と略す) 一頁。なお本文中の( )は、とくに断らない限り筆者によるものである。
(2) 『雷沛鴻』「前言」一一頁では、二〇世紀の中国教育において「中国化、民族化を目標とした教育探索と改革運動があり、この領域に一群の著名な教育家が出現しているが、その中で陶行知と雷沛鴻は代表といえる」と述べている。以下、雷沛鴻を雷と略することもある。
(3) 『雷沛鴻』三頁。
(4) 同前書、三～四頁。
(5) 同前書、四～五頁。雷は、一九四二年の時点でも、自身が創建に尽力した国民中学は「三民主義をその中心思想」としており、「三民主義の建設は国民中学の教育発展の先決条件である」と明言している(雷「国民中学教育之目的理想及措施」陳友松主編『雷沛鴻教育論著選』人民教育出版社、一九九二年、以下『論著選』と略す、三一二頁)。
(6) 『雷沛鴻』五～六頁。雷は、一九一一～一二年、南寧中学校長などの他に潯州中学・桂平中学で教員生活を送っている。
(7) 同前書、八～九頁。
(8) 同前書、一〇頁、一二頁。
(9) 『論著選』一頁。

(10) 雷「工読主義与普及教育」『論著選』三頁。
(11) 雷「整理広西全省中等学校相互関係草案」『論著選』一二頁。
(12) 雷「改良及推広師範教育草案」『論著選』五頁。
(13) 同前『論著選』六頁。
(14) 前註(11)『論著選』一二〜一三頁。国民政府の女子教育に対する姿勢に関しては、一九四二年八月に「男女の教育機会の均等」を謳いながら「女子教育は健全なる徳性を陶冶し、母性の特質を保持することを重視」する方法を出している(「教育部関于国民党歴届会議対于教育決議及其実施情形之検討総述」中国第二歴史檔案館編『中華民国史檔案資料匯編』江蘇古籍出版社、一九九七年、第五輯第二編・教育(二)、二八四頁)。
(15) 前註(11)『論著選』一四頁。
(16) 前註(11)『論著選』八頁。雷は、一九四〇年に広西省では女学を創立する人はたいへん少なく、女子に求学の機会を与えるため、男子中学に女子を入学させることとし、広西教育史上の男女同学はその時から始まったと述べている(雷「広西中等教育的評価」『論著選』二〇〇頁)。
(17) 前註(11)『論著選』一四〜一五頁。
(18) 雷「中国教育的新要求」『論著選』一六頁。
(19) 同前『論著選』一九頁。
(20) 雷「民衆教育的自覚運動」『論著選』二一頁。
(21) 雷「現代中国教育的両宗疑案」『論著選』三〇頁。
(22) 拙著『中国近代教育の普及と改革に関する研究』(汲古書院、二〇〇二年)三八〜三九頁。
(23) 前註(21)『論著選』二九頁。
(24) 雷「広西普及国民基礎教育法案導論」『論著選』四五頁。
(25) 同前『論著選』四二〜四三頁。

(26) 雷「国民基礎教育的産生」『論著選』一七八頁。
(27) 雷「広西中等教育的評価」『論著選』二〇一頁、二〇三頁、二〇五頁。
(28) 雷「今後本省教育的実施方針」『論著選』三三頁。
(29) 前註(24)『論著選』九〇～九一頁。
(30) 同前『論著選』九二頁。
(31) 同前『論著選』七一頁。
(32) 同前『論著選』五二頁。
(33) 雷「国民基礎教育的基本概念」『論著選』一〇七～一〇八頁。
(34) 雷「広西国民基礎教育運動的時代使命」『論著選』一三九頁。雷は、これを国民基礎学校の校聯にすべきであるともいっている(前註(26)『論著選』一七八頁)。
(35) 雷「今後本省国民教育実施問題」『論著選』二三二頁。
(36) 雷「国民中学制度之当前重要問題」『論著選』二八五頁。
(37) 前註(20)『論著選』二一～二二頁。
(38) 鄭大華『民国郷村建設運動』(社会科学文献出版社、二〇〇〇年)四五六頁。
(39) 前註(24)『論著選』六七頁。
(40) 雷「辦理国民基礎教育的三個要素」『論著選』一八六頁。
(41) 雷「国民基礎教育運動下的互教与共学問題」『論著選』一一七頁。
(42) 同前『論著選』一一八頁。『後漢書』巻六〇「馬融列伝」では、馬融は「儒術を以て教授」することで、「諸生を教養し、常に千を以て数えるあり。涿郡の盧植、北海の鄭玄は、みなその徒なり」とあり、多くの学生を抱えて指導していたことがわかる。
(43) 雷「広西普及国民基礎教育研究院之工作性質」『論著選』一二六頁。

(44) 同前『論著選』一二七～一二八頁。
(45) 雷「整個教育体系的演進」『論著選』一三二頁。
(46) 雷「前学齢教育与国民基礎教育」『論著選』一三四～一三五頁。
(47) 同前『論著選』一三六頁。
(48) 前註(34)『論著選』一四二頁。
(49) 同前『論著選』一四八頁。
(50) 同前『論著選』一五〇頁。
(51) 同前『論著選』一五一頁。
(52) 同前『論著選』一五四頁。
(53) 雷「国民基礎教育運動下的教育歴程」『論著選』一六六頁。
(54) 雷「国民基礎教育的特性」『論著選』一六三頁。
(55) 『雷沛鴻』五八頁。新桂系は、李宗仁の他に白崇禧・黄紹竑を中心とする地方実力派に成長した（何虎生・汪大海著『民国十代軍閥』中国文聯公司、一九九五年、三八〇頁、三八九頁）。李宗仁は、三民主義と三自目標（自衛・自治・自給）を基本とする「広西建設綱要」（広西憲法）を定め、「一人三長制」による統治体制を確立しようとした（厳如平主編『民国著名人物伝』中国青年出版社、一九九七年、第二巻、六六頁）。
(56) 前註(34)『論著選』一四三頁。
(57) 謝長法主編『中国中学教育史』（山西教育出版社、二〇〇九年）一九七頁。
(58) 前註(34)『論著選』一四七頁。
(59) 前註(40)『論著選』一八九頁。
(60) 同前『論著選』一八五頁。
(61) 前註(35)『論著選』一三八頁。

(62) 同前『論著選』二三一頁。
(63) 同前『論著選』二三〇頁。
(64) 雷「国民基礎教育普及運動与中国中学的創制」『論著選』二四九〜二五〇頁。この広西国民中学の制度化と普及の過程で、雷沛鴻を支えて活躍した人物に董渭川がいる。その詳細は、拙稿「董渭川の教育理論と実践」(古垣光一編『アジア教育史学の開拓』アジア教育史学会、二〇一二年)参照。
(65) 雷「国民中学制度之当前重要問題」『論著選』二六三頁。
(66) 雷「国民中学与学制改革」『論著選』二八一〜二八二頁。
(67) 同前『論著選』二八三頁。
(68) 同前『論著選』二八四頁。雷沛鴻と同様に中国の伝統的学問と欧米の学問に通じた人物に胡適がいる。胡適は、一九二二年に新学制の発足に当たり、中学の修業年限を四年から六年に改め、初級と高級に分けたことを良いと評しつつ、年限の延長は、中学の弊病を救うことはできず、問題は中学教員の欠乏と教授法が適切でないことにあると述べている(胡適「対于新学制的感想」白吉庵・劉燕雲編『胡適教育論著選』人民教育出版社、一九九四年、一三七〜一三八頁)。国民中学も、実際にこうした課題に直面することになった。
(69) 雷賓南「北欧的先覚者格龍維(N.F.S.Grundtvig)」『教育雑誌』第二〇巻第九期、一九二八年(『論著選』に収録されず)。
(70) 雷賓南「祝成人教育世界大会」『教育雑誌』第二一巻第八期、一九二九年(『論著選』に収録されず)。
(71) 雷「西江学院的世界文化基礎」『論著選』三八八〜三八九頁。
(72) 『雷沛鴻』一〇七〜一〇八頁。
(73) 同前書、五二頁。
(74) 同前書、五四頁。
(75) 前註(36)『論著選』一八六頁。
(76) 雷「広西省成人教育年実施概況」『論著選』二二四頁。

(77) 同前『論著選』二二一頁。
(78) 雷「社会教育与学校教育合流問題」『論著選』一九五頁。
(79) 楊新益・梁精華・趙順心編著『広西教育史——従漢代到清末』(広西師範大学出版社、一九九七年、以下『広西教育史』と略す)。
(80) 『広西教育史』一九二頁。
(81) 同前書、二八六～二八七頁。
(82) 『雷沛鴻』一五六頁。
(83) 同前書、六六～六七頁。同書、一五〇頁では、郷村教育、平民教育の取り組みが、学齢期児童を対象とする教育に結びつかず、政府当局の有力な支持を得られなかったので、成人教育でも顕著な成果を得られなかったとする。雷の試みは、こうした壁を破ろうとしたものと考えられる。
(84) 前註(27)『論著選』二〇六頁。
(85) 前註(66)『論著選』二八八頁。
(86) 『雷沛鴻』一七六、一七九頁。
(87) 同前書、一八〇頁。
(88) 同前書、一八五～一八六頁。前掲『中学教育史』は、「広西国民中学の創立」という項目を設け、中等教育史におけるその意義を認めている(同書、一七七～一七九頁)。広西が中共軍の支配下に組み込まれる直前には、国民中学は邕寧の一ヵ所になっていた。

第六章　舒新城の教育実践と教育史研究

はじめに

舒新城（一八九三～一九六〇）は、『中国近代教育史資料』（上・中・下、人民教育出版社、一九六一年）の編者であり、膨大な教育関係の著作を残したことによって、[1]中国近代教育史研究に志す者にとって、身近な存在となってきた人物である。かれは『辞海』の編集者の一人でもあり、日本では、阿部洋氏によるかれの主要論文の翻訳と要を得た解説がある。[2]現代中国における舒新城への関心の高まりは、中国近代教育論著叢書シリーズの中での『舒新城教育論著選』[3]や二十世紀名人自述系列の『舒新城自述』[4]の刊行、それに続いて全三四冊の『舒新城日記』（上海辞書出版社、二〇一三年）が発行されるなどの取り組みで明確なものとなっている。これは現代中国における舒新城評価を反映した動きと考えられるが、その意味するところはいったい何なのか。本章では、主としてかれの回想による前半生における教育実践と後半生における教育史研究を中心とした著述活動に象徴される教育思想の形成・発展、さらにそれを取り巻く中国教育界の状況との関係を中心に、筆者がかねてから関心を寄せている「教育救国」論の視点からの分析を含めて論じていく。

一、教師生活とドルトン制

舒新城は、一八九三年（光緒一九）五月に湖南省漵浦県の東部にある劉家渡の農民家庭に生まれた。かれの父は苦学して読み書きを覚え、出納帳や手紙を書くことができるようになった。(5) 母はかれを読書人として育て科挙合格をめざすために四歳八ヵ月で私塾に入れ、農業の手伝いは一切させなかった。(6) かれは一九〇七年に鄜梁書院に進み、翌年漵浦高等小学に入学して、「洋学堂」での生活を始めたが、ここでは学用品を含めてすべての費用は不要で、母も進学に積極的に賛成した。(7) 舒の私塾と書院での学習と経費不要の「洋学堂」での生活という少年期の体験は、後年のかれの教育思想の形成に少なからぬ影響を与えることになった。

舒新城は、高等小学在学中の一九一一年、黄花崗起義や武昌起義の影響下に、兵式体操で実弾訓練をするように要求して学生たちがストライキに突入し、その中心人物になったため除籍された。(8) そのときすでに「小学教員検定」に合格していたこともあって、友人の経営する学館で体操と算学の教員をした後、自治研究所の学生となっている。(9) 一九一二年夏には常徳第二師範の単級教員養成所に入学したが、この当時の「講義」に見られる授業内容はすべて日本語から翻訳されたもので、日本がロシアに勝った功労は軍人ではなく教師にありとしており、ここから「教育救国」「教育万能」という言葉を聞くことが多く、自然に意識として定着したと後年回想している。(10) 一九一三年には長沙に遊学し、ついで武昌の教会設立である文華大学中学部で英文を学んだ。舒は一九一一年に既に結婚しており、その一方で経済的に困窮していたが、向学心を失うことはなかった。一九一三年八月、かれは湖南高等師範の学生募集を見て、一族の舒建勛の中学卒業証明書を借り、変装して受験し合格した。その後偽装が発覚したが、成績優秀で特別に入学を許可された。[11]

一九一七年、舒新城は湖南高等師範を卒業し、兌沢中学の音楽と英文の教師となるが、人事問題から辞職し、生活のために教育研究と著述の道を考えるようになった。このとき出会ったソーンダイクの教育学と教育心理学の書を「至宝を獲るが如く」感じ、教育は社会化・生活化の論拠となることを知り、デューイの『民主主義と教育』から教育哲学の存在を知るようになった。[12]一九一八年にはアメリカ長老会が運営する福湘女学で教育学と心理学の教師となり、翌年には教務主任も兼担することになる。一九一九年には「教育救国」の信念を深めると共に、福湘女学の改革を進め、新たな教育学説の紹介に努めることが教育による救国の実現の主要な方法であると考えるようになった。[13]しかし、五四運動の影響を受けて同年一〇月、『学灯』に「私の教会学校に対する意見と希望（我対于教会学校的意見与希望）」という文章を書き、福湘女学を批判したことから長沙教育界の反発を生み、辞職を余儀なくされた。[14]

舒新城は、一九二〇年六月まで長沙で著述生活を送り、仲間と『湖南教育月刊』を刊行する。この月刊が軍閥張敬堯の手によって停刊に追い込まれ、いったん上海に出るが、まもなく湖南第一師範の教育学担当教員として招聘される。かれはここで夏丏尊らと共に能力分組制（能力別クラス編成）と選科制の採用や「校長民選」といった学校改革に取り組んだ。このうち能力分組制と選科制は、個性を尊重するアメリカのシステムを導入しようとしたものであるが、学生は消化不良で選り好みをし、教室の収容学生数に偏りが目立ち、教務上も人事上も問題が絶えず、関係者はその応対に追われることになった。一方の「校長民選」は学生が校長を選出するというもので、舒自身は未熟な学生が師長を選ぶべきでないと反対した。[15]結局、かれは在職一年で、中国の新教育制度が社会の需要に合わないとして辞職し、上海に戻ったのである。

舒新城は、張東蓀の求めに応じて一九二一年七月より上海呉淞の中国公学中学部の主任に就任した。日本からの帰国留学生が設立したことで知られる中国公学を「理想の学府」として、自らの構想を実現したいと考えていた舒新城は、志を同じくする葉聖陶・朱自清・陳兼善・常乃徳らと改革の準備を始め、張東蓀は積極的に賛成した。そこでは五年制の能力別クラス編成や選科制などの改革を試みたが、改革に反対する勢力が大きく、「思想衝突、利害衝突」と表現されるような状況が生じ、舒新城自身も学歴・職歴の偽造という批判を受けることになった[16]。張東蓀は代理校長の地位を追われ、舒新城もまたその地位を追われることになるが、その罪名は「破壊学制、顛倒学科、托名自治、放棄責任」の一六文字であった。「破壊学制」は修学期間の四年を五年に改めたこと、「顛倒学科」は学科制と分科制・選科制をおこなったこと、「托名自治、放棄責任」は学生自治会を設けたことを指している。舒にいわせれば、これは「先進的な学校の普通のやり方であり、教育部も試行を公認していて、罪と称することはできず、ただおこなうのがやや早かっただけ」であった[17]。

舒新城にとって、この時期は最も多くの改革を試みた時期であった。一九二三年一月に辞職して呉淞を離れるまでの一年間、かれらが進めた改革として（一）五年制の能力分組制と選科制の実施、（二）六年制の新学制、（三）訓育での輔導制、（四）体育の工作制、（五）分科教室の設置、（六）教学でのドルトン制の採用、（七）男女同学の実行、をあげている[18]。一九二二年に舒は『教育雑誌』誌上で当時の中学の学制を批判し、国民小学の第四学年と高等小学の第一学年の課程がほとんど重複し、高等小学の第三学年と中学の第一学年の課程が重複するので、初等教育と中等教育の一一年は合計して一〇年に及ばず、学生の学力低下は必然の結果であるとした[19]。中学の学級編成のあり方については、学生個々人の学力に応じたものにし、国文・英文・数学など個々の科目の到達度による学科制を採用し、学年制の弊害が生じないようにすることをめざした[20]。

舒新城は、（一）にあげた選科制では、いかなる制限もない自由選科は規模の大きな学校でしか採用できず、現実には教員が指導して一定の範囲内で学生の自由選択にするか、学校側が学生にどの科目を選ぶかを規定する学校選科しか実施の可能性がないと考えている。(21) 五年制とするのは、先進国に伍する教育水準の維持と卒業後の出口確保のために職業教育の要素も欠かせないからである。(22) さらにかれは（二）にあげた初級・高級各三年の六年制の新学制を、一九二一年に広州で開かれた全国教育会聯合会での新学制系統草案作成の過程で提案していくことになる。(23)（三）の輔導制に関しては、舒らは「議会式」の学生自治に賛成せず、教師が学生自治を「輔導」することを主張している。(24)（四）の体育については、健康増進だけでなく筋肉活動の中で生産を増進させることを考え、工作をもって体操に代替しようとした。(25)（五）の分科教室については、葛蕾学校（Gary School System）をモデルとして取り上げ、これまでモンテッソリの教学法や設計教学法を研究してきたが、設備や学校の場所から見て Gary School を理想的なあり方として考えざるを得ないとする。(26)

舒新城は、こうした構想をふまえて教学における注入式に反対し、自学輔導を採用し、とくに学生の主体的活動を重視するとしている。いかなる学問も自らの努力で修得しなければならないとする姿勢で、学生が自ら学ぶ時間を確保するために授業時間は週三〇時間を超えてはならず、教師の課外での指導責任を求める。学生の個性を育て学科制を採用するためには、克服すべき課題が多く、なかなか解決の道が見出せないが、そのときに思い起こすのが幼少時からの私塾と書院での修学の長所である。ただし、時代の制約もあって、私塾や書院の教学方法を回復させることはできない。(27) こうした悩みを解決する手段として、かれが採用を決意したのがドルトン制である。

一九二二年六月、アメリカのパーカースト女史のドルトン制を中国に紹介した舒新城は、同年一〇月より呉淞の中国公学の中学部でこの制度の実験を開始することになった。かれは年級制を学科制に改めるなど一連の改革を一九二一年より始めていたが、教員や学生の不満を生み、紛争に発展していた。いったんこの紛争が収まり、かれは学科制の実施に着手した。ただし教員数に比べて学生数が多く、開講二週間前から教育股主任の常乃徳が担当者となって学生個々の時間割を編成したが、一〇数日を費やしてもなお五分の一の学生の時間割が組めず、三科目の時間が重なる学生も数名いる有様であった。この問題解決のために授業時間を午後七~九時にも設定したが、時間割の重複は避けられなかった。結果として年級制が便利であることを再認識し、旧制度への復帰のきっかけとなった。(28) しかし、年級制は学生の個性伸長には適切ではなく、学科制は学生に各科目を単独で学習させることが可能で、時間を無駄にすることがなくなると考えた。

ドルトン制は、こうした難題の大部分に答えることができる有力な手段である。(29) ドルトン制は、学校系統とは関係なく学校内部の改革として進めることができる。(30) ドルトン制は、学生自身が思考し、自ら解決できない問題であることが確実になってから教師に質問する形となっているので、学生の自主性を尊重する学習方法である。ドルトン制実施にあたって、各科の作業室をほぼ同時に開放するとともに、開放時間がたいへん長く、各科で利用する参考書と用具などはすべて作業室の中にあり、学生はすべて作業室に行って工作し、別に自修室を設けなくてもよく、図書館も不必要である。(31) 舒新城は、このようにドルトン制の長所ばかりをアピールしている。かれはドルトン制をまず呉淞の中国公学で試行し、『教育雑誌』が「専号」を出して、各地の中小学校で採用するものが多く、「ドルトン制は中国教育の燭光となった」という。(32) また『教育雑誌』以外にドルトン制を研究し討論した文章は三〇余篇、試行しあるいは準備をした中小学校は、舒の知っているだけで四〇余校と、具体的数字をあげて、ドルトン制は一世を風靡したと述べている。(33)

舒新城は、積極的にドルトン制の宣伝普及活動を繰り広げた。各方面の請託で団体のために講演したのは、二〇回以上に及んだ。(34) 一九二三年の夏休みに国立東南大学の暑期学校がドルトン制を採用したとき、かれに講演を依頼し、各地の教師で参観に来た者は一五〇人余りであった。この時期には上海・杭州・武昌・長沙などの大都市の暑期学校や宜興・武進・白馬湖などの地方都市の暑期学校でも試行され、中学校で一〇校以上、小学校では奉天省の五〇余校を含めて一〇〇校以上に達した[35]。しかし、はたしてドルトン制は、舒新城が期待したように実際に普及し、教育効果を生んだのであろうか。かれ自身の文章から見ていきたい。

例えば、小学校教育にドルトン制を用いられるのかという疑問がある。舒は小学校の国語教学法にドルトン制を用いることに関して、「試してみよう」と呼びかけ、八歳前後の児童の識字数は多くなく、教師はそれまでの経験の範囲内で指導できるという。ただしこれでは語学教学の方法とはなり得ない[36]。教科書もすべて班級教学のために編集されており、学生が自主的に学習するのに適していないので、適切な参考書を選んで閲読させなければならない[37]。四川省から送られてきた関係の出版物を詳しく検討すると、一科目の教材を機械的に分けて、そのうちのいくつかを学生に読ませているだけで、他に特色を見出せなかった[38]。舒自身が参観に行った「某私立大学の附属中学」では、校舎は旧祀堂を借り、教室内の明るさも不十分で、教具は机と椅子のみで、書籍・雑誌の価格合計は二〇元に及ばず、図書室は二〇人を収容できるだけで、分科作業室はないという現実に驚きを禁じ得なかったという[39]。

ドルトン制の試行において、舒新城が満足できなかったのは、学生が「自由」を護身符とし、作業室に行かず、作業もせず、教師は「学生自動の名義に籍りて」学生を管理せず、作業室に行かず、作業を批評しても訂正しないなどの現象があって、ドルトン制は時の人に「逃而遁制」と批評されたためであった[40]。とくにドルトン制は、教師の能力に対する要求が大きく[41]、この制度の可否は恐らくは主に教師の「人」の問題に帰着することになる[42]。かれの認識では、中国の中小学でドルトン制をおこなっているのは全部で一〇〇校以上になるが、良好な結果を得ているのは三分の一に及ばないので[43]、その成否の鍵はやはり中国の教育者が児童を重視して、その「全人」の生活を完成させるか否かの

問題となるのである。(44)

舒新城は、一九二三年一月にドルトン制の試行をめぐって中国公学中学部の学校当局と対立して辞職し、同年二月、東南大学附属中学主任廖世承の招きにより同校研究股主任に就任し、ドルトン制の実験を継続したが、上述の如く目立った成果を収めることはできなかった。(45)

舒新城は、一九二四年一〇月、南京より長江を遡って四川省に向かった。呉玉章らの招聘で、国立成都高等師範で教育学の教授に就任するためであった。その成都高師での教員生活は、翌二五年六月に教え子との恋愛問題がきっかけとなってあっけなく終了する。かれの教育職を主とする生活はここに終わり、以後は教育研究を中心とする新たな生活へと入っていくことになる。

二、教育史研究と教育理論

舒新城は、成都より南京に戻り、教育関係の著述に精力の大半を注ぐことになるが、その主張の大半は成都で育まれたものであり、そこでの「数ヵ月はわが教師生活で最も苦しくまた最も収穫の多い時期であった(46)」と述べる。後年、かれは近代中国教育史の研究に転じ、教育史研究の中から当時の教育が「時宜に合わない」原因を探り、それを整理して教育改革の方向を探ろうとしたのである。(47)書籍の欠乏に苦しんだ成都時代から一転して豊富な文献が入手可能なはずの南京であったが、かれが期待していた近代中国の教育史料に関係する書籍や新聞などは極めて乏しかった。南京には東南大学、金陵大学、江蘇省立の三大図書館があり、舒が最も頼りにしたのは金陵大学図書館であった。この図書館はかれのためにさまざまな配慮を示してくれたが、教育史研究に必要な文献はほとんど所蔵していなかった。

一九二五年一二月、文献探索に苦労していた舒が商務印書館に行く途中、たまたま通りかかった古書店で古い教科書や雑誌が山積みされているのを発見した。以後二、三ヵ月の間に、かれは関係文献一、〇〇〇冊余りを安く購入し、その後も書店側の協力があって一九二八年にかれ自らが南京を離れるまで購入を続けた。一九三四年までに舒は近代中国教育史関係の文献七、〇〇〇余冊を中華書局図書館に受け入れたが、その二分の一以上が当該古書店から購入したものであった。(48)

舒新城は、苦労を重ねて関係文献を収集し、教育史研究を本格化する中で、教育界の実情をどのようにとらえ、どのように改革しようと考えたのだろうか。舒は一九二二年に全国教育会聯合会課程標準起草委員会の中の中学課程委員会委員に任命されたことが示すように、中学教育に関わり、その改革を志していた。P＝モンローが中国の教育調査の中で、中等教育学校の不備を嘆いたように、(49)中国の中等教育は多くの問題を抱えていた。まず中華教育改進社の一九二三年の報告では、全国の公私立中学校（一九二二～二三年）と教会中学校（一九二〇年）の学生数は合計一一八、五九八人で、全国人口から見れば中学生は四、〇〇〇人に一人に過ぎなかった。しかも高等教育機関の受け入れ可能人数からすれば、中学生の進学可能性は二三％に止まっていた。(50)一九一七～二六年の一〇年間、江蘇省の中小学校の卒業生で進学も就職もできない者が四〇～五〇％に及んでいるため、国家の経済と人民の生活を改善できない原因となり、内乱にもつながっていると主張するのは、(51)現状を直視して中等・高等教育体制の整備と充実を求めたかれの姿勢を反映している。

舒新城は、師範教育の問題点も指摘する。師範教育の主要な任務は、小学校教員を養成するものであるが、以下のような課題がある。一、進学時に確たる目的がなく、多くの者が小学校教員として勤務することを願わない。二、師範教育が良くなく、卒業後に勤務するための技量を養成できない。三、地方では新教育を評価せず、これを実行できる教員が多数いても受け入れようとしない[52]。こうした課題山積の背景には、師範教育の内容に問題がある。例えば、心理学では普通心理学を教えているだけで、学生が卒業後に就職し、児童と接して教育に関わる問題を解決しようとしても対応できない。教育学は何章かの目的論と方法論を空議するだけで、社会環境を全く問題にしていないので、学生が複雑な現実社会によりよく適応し、新たな社会環境を創造するよう指導できない[53]。舒は「教育の目的は常に社会の生活状況に随って変遷するのであり、課程は教育目標を達成する一つの方法で、その影響を受けざるを得ない[54]」と述べ、「目的がなくただ方法を論じる教育の前途は実に危険である[55]」と述べているように、常に教育の目的と社会との関係を意識してきただけに、形骸化した師範教育を批判せずにはいられなかったのである。

舒新城にとって、戦争が教育環境を破壊し、軍事費の増加が教育費削減につながっている現状は耐えられないことであった。一九一七年八月にかれが住んでいた湖南省は護法戦争の戦場となり、物価は急騰し省の教育経費はひどく不足して、省立学校の経常費欠配は一年以上に及び、私立学校の窮状はいうまでもなく、教員も収入減少に苦しんだ[56]。一九一八年には軍閥張敬尭の部隊が進駐して長沙の各学校を占拠した。これに伴う教育破壊を舒は怒りを以て回想している[57]。湖南省の教育費欠乏状況はその後も悪化し、一九二三年一一月には支給停止された教育費の総額は張敬尭時代の三倍を超えたのであった[58]。

教科書も問題であり、舒新城の回想するところでは、教科書が普及していないので、黒板に書かれた「講義」を写し取るという教育現場も見られた[59]。後にかれは上海などの文化的先進地域と文化的に遅れた地方との教育格差問題への関心を深めていくが、教科書が普及しつつある段階でも、小学教科書の内容は各地の状況に適応できず、各地域も当該地域に適した教科書を編集する能力がないので、上海書店の教科書を手本として状況に応じて記述内容を取捨選択する改善方法しかないと述べている[60]。

舒新城は、中等教育や師範教育の欠陥、教育費の欠乏や低水準の教科書など教員生活の中で直面した諸問題を取り上げているが、その一方で理想とする教育方法をどのように考えていたのであろうか。かれは中国は交通が不便で地域格差が大きく、人々の生活習慣の差が大きいのに、「各学校は一律の教科書を用いなければならず、組織は一律の班級制で、教学は一律の講演式を用い、学生はすべからく同等の学費を納める形をとって」おり、その結果、「数千年伝えられてきた自由講学の精神は、ここに至って画一整斉の機械的方法にとって代わられた[61]」と述べる。

舒新城がめざす新たな教育のあり方は、学費を納めることなく、個々の能力に応じた教育を密接な師弟関係の下でおこなうものであった[62]。この理想とする教育体制に近いあり方は、幼少期より経験してきた私塾教育であった。「現在の私塾学生数は安徽全省および広州・南京等の調査では、はるかに小学生数を超えている[63]」という現状を承けて、舒は「私塾の厳しい教育方法は、世界の文明国にないもの[64]」と評価する。また「書院と私塾の組織と方法には、真に多くの不合理なところがあるが、その精神はよく中国社会の需要に適合することができ、現行の資本主義の教育制度よりはるかに優っている。往時のいわゆる義務教育はなかったが、一般人民はいずれも教育を重視し、子弟に教育を受けさせせようと願って、教師に対して物質面での束脩を除くの外、精神面でも敬礼を加えた[65]」のであった。

教育費の欠配が続く教育環境の中で、どのようにすればその財源を確保し、教育を続けられるのか。舒新城は、教育経費の独立を考えて、以下のような財源を考える。(一) 軍事費の削減、(二) 遺産税の挙行、(三) 所得税の徴収、(四) 荒れ地の開墾による利益、(五) 寺産の活用、(六) 義和団賠償金[66]。ただし、こうした項目からの収入を、そのまま教育費に投入できるわけではない。舒の考えでは、これらの項目で最も達成が困難なものは、軍事費の削減と寺産の取り立てである。それはこれらの項目に頼って生活する人数が甚だ多いためである[67]。しかし、遺産税や荒れ地開墾の利益、さらに教育文化関係に投入されることの多かった義和団賠償金にしても、恒常的な教育財源に転用しうるほどの可能性を持っていたとは考えにくい。

舒新城は、一九一九年の国家の総支出は六四七、九一一、八七九元で、海陸の軍事費は二六九、〇〇九、五八三元となって、総支出の四二%を占めているが、教育費は五、〇二八、八二六元で総額の一%に及ばないと述べている。[68]こうした傾向は地方でも変わらず、一九二六年には広東全省で一億余元の収入があったが、軍事費に七二%取られ、教育費は一%に過ぎなかった。[69]軍閥混戦の時代状況の中で、軍事費の圧縮や教育費の増額は望むべくもなかった。教育費の欠乏は、学費によって補塡されるのが一般的な考え方である。かれは教育史研究と現状調査から学費徴収の問題を考察している。

中国では書院制が盛行していた時代、学生は学費を納めないだけでなく、給金を得ることもできた。張百熙らが改訂した光緒二九年の「奏定学堂章程」でも学費は取らないことになっていた。光緒三二年になって学部が両江総督周馥の上呈した「学部が学費を収取することを東西各国の通例となす」を理由として、初めて各学堂が学費を徴収する章程を定めたと述べ、[70]学費徴収は長い歴史を持つものではなかったことを明らかにする。さらにこうした学費がどれだけ教育事業を支えてきたかについて、舒は具体的に言及する。

舒新城は、一九三一年に上梓した『中国教育建設方針』で、次のように述べている。専門以上の学生が負担する年平均の学費は二五元で、教育部の規定と舒自身が長江流域で調査したところによれば、中学生の学費負担は年平均で一〇元、実業学校と職業学校の学費負担は年平均八元、高等小学は年平均三元の学費、初等小学は年平均一元の学費である。この基準で推算すれば、大学・専門学生の一年間の学費の合計は五五二、八二五元で、高等教育経費支出の二〇分の一である。中学生の学費合計は七八六、九二〇元で、中学教育経費支出の七分の一強を占めている。実業・職業学校生の学費合計は一〇二、二一二元で、実業・職業教育経費支出の約一四分の一を占めている。高等小学生の学費合計は一七四、三三七元で、高等小学教育経費支出の約六分の一を占めている。初等小学生の学費合計は五、八一四、三七五元で、初等小学教育経費支出の約四分の一を占めている。全国の学生の学費は計九、〇〇三、六七九元で、総支出額の約五分の一である。このように計算した上で、舒はこの学費総額九〇〇万元を全国の一、八六五県で負担していくと、一県当たり四、八三〇元に過ぎないが、各県の寺産の毎年の収入はややもすれば数一〇万元に達するものがあり、寺産の一部や遺産の累進課税、荒れ地の教育基金化などをすれば、余裕をもって支出できると主張している。[71]

舒新城は、学費の教育費全体に占める比率の低さと県単位での平均的な教育費負担の少なさを具体的に示すことによって、教育の無償化が可能であると提案した。かれは「青年が教育を受ける時期に衣食住の生活費をその家長が負担することを除いて、あらゆる教育に関する費用は、小学より大学に至るまで、すべて国家が負担すべきである」[72]と主張し、その適用範囲を「それが初等、中等、高等を問わず、またそれが国立、省立、県立、市立（私立の設立した学術機関を除いて）を問わず、さらにそれが学費、寄宿費、実験費、雑費を問わず一律に免除すべき」[73]と広く取った。しかし、二〇世紀前半の中国は、全くかれの理想を実現できるような状況ではなかった。

舒新城は、（一）教育経費は自給主義を取り、学校は恒産を持たねばならず、納費には等差が必要であるとし、（二）師生の間では、人と人との関係を恢復することを主張している。[74]また「中国の書院と義塾は、その固有の財産を持たないものはない」とし、不動産所有権を学校や教育機関に移して、自ら管理させることを唱えている。[75]舒が武訓を評価したのも、[76]武訓が乞食をしつつ義塾の恒産として田地を寄進したためであったと考えられる。教育費の原資を生み出す恒産を持つ教育機関、教師と学生の間の人としての関係、個々人を重んじる教育といった舒の教育理想は、当時の中国教育界が抱えてた諸課題に逆説的ともいえる形で解決への可能性を提示しようとしたと見ることもできるだろう。

舒新城は、自らの性格をたいへん気ままで、文芸を好み、一切の社会信条、法律を軽蔑してきたという。[77]また自己主張が強く、教育に関しては「系統的な主張」を持っていたと自認している。[78]「系統的な主張」をどう見るかという問題があるが、かれの教育思想は時と共に変貌してきたことは事実である。かれは上述したように、一九一二年夏、常徳の湖南省立第二師範学校単級教員養成所に合格し、半年勉強して「教育救国」「教育万能」を信じ始め、一九一九年春には福湘女学の教務主任となり、教育学・心理学・中国史などを教え、デューイ・ソーンダイク・モンローらの著作を大量に読んで、教育救国の信念を固めたといわれる。[79]舒自身この当時を回想して「「尊師重道」と「教育救国」の二種類の社会伝説の影響を受けていたので、教育の効能に対してたいへん大きく見て、それは一剤で万病を治す良薬と考え、およそ社会国家のすべての問題はそれによって解決できると考えた」[80]と述べている。さらにその後、かれは教育救国の方法を求めて、中国教育の欠陥とその救済方法の解明に努めたとされている。[81]

ただし、ドルトン制の試行など教育界での実践と挫折を繰り返す中で、舒新城は「教育は一種の工具に過ぎず、それを用いて建国することができるが、またそれを用いて亡国することもできる」[82]と述べて、軌道修正を図る一方で、「教育は社会建設の中の一種の要務」[83]とその重要性を強調することは忘れていない。その重要性という点でも一九三一年には「私は教育万能論者ではなく、また教育は社会経済や政治から離れては独立できないことを信じている」[84]とトーンを変え、現実直視の姿勢を強める。さらに舒は「「教育神聖」は、もとは教育者の自慰的な幻夢であり、「承平時代」においては、一般人はいずれも随ってかれらと迷夢を見ており、かれらはその神聖観に基づいて教育万能・教育独立・教育清高を演じてきた。……だが教育の本質は、現実社会から離れられない実際活動で、それは実際に表現された事実」[85]であると述べて、「教育万能」や「教育独立」を完全に克服したと断言するのである。

農村出身でありながら母親の意向で農作業に従事することのなかった舒新城であるが、農業を重視して中国経済の独立には農業の改進を主とし、工商業の改良を補とすると述べ[86]、人材が都市に集中した結果、「郷村と辺境は発展の人材を求めても得られなくなっている」[87]と現状を憂えている。こうした状況を解決するためには、成都で体験したような交通不便で書籍や新聞等の情報源が欠乏している郷村に、図書館・科学館・体育館を設けて指導員を置く三館制を推進し、郷民に自由に教育を受ける機会を提供することを主張する[88]。舒はまた、陶行知の暁荘師範を参観するなど郷村建設運動やこれに関係する指導者たちと交流し、指導理論を深めようと努力している[89]。

舒新城は、一九二三年一二月に惲代英らの紹介によって少年中国学会に加入しているが、この社団は反帝国主義・反軍閥を唱え、民族主義の教育を提唱している[90]。かれは教会学校を批判して、帝国主義を宣伝し白人の優位を誇張する一方で、中国の一部の人民の良くない習慣を欧米人に宣伝しているとして[91]、その教育権を回収することを主張している。かれはさらに、反帝国主義・反軍閥という五四運動の精神を受け継ぎ、民族的自覚を促す教育をめざす方向性は堅持しつつ、一九四〇年代から電化教育の推進を提唱し、新たな教育手段を積極的に導入しようとする姿勢も見せている[92]。

おわりに

舒新城は、私塾での伝統的教育を受ける中で成長し、その個性の強さもあって初等・中等・高等教育の現場を転々とする経歴を持ち、中国教育界の諸々の矛盾と課題を実感していた。かれは自ら理想とする教育目的を実現する手段としてドルトン制に期待し、その方法を広く中国教育界に宣伝すると共に、中国公学などでの試行に努めたが、所期の成果を生むことはなかった。かれの教育職から教育史研究への転機となったのは、成都での教育実践と挫折である。かれは中学教育や師範教育の現状を憂え、改革の可能性を模索した。その時期は軍閥混戦の時期であり、軍事費の増大の一方で教育費は削減され、欠配が続く厳しい時代であった。また師範教育に典型的に見られる現実問題を解決できない教育内容、地域の実態に合わない教科書内容、書籍や新聞などを通じての教育情報の伝達という面での圧倒的な地域格差、等々の問題が山積していた。舒新城はこうした状況に対して、自らの教職体験と苦労して集めた関係文献に拠って進めた近代中国教育史研究から得られた教育界の理想的なあり方として、教育の無償化、個々人の能力に応じた教育、密接な師弟関係の重要性を強調する。かれ独自の表現によれば伝統的な「自由講学の精神」の尊重であり、学校が恒常的な不動産で運用され、親の経済力に応じた学費負担という、私塾や書院時代の教育精神を近代中国において生かすことができれば、少額の費用をもって教育が進められるという構想でもある。しかし、現実はかれの期待したようには進まなかった。

舒新城は、若き日には「教育救国」「教育万能」を信じていたが、教職経験と教育史研究を通して、教育の目的は社会状況で変化すると考え、「教育は社会建設の中の一種の要務」としてとらえた。かれは「教育神聖」を高唱する人々を批判し、教育万能論者ではないと公言する。教育権回収の運動を通して民族主義的傾向を強めたかれは、農村に目を向けて郷村教育振興のための三館制の採用を提言し、電化教育を推進することで民衆教育を充実させようとした。一九六〇年に舒新城は逝去するが、翌年にかれが心血を注いで編集した『中国近代教育史資料』（上・中・下）が刊行される。その大半は「半殖民地半封建社会」の中での様々な分野の教育関係史料で占められている。その内容は、舒新城の教育全体に向けた広範な関心を反映したものであるが、それは教育による救国の手段を模索し続けたかれの生涯を反映したものと考えることもできるだろう。舒新城は、初期の「教育救国」論を克服したと断言するが、かれの思想と行動は、教育による救国を、現実を直視しつつも理想とする目標を掲げて、様々な手段を用いて高次な水準で実現しようと試みたものと考えることができるのではないだろうか。

註

（1）崔運武『舒新城教育思想研究』（遼寧教育出版社、一九九四年、以下書名のみ示す）は、舒新城教育思想研究の代表的業績と考えられる。その二七四〜二八二頁に舒新城の著作リストがある。本論文では舒新城を「舒」と略記することもある。文中の（　）は、特に断らない限り筆者の記したものである。
（2）阿部洋訳『中国教育近代化論』（明治図書、一九七二年）。
（3）呂達・劉立徳主編『舒新城教育論著選』（上・下、人民教育出版社、二〇〇四年、以下『論著選』と略す）。
（4）文明国編『舒新城自述』（安徽文芸出版社、二〇一三年、以下『自述』と略す）。なおこれは『我和教育』として一九四五年に中華書局から刊行された舒新城の著書の復刻版である。
（5）『自述』三頁、五頁。
（6）『自述』六頁、一一頁。『舒新城教育思想研究』二六五頁では、一九〇四年に父が他者と合弁した商店の徒弟となったと記すが、家庭内の実権を持つ母は、それを許さなかったと舒新城自身は記す（『自述』三二頁）。
（7）『自述』四四頁。
（8）『自述』六三〜六四頁。
（9）『自述』六六頁。
（10）『自述』七一〜七二頁。
（11）『自述』七五〜七六頁。
（12）『自述』一一二頁。舒新城は、その英語力で留学の道を開くことはできなかったが、デューイやソーンダイクの原書を読み研究したことが、その後連続して教育学や心理学の分野で教壇に立つことを可能にした（『舒新城教育思想研究』一一頁、一九頁）。

(13)『自述』一三四頁。

(14) 舒新城にいわせれば、この文章はごく一般的で、福湘女学の優れた点と欠点とを詳しく説明したものとするが（『自述』一三八頁）、長沙の教会関係者の反発は大きかった。

(15)『自述』一四八～一四九頁。

(16)『自述』一六一～一六三頁。

(17)『自述』一六五頁。

(18)『自述』一七〇頁。

(19) 舒新城「中学学制問題」『論著選』一一～一二頁。舒新城が一九二二年の壬戌学制の制定に参加した背景には、それまでの中学学制への不満が大きく、制度改革の必要性が不可欠と考えたためである（銭曼倩・金林祥主編『中国近代学制比較研究』広東人民出版社、一九九六年、二六四頁）。

(20) 舒「中学学制問題」『論著選』三三～三五頁。舒新城は、学年制の弊害を一つの学年で一、二科目不合格であれば進学させることができず、教える側も同じクラスに劣等生と優等生がいるときには共通する指導水準の設定が難しいと考えている。またかれは分科制を唱えつつも、職業教育に配慮するために、前半の三年間に基本的な科学知識を習得させる必要があり、最初から分科すべきでないと考えている（『論著選』三四～三五頁）。

(21) 同前『論著選』三七頁。

(22)『自述』一七四頁。

(23)『自述』一七七頁。

(24)『自述』一七八頁。

(25)『自述』一八三頁。

(26)『自述』一八四頁。
(27)『自述』一八五頁。なお（七）の男女同学に関しては、校務会議で受け入れの決定をし、陶斯咏女士に依頼して実施に移された（『自述』一九四頁）。
(28) 舒「什麼是道爾頓制」『論著選』九〇～九一頁。
(29) 同前『論著選』九三頁、九五頁。
(30) 同前『論著選』九七頁。
(31) 同前『論著選』一二一頁。舒新城は、ドルトン制の優れた点について別の箇所で以下のように述べている。①学生は能力に応じて自由に学習し、自由に個性を発展させられる。②教師の指導は個々の学生の需要に適応できる。③学生は教材に応じて系統的な知識を持つことができるので、得た経験は総合的なものとなる。④自由な思考で問題を解決する必要から、独立して事を治める訓練ができる。⑤師生長幼がともに共同で活動するという社会生活が経験できる（舒「小学教学法与道爾頓制」『論著選』三六七頁）。
(32) 舒「道爾頓制与中等教育」『論著選』一五五頁。
(33) 舒「道爾頓制可有的弊端」『論著選』一八九頁。
(34) 舒「論道爾頓制精神答余家菊」『論著選』三七七頁。例えば『教育雑誌』第一五巻第一一号、一九二三年、の「通訊」で、ドルトン制の実践で生じた問題について読者の質問に舒新城が答えており、単級初等小学でドルトン制を実施しているケースはないが、その教学方法はドルトン制の自由作業と似ており、実施可能であると述べている。
(35) 舒「中国之道爾頓制」『論著選』四二五～四二六頁。
(36) 舒「道爾頓制与小学国語教学法」『論著選』二一五頁、二一七頁、二二三頁。読書や知識に直接関係しない授業ではドルトン制を適用するのが難しく、一方で学生に急速な進歩を求めがちである、との欠点も指摘されている（舒「道爾頓制与小学教育」『論著選』一六〇～一六一頁）。
(37) 舒「道爾頓制功課指定概説」『論著選』二八八～二八九頁。

(38) 前註（33）『論著選』二〇一頁。舒新城自身、各地で講演しているが、すべて一～二時間に過ぎず、聴衆と問題点を討論することはできず、書簡を以て問う者も少なくないが、その内容は簡単なものである（舒「《道爾頓制討論集》序」『論著選』三一〇頁）。
(39) 『自述』二二九頁。
(40) 『舒新城教育思想研究』一二四頁。
(41) 舒「道爾頓制到底有什麼優点、行道爾頓制到底有什麼条件」『論著選』三二〇頁。舒新城は、ドルトン制の理論に誤りはなく、制度を運用する教育者に問題があるという姿勢であったが、中等教育の専門家である廖世承は、ドルトン制を実施してこれまでと同水準の教学成果を得るためには、教師と経費を共に三分の一増やさなければならぬと述べて、具体的な追加策の必要性を説いている（謝長法主編『中国中学教育史』山西教育出版社、二〇〇九年、一〇八～一〇九頁）。
(42) 前註（34）『論著選』三八四～三八五頁。
(43) 舒「今後的中国道爾頓制」『論著選』五二四頁。
(44) 同前『論著選』五二八頁。
(45) 舒新城らは、呉淞中学でドルトン制を試行して半年、実施したのは国文と社会常識（史地混合）の二科だけで、いくらかの結果を生んだが、期待した成果を生まなかった（前註（32）『論著選』一四九頁）。
(46) 『自述』二八〇頁。
(47) 舒「《中国文盲問題》序」『論著選』九七六頁。
(48) 『自述』三五〇～三五二頁。
(49) 舒「収回教会中学問題」『論著選』四六三頁。
(50) 舒「中学生的将来」『論著選』三二七頁、三二九頁。
(51) 舒「学校制度改革案」『論著選』七一八頁。舒新城は、在学中に職業訓練をしないことも社会の要請に対応できない要因としている（『自述』二一八頁）。

(52) 舒「小学教育問題雑談」『論著選』四四三頁。舒新城はそれ以前に、地方が改革に志しても実行できないと述べている（舒「現在教育界急需的人材」『論著選』二九一頁）。
(53) 前註（41）『論著選』三二一頁。
(54) 舒「中学校課程的研究」『論著選』六四頁。
(55) 舒「什麼是中国教育的目的？」『論著選』三四七頁。
(56) 『自述』一一六頁。
(57) 『自述』一三四頁。
(58) 拙著『中国近代教育の普及と改革に関する研究』（汲古書院、二〇〇二年）三二三頁。
(59) 『自述』一〇二頁。
(60) 舒「小学教育問題雑談」『論著選』四五〇頁。
(61) 舒「創造中国新教育方法之途径」『論著選』六二五頁。
(62) 舒「近代中国師範教育小史」『論著選』五八〇頁。
(63) 前註（61）『論著選』六二七～六二八頁。
(64) 舒「近代中国幼稚教育小史」『論著選』六一九頁。
(65) 舒「三十年来之中国教育」『論著選』六七三頁。
(66) 舒「教育経費独立」『論著選』七三一～七三四頁。
(67) 同前『論著選』七三五頁。
(68) 舒「免費問題」『論著選』六九九頁。
(69) 舒「学校制度改革案」『論著選』七二二頁。
(70) 『自述』三九四頁。
(71) 舒「各級学校一律免費案」『論著選』七〇四～七〇五頁。

(72) 前註(68)『論著選』六九一頁。
(73) 同前『論著選』六九三頁。
(74) 前註(61)『論著選』六三〇頁。
(75) 舒「学校制度改革案」『論著選』七三六頁。
(76) 舒「武訓先生在教育史上的地位」『論著選』八三七〜八四〇頁。
(77) 舒「我和教育」『論著選』七四七頁。
(78) 『自述』二〇〇頁。
(79) 『論著選』「前言」一〜二頁。『舒新城教育思想研究』二六六〜二六七頁。
(80) 舒「《中国教育建設方針》自述」『論著選』七七〇〜七七一頁。
(81) 『舒新城教育思想研究』一三四頁。
(82) 舒「中国教育建設方針」『論著選』六七七頁。
(83) 同前『論著選』六八二頁。
(84) 舒「中国教育之出路」『論著選』八〇五頁。
(85) 舒「最近中国教育的転変」『論著選』八一四頁。
(86) 前註(82)『論著選』六八五頁。
(87) 舒「中華民国教育小史」『論著選』八〇〇頁。
(88) 舒「六十年来中国教育思想総評」『論著選』六三九頁。
(89) 『自述』三八四頁。中国民族の重大な欠陥を「貧・弱・愚・私」とするのも郷村建設派との近い関係を示している(前註(84)『論著選』八〇五頁)。
(90) 張允侯・殷叙彝・洪清祥・王雲開『五四時期的社団(一)』(生活・読書・新知三聯書店、一九七九年)四六八頁。なお舒新城は、少年中国学会の南京分会第三次集会の出席者として記録されている(同書、四七九頁)。

(91)　前註(49)『論著選』四五二頁。

(92)　舒「電化教育的自裁問題」『論著選』九一二～九一四頁。

第七章　陸費逵の教育救国と教科書革命

はじめに

陸費逵（一八八六～一九四二）は、中華書局の創立者であり、出版業界で活躍するとともに、教育者としても知られた人物である。かれの字は伯鴻、号は小滄、原籍は浙江省桐郷県にあるが、生まれたのは陝西省の漢中県であり、陸費という中国では珍しい複姓を持っている。かれは若くして商務印書館の出版部長となり、『教育雑誌』の主編として清末の教育体制を批判するとともに、辛亥革命を承けた中華民国の成立と時を同じくして中華書局を創立し、経営の中心にあって教科書を中心とした多様な出版事業を展開して新たな教育体制の構築に尽力した。

陸費逵は、中華民国初代教育総長蔡元培の教育方針と異なる方向性を打ち出すなど独自の教育理論を持ち、出版・印刷の現場に身を置きつつ積極的な提言をおこなった。本章では、かれの教育理論の中でも中華民国初期の学制改革に影響を及ぼした主張と女子教育に関する独自の理論、さらに教科書編集事業を通してめざした教育目標に重点を置いて考察し、かれの教育救国論の特色を探っていく。

一、陸費逵の教育思想形成と学制改革

陸費逵は、幼少の頃は病弱で私塾に通うことを好まなかったため、外部の教師に一年半一二元の学費で教わり、父親に一年間教えてもらった他は、母親の教えを受けることが多かった。[1]かれは数え四歳で教えを受け始めてから数え一三歳のときまでに、『四書』『詩経』『書経』『易経』『左伝』『尚書』『唐詩三百首』などの書を読み、『時務報』『清議報』も閲読した。[2]かれの母親は李鴻章の姪で、詩書に通じていたが、[3]多くの書を読み、講解は明白にすることを求めつつも、八股を作らせず、論説を許さないなど文章を簡単には作らせなかった。[4]さらに書物を読む際には、少しでも疑義があれば『字典』を調べさせたという。[5]

一九〇二年、数え一七歳のとき一家で移住してきていた江西省の南昌で正蒙学堂を創立し、堂長・教員・事務を兼任した。[6]この年、南昌熊氏英文学塾附設の日文専修科で呂星如から日本語を学んだ。陸費逵は日本語を学ぶこと一年に及ばなかったが、書物を読み、話もできるようになったと述べている。[7]かれは後年、日本を訪問して人々の識字水準を知り、上海の日本人学校を参観して、日本の教科書制度に関心を示しているが、このときの日本語学習の成果がその認識を深めたと考えてよいだろう。

一九〇四年には友人と武昌で新学界書店を設立して経理となり、『革命軍』『警世鐘』『猛回頭』などの書を販売したが、この時期に革命思想への理解を深めたと考えられる。翌一九〇五年には新学界書店の経理を辞めて、漢口の『蘇報』主筆となった。かれは就任三ヵ月後、粤漢鉄道の借款問題をめぐって張之洞を批判し、弾圧されて上海に逃亡した。[8]その後、上海書業商会の発起人となり、文明書局に就職して教科書を編集した。かれが教育界で注目される

ようになったのは、一九〇八年に商務印書館に転じ、翌一九〇九年に『教育雑誌』の主編になってからである。

陸費逵は、『教育雑誌』の創刊号に「主張」として「普通教育当採用俗体字」を書き、筆画簡単な「俗体字」を採用することを呼びかけた。それからほとんど毎号にわたって「主張」「質疑応答」「雑纂」「言論」といった各部門で自らの教育理論を展開した。こうした活躍は『教育雑誌』第三年第一〇期に「言論」として「敬告民国教育総長」と「民国普通学制議」を載せるまで続いた。この時期の陸費逵の教育理論は、以下のような特色を持っている。

清末の一九〇四年に公布された「奏定初等小学堂章程」では「読経講経」で『孝経』『四書』『礼記』を必読の経書とし、「奏定高等小学堂章程」では『詩経』『書経』『易経』『儀礼』を必読の経書として、年間二四〇日の計算で日々の読誦を規定し、その授業時数は初等小学堂で全体の四割、高等小学堂で全体の三分の一に達していた。[9] 陸費逵は若くして経書を読破し、古典の知識は十分に備えていたが、授業時間の多くを費やし精力を傾注して経書の暗記に熱中する教育を無意味と考えた。かれは一九〇八年、『教育雑誌』第一年第八期に「小学堂章程改正私議」を「社説」として書き、上記の二つの「小学堂章程」には六つの欠点があると指摘した。それは科目が繁多であること、授業時間が長すぎること、読経を重視していること、国文を軽視していること、修学年限が長すぎること、程度が児童に合わないことである。[10] とくに「読経講経」にある経書を児童はよく理解できず、百害あって一利なく、経書が修身に役立つならば修身書に入れ、文章の模範とするならば国文読本に入れればよいと主張した。[11]

陸費逵は、「教育が道を得れば、その国は強盛となり、教育が道を得なければ、その国が衰弱して滅亡するのは、必然の理である」と述べるとともに、清末教育界の課題を次のように現場の状況を描くことによって訴えている。校地・校舎の欠点は見えにくいが、校具・装置の不備は直接教授に影響する。「博物」を教えるのに標本がなく、「理化」を教えるのに器械がなく、「地理」を教えるのに地図がないので、教員の教授法がいかに優れていても学生は理解できない。ところが地図がないわけではなく、地図を掛ける釘と持ち上げるための棒がないので掛けないという。[12]

陸費逵は、上海の日本人学校を参観したときの教員の指導の周密懇切さを評価するかたわら、自国の学堂を参観して教員のいい加減さ、教材と指導の不適切さ、注意力の散漫、応用の欠如といったことを指摘している。[13]また学校教育の現場では、一年ごとの教育課程を規定通りに運用することが原則であるが、太陰暦では閏月が出て運用が難しい。かれは太陽暦の採用こそが、教育現場での教育課程の規則正しい運用に不可欠であることも主張している。[14]

陸費逵は、在学年限の短縮を主張する。「奏定学堂章程」に見られるような在学年限を長く設定して中途退学者を多く出すよりは、在学年限を短く設定して卒業させる方がよい。得るところの知識が浅くても、人生に必須の知識はあらまし備えなければならない。三年間の教育を国民は等しく受けるべきである。[15]「奏定学堂章程」では、初等小学堂は第一学年から第五学年まで週当たりの授業時間は三〇時間となっている。高等小学堂では第一学年から第三学年まで週当たりの授業時間は三六時間となっている。かれは週当たりの授業時間を初等小学堂の第一・二学年は二四時間を超えず、第三・四学年は二七時間を超えないようにし、高等小学堂以上は週当たり三〇時間を超えてはならないという。かれは世界の教育家で学校の授業時間が少なすぎるといっている者はいないとも付け加えている。[16]

陸費逵は、男女共学の問題に関心を寄せ、一九〇九年に『教育雑誌』の「主張」で自説を述べている。かれは学生が一二～一三歳以上になれば情欲が生まれるので、男女共学は絶対に弊害がないものではないという立場であり、男女共学については絶対的分校説に反対する者ではなく、絶対的共学説を主張する者でもないという。最近の初等小学堂の学生は、一二歳以下は男女を分けず、共に学ばせるべきである。一方、初等小学堂に学ぶ学生で一二歳を超えている者については、女子だけを問題にするのではなく、年齢については男女を平等に論じるべきである。高等小学堂については、男女分校とすべきであるが、貧しい地方の学年一クラスの高等小学堂では共学にして、女子が失学しないようにすべきであり、学年に二クラス設けられれば、男女それぞれのクラスにすべきである。一二歳以上の男女共学は、管理をきちんとすれば弊害ははなはだ小さく、女子が失学するのを座視することになれば、その害は共学の百倍にもなるのである。(17)

陸費逵は、清末の段階で、男女共学は礼教に妨げありとする頑固派がいるが、礼教に違う行為は学校の中でおこるものではなく、男女が同校することを認めなければ女子は義務教育を受けることができなくなると述べて、(18)女子の教育権を保障するよう主張してきた。ただし教育内容は男子と同じであってはならないというのが、かれの女子教育論の特色である。女子教育は以下の三点を特色としなければならない。第一に、貞淑の徳、和易の風を養成し、家政の智能を授ける。第二に、慈愛の性、高潔の情を養成し、育児教子の技能を授ける。第三に、女子師範学校を設け、女子裁縫・刺繡・蚕業・図画・音楽等を授ける。これを陸費逵は「妻の教育」「母の教育」として性格づけ、「職業は女子の性質・能力のよく任に耐えるもの」をめざす教育であるべきとする。もちろん基礎としての識字は不可欠で、ある妻が夫に連絡する際、「使人」を「死人」と書き、慌てた夫が棺桶を買って帰ったエピソードを紹介している。(19)

陸費逵は、「失節の事は大きく、餓死の事は小さい」とする朱子学の女性観を「大いに人道に背くものなり」と批判する。(20)幼少時からの経書学習を経験しつつも、伝統的な女性観にとらわれないかれの合理的な姿勢が明確に示された表現といえよう。ただ一方で、かれは家庭における男女の役割分担についても独自の見解を持っている。「女子の第一の天職は、国家のために未来の国民を生み育てること」(21)と述べているように、賢母良妻主義の見解を持ち続けているのである。それでもかれは女子が高等教育を受けることを否定することはない。民国期に入った一九二〇年であるが、紡織や養蚕製糸を女子に適した職業としてあげる一方で、高等文学の人材と高等中学・高等師範の教員を養成する「普通文科」や高等女医を養成する「医科」を設置すべきであると主張する。さらに大学への女子の進学についても、まず第一歩は普通文科大学と高等師範を卒業して進学する文科・理科とともに女医専門学校卒業で大学に入る医科をあげ、選科生として入学する方法をあげている。[22] こうした構想は、一九二〇年に北京大学に最初の女子学生を聴講生として受け入れた蔡元培と共通するものであった。[23]

教育をもって国を興す要となるものは、「女子のために生計を謀り、教育を施す」ことにあるとし、中国が衰弱した原因は「女子に生計なく、教育なきにあり」と考えた陸費逵は、世界に目を向けて「英米の教育最も善く、生計最も裕かにして、女子の学識権力最も盛んなるがゆえに、その風俗習慣最良にして国最も強し。独・仏・日本これに次ぎ、風俗・習慣・国度これに次ぐ。伊・墺またこれに次ぎ、風俗・習慣・国度またこれに次ぐ。中国は最も下にして、風俗・習慣・国度また最も下なり」[24] と述べる。かれは「社会を離れて教育を講ずるは、教育の本旨を失うなり」と教育が社会との関係を常に持たなければならないとし、「近来年少の女子、すこぶる家庭革命・男女平等を提唱するも、己の身はなお男子に寄生するを免れず」として、女性の真の自立が国家を強化するために不可欠であると主張している。むろん「自立の計」をなす女子の育成は、上述したように女子に適した紡織や養蚕製糸などの職業に向けての能力を育てる職業主義の教育が中心として担うことになる。[25] かれは「『中華教育界』二年一月号に載せられた中小学校令を読んだが、小学校にわずかに縫紉があり、中学校第二年に家事があるが、これは余が理解できないところである。小学校は国民教育で、中学校は士族教育である。もし小学校で家事を課さなければ、一般の女国民に家事を理解させることができず、一般家庭の改良ができなくなる」[26] と述べ、教育課程の中に「自立の計」につながる科目を適切に位置づけるように求めている。

中華民国初代教育総長に就任した蔡元培は、政治に隷属する教育方針として軍国民主義、実利主義、徳育主義を、政治を超越する教育主義として世界観・美育主義をそれぞれあげた。[27] 陸費逵は、その中でも実利主義を取り上げて

「今日の教育方針は、すみやかに実利主義をとりて、もって対症の薬となすべし」といい、「財なければすなわちいかなる勇武の国民も必ず以て勝ちを取るに足らず、これ軍国民主義の実利主義を恃むものの一つなり。衣食足りて後礼儀を知る。飢寒免れず、道心変じて盗心となる。これ公民道徳主義の必ず実利主義を恃むものの、また一つなり」とするとともに、「孔孟の利を軽んじ義を重んじ、黄老の恬退無為は、その成果はすでにかくのごとく、今日継ぐに世界観・美感の二主義をもってしてその誤りを益すことを願わんや[28]」という。つまり軍国民主義と徳育主義（公民道徳主義）を支えるのは実利主義であり、世界観と美感（美育）の主義は中国の文弱を招いた要因であると批判しているのである。

陸費逵は、蔡元培や蔣維喬とともに新教育について相談し、「民国教育史」の幕を開いたとの見方がある[29]。しかし、陸費逵は蔡元培の掲げる教育方針を批判し、自らの方針を新たな国家の教育方針の中に取り入れるよう強くアピールしているのである。陸費逵は「(民国) 元年一月に頒つところの「暫行辦法」および四条の通電の原稿を、私は蔣作庄（蔣維喬）先生と相談して決めた。その内容はだいたい私が三年間にわたって研究した成果に基づいており、在学年限の短縮［中小学を合わせて一二年に改める］、授業時間の減少、小学での男女共学、読経の廃止などを、等しく蔣先生の意見を採用して実行することができたが、その愉快さはたとえようもない」と述懐している[30]。この「暫行辦法」は「普通教育暫行辦法」であり、「壬子学制」といわれるものであって、その中の最も重要な改革内容は、就学年限を短縮して中小学教育の期間を一二年とし、授業時間を短縮し、小学は男女共学で、読経講経を廃止したことなどであると評価されている[31]。これは清末の三年間、『教育雑誌』にその主張を展開してきた陸費逵の教育思想を、ほとんどそのまま制度化したことを示している。

二、教科書編纂と教育改革

一九一二年一月一日、中華民国建国と同時に中華書局は成立した。陸費逵は戴克敦・陳寅らとともに資本金二万五千元で中華書局を創建し、局長に就任した。中華書局は「立国の根本は、教育にあり。教育の根本は、実に教科書にあり。教育革命なければ、国基ついに強固たることなし。教科書革命なければ、教育目的ついに達成するあたわざるなり」[32]という「中華書局宣言書」の冒頭の文に見られるように、教科書出版を軸に事業を展開する目的を持っていた。辛亥革命の直前、陸費逵は商務印書館に勤務していた。商務印書館は教科書出版も手がけていたので、陸費逵に今後の政治情勢の見通しと教科書編集方針変更の可否を尋ねた。陸費逵は反清闘争は成功することなく、教科書は旧いままで改めて変える必要はないと答えた。そのように振る舞いながら、かれは密かに商務印書館国文部編輯の戴克敦や発行所の沈知方らと連絡を取り、資本金を集めるとともに、商務印書館に勤務経験がある編集メンバーを招き、新たな教科書編集を進めた。この作業から商務印書館や清朝の管理の耳目を避けるために、日本人の経営になる作新印刷所で印刷を進めた。かれの三弟も校正に加わり、武昌起義のときに新教科書は八〇～九〇％が完成していた[33]。

陸費逵は一九〇七年に、清朝の学部が発行する教科書に対する不満を八ヵ条にわたり以下のようにあげている。（一）教材の多くは児童心理に合わず、（二）詞句の多くは論理に合わず、（三）ままに一隅の処に局（かぎ）りて、普及の意に合わず、（四）図画悪劣にして、図と文詞にままに符せざる処あり、（五）数字と算術あい聯絡せず、（六）時令（じこう）・気節にあい応ぜず、（七）近出の各書を抄襲して、私家の編著を碍することあり、（八）教授書は高深なることを失い、教員・生徒みな困苦を受ける[34]。かれはこうした学部編集の教科書が、国定教科書として独占的に発行・販売されることに警鐘を鳴らす。その上で、外国における教科書発行の状況を比較材料としてあげている。まず日本の国定教科書は、出版前に国語調査会や教育研究会の調査研究、学校現場での実験などを経ており、小学教科書の編集も容易なことではないという。民間との競争原理が働かないと良き教科書はできない。イギリスやフランスなどでは国土が狭いのに、同じ分野の教科書は百をもって計り、民間の選択に委ねている。(35)このように外国の状況を述べながら、かれは学部も民間の発行を許すであろうから、この機会を逃すなと呼びかけている。(36)

陸費逵は、商務印書館時代に高等小学商業教科書を編集し、販売が好調で版を重ねたことを語り、その要因としてこの分野の他の教科書が簡略に過ぎたり、補助材料の欠如や難解すぎることなどがあると述べている。(37)適切な教科書の必要性と社会的需要の大きさを指摘しているのである。こうした教育的背景の中で発行する教科書に明確な目的や方針を盛り込みたいとして、陸費逵が中心となって編集した『中華初等小学修身教科書』の「編輯大意」では、「本書は中華共和国の完全国民を養成するをもって宗旨とし、独立・自尊・自由・平等をもって経とし、公徳・私徳・国民科をもって緯となす(38)」とするなど中華民国の建国方針に沿う方向性を掲げている。また「最近の学説に本(ママ)づき、教育部の通令に遵い、独立・自尊・自由・平等の精神をもって、人道・実業・政治・軍国民の主義をとる(39)」と述べ、「わが中華書局は中華民国と同年同月同日に生まれ、最初に中華教科書を出版し、形式と内容はいずれも面目を一新し、当時は教科書革命の称があった(40)」として、辛亥革命を承けた中華民国の成立と並行する形で教科書革命による刷新を進めたと強調しているのである。

陸費逵は愛国主義と民主主義を具有した人物であり、教育救国論者であって、中華書局成立後、かれは教科書―教育―立国という思考回路から出発し、「中華書局宣言書」の中で明確に「教科書革命」のスローガンを出したという李湘波の評価は(41)、的確にこのときの状況を説明していると考えられる。「辛亥革命の直接の産物」といわれる中華書局は、一九一二年から一九四九年までに各類の図書約六、〇〇〇種を出版した。それを大まかに分類すれば、各種の教科書は四〇〇余種、社会科学の書籍は二、〇〇〇種近く、自然科学の書籍は六五〇余種、文学芸術の書籍は一、〇〇〇余種、重要な古籍が六〇〇余種、各種の工具書は三〇種、少年児童読み物は八〇〇種以上で、二〇種の雑誌も刊行した。中華書局は教科書の出版で出発し、その後も教科書出版は重要な位置を占めた。(42)

一九一三年に中華書局は『中華教科書』のシリーズを発行するが、その内訳は初等小学用が修身・国文・算術・習字帖・習画帖の五種四〇冊、教授書が三種二四冊、高等小学用が修身・国文・算術・歴史・地理・理科・英文・英文法の八種三三冊、教授書が六種二八冊で、中学師範用書が二七種五〇冊となっていた。(43) 陸費逵は、こうした多様な教科書発行の中に何を託そうとしたのであろうか。民国初期のかれの教育思想を考察したい。

陸費逵は、学堂系統は聯絡を図り、教育内容の重複を避けるべきであるという。さらに当初は国民教育・人材教育・職業教育の三者は、あわせて重んじる必要があると考えていた。国民教育がなければ国家の基礎固めができず、人材教育がなければ事業を興すのに指揮整頓の人が乏しく、職業教育がなければ下位者は生計が苦しく、上位者は輔助の才が乏しくなるからである。(44)

しかし、民国成立以来、国民教育・社会教育の説が盛行し、人材教育・職業教育はほとんど排除される状況が生まれていた。識者は民国が平等を尊び、教育は水平線的であるべきとし、人材を偏重して階級を生むべきではないとした。人生は世界観を持つことを尊び、美育を重んじて実利に励むべきではないとした。ただし中国の現状を考えれば、人材教育と職業教育は国民教育より急ぎ整備しなければならない。広く世界の教育状況を見るに、教育の発達は貧富に比例しており、職業教育が発達していなければ実業は発達せず、民生も富裕とはなりえない。だから危亡を救わんとすれば、人材を育て資金を確保すべきである。このように陸費逵は国民教育・人材教育・職業教育を並行して重視する姿勢から軌道を修正していった[45]。

陸費逵は、中国にとって「日本はすなわち各外国なり。日本にあるものは、各国みなこれを有し、日本になきものは、各国みななし。ここに利害を究めず、国情を考えず、事ごとに日本に倣う」と述べるとともに、当時の日本の小学教員は資格なき者がほぼ半数を占め、職業教育はまだ発達せず、大学予科を卒業しても大学に進めず、中学を卒業しても高等学校に入学できない者が大半であると指摘して、日本を模倣せず、より進化している欧米各国に学ぶべきであると主張した[46]。

陸費逵の旧教育批判は、教育現場の視察による裏付けがある。清末に北京と天津の教育現場を視察したかれは、とくに天津に関して高等女学堂は名は高等だが程度は小学であると辛辣に評し、高等工業学堂附設中学では専科の規模が備わらず、校具も多くないと批判している。ここでの地理教育を参観して、教科書に商務印書館の『瀛環全志』を用いているが、既に古く教員は改訂されたことを知らない。授業では座ってその本を読んでいるだけで学生が地図を持っているのに教員はそれを持たず、黒板を利用することも知らない。こうした授業は地理教育の精神をすべて失った教育であると、かれは結論している。高等工業学堂の向かいに水産学堂があり、かれは午後三時に訪問したが、校長は不在で、教員も来ていない。学生は三々五々各所にいて騒がしくしている。かれらに授業は始まっているのかと聞くと、学期が始まって一週間あまりであるとの答えが返ってきた。「学務発達」と称せられる天津の実業界を担うべき水産学堂の腐敗を実感して、陸費逵は憤然として退去した[47]。

陸費逵は、上述したように教育救国論者といわれている[48]。教育によって国を救うためには当然教育を普及させなければならない。しかし、清末民国初期の中国は、一九世紀以来の相次ぐ敗戦と政府の財政難、列強の進出と勢力圏拡大、国内の分裂と混乱等々内憂外患に苦しんでいた。伝統的価値観に束縛される教育制度と教育界の腐敗という窮状をいかに打開するのか。人材を養成するのが基本であるが、このことに関して陸費逵は貧民にも聡明なる子弟がおり、貧困出身の人物は実に富家より多いが、学び続けることができておらず、それはかつての書院制の時代にも及ばないと現状を嘆く。その上で、教育の平等は貧富を論じることなく能力に応じて教育を受ける機会を与えることで、上智を抑え、下愚を弄び、中庸の人と平等にすることではないという。国民教育は一律平等で、階級を分けてはならないという人々がいる。義務教育はただ普及を求め、簡陋を妨げずと主張する人々もいる。陸費逵は、その両方に反対し、富裕者により多くの学費を出させようとするのである(49)。

陸費逵は、智力に応じた教育体系を考え、とくに小学教育の三類型を唱えた。その最上位に置くのが「完全小学」である。完全小学は科目を完備し、教育方法を改良し、充分な経費を投入する。そのため一年に二〇～三〇元という高い学費を取るが、一部に授業料免除の制度も設け、有力者により多くの費用を負担させる。次のレベルは「普通初級小学」である。普通初級小学では少なくとも国語・公民・算術・体育の四種類の科目を持たなければならず、常識・芸術・音楽を加えればさらによい。ここから上級の「完全高級小学」に進学するには試験を受けて合格しなければならない。授業料免除の制度を一部に認める。最も下位には「簡易小学」を置く。簡易小学では少なくとも国語・算術の二科目を設け、就学年限は少なくとも二年間とする。授業時間は一年間に少なくとも六〇〇時間は必要である。学費を取らないことが最善で、できれば書籍・紙筆などを支給する。ここの児童が完全小学や普通初級小学への入学を希望するならば厳格な試験を受けなければならない(50)。陸費逵のこうした提言を「お粗末」とか「不平等」と笑う人々が出てくるが、かれは「今日の経済・人材の下では、ただこうした貧弱で不平等な方法だけが有力な学校をますます完全たらしめ、教育を普及させて、貧苦の児童に教育の機会を得させ、種々の等しからざる児童にそのところを得させ、教育費が中・上の人家で占められ、貧民を教育の外に捨てることを免れさせる」という(51)。

陸費逵は、教育の普及は当然のことであるが、義務教育を本当に普及させようと思えば、該当する学齢期児童は七、〇〇〇~八、〇〇〇万人となり、教員は一〇〇~二〇〇万人が必要で、その費用は四億~八億元となると計算する。教員養成のことを考えても、全国の師範学校は二〇〇~三〇〇ヵ所で、毎年の卒業生は一万人に満たないので、一〇〇万人の教員を養成しようとすれば、それは「河清を俟つ」ようなものであるという。[52] 教育の実態も多くの課題を抱えている。かれは湖南省全体の教育統計から問題点を以下の如く指摘する。湖南省では小学校数が一万、学生（児童）数が三〇万人で、一校平均三〇人という規模の学校の多くは年間経費数十~百元の単級学校である。このような経費の学校で、国語・算術・自然・芸術・音楽・体育といった多くの科目を教えることができるのか。時計のない学校で、時間割を作り、月給数元の小使兼任の教員が一人で甲科三〇分、乙科四五分、丙科六〇分というように授業を展開できるのだろうか。[53] 陸費逵は、こうした問題点をあげながらも救国の手段としての教育への投資を呼びかける。各県は「天才教育費」を準備し、天賦の才能を持つ貧苦の子弟を小学から大学まで補助すべきである。その条件は、真正の貧困であり、その程度に応じて一部分、あるいは全部とする。ただし智力測験と学校の成績が優等であることが必要で、二年間の成績が中等以下になれば補助を停止する。卒業後の収入はその二割を「天才教育費」にあてる。[54] まさに今日の奨学金に該当する構想であるが、各県に協力を求めているところに特色がある。

陸費逵は、上述したように何よりも実利主義を強調する。その具体例として「珠算の用は至って大きく、初等小学三・四年で週二時間学習させるべき」といい、英語を重視して高等小学では英文を必修科とするよう主張する。その英語は日常の応用を重視するもので、中学が四年間に短縮され、英語教育が不足する可能性があるため、高等小学で必修科とすることを提案しているのである。[55] かれは中等学校数に関して、一九一五年には中学は三〇〇~四〇〇校、師範は一〇〇余校、甲乙種実業学校は七〇余校に過ぎず、青年子弟の二〇〇分の一しか中等学校を卒業できないと述べている。[56] かれは珠算や英語といった実践的な科目を必修にするとともに、人々を指導する実践的人材を養成する教育機関が少なすぎる現実を嘆いているのである。

こうした現状に対処するためには、小学校教育で構想した能力主義の教育を、中等教育や高等教育でも採用するべきで、かれが考えたのは「三軌制」という複線型の学校体系である。中等教育は普通中学、職業学校と職業伝習所、初級書院の三種類の学校とする。普通中学は進学を前提とし、厳格な入学試験を実施する。職業学校は商科・工科・農科を当地の状況に応じて設立するが、最も重要なものは実習で、職人や徒弟に工作させ学生がそれを参観するようなことがあってはならない。高等教育は大学校、専科学校、高級書院の三軌制とする。[57] こうした複線型の学校体系は、指導的人材の養成が喫緊の課題であり、中等教育、高等教育ともに限られた予算と有資格教員を重点的に投入し、速やかに人材を養成して救国の方途とすべきとするかれの思いを反映した構想といえよう。

陸費逵と舒新城との親交は有名で、[58] 舒新城を『辞海』編集の中心に据え、[59] かれが収集した中国近代教育史関係の資史料七、〇〇〇余冊を中華書局図書館に受け入れている。[60] 陸費逵は、舒新城の新教育を建設しようとする意思は間違っていないと思うと述べつつも、舒新城が考えた三館制について、かりに二億元の予算があっても全国二、〇〇〇県に各県一〇ヵ所の三館を設けることに賛成せず、たとえ六、〇〇〇～一二、〇〇〇人の導師（指導者）が得られても、かれらを三館での指導に当たらせることに賛成しないという。[61] 理想を持ち目標を掲げることはよしとしつつも、教育界の現状から見て困難で実効性に乏しいと思われる構想には反対する陸費逵の明確な意思を汲み取ることができる。

中華書局は商務印書館に次ぐ資本規模を持ち、従業員数千人の出版大手に成長したが、総経理である陸費逵の就任二五周年に当たる一九三六年の月給は三〇〇元と、中華書局の一般中堅幹部並みで、秘書も置かず、その清廉さは人々に称賛された。[62] これに先立つ一九三二年の第一次上海事変（一・二八事変）における日本軍の閘北攻撃で上海の出版・印刷業は大きな打撃を受けた[63]。それが陸費逵の愛国主義をより確かなものとし、教育救国の信念も強固にしたと考えられる。

一九二〇年代から三〇年代にかけて成人に対する識字率向上をめざした平民教育運動が盛り上がりを見せた[64]。中華書局は『平民課本教授書』、『平民千字課本教授書』といった指導書から『郷村建設実験』（第一〜三集）、『鄒平実験県戸口調査報告』といった実践内容に関わる報告書まで多くの関係書籍を出版した[65]。陸費逵は、平民教育は成人補習教育であり、教材の選択や教授方法は成人を標準としているので、児童が多数入学しているのは本来のものではないとして、こうした状況を憂えている。かれは「児童が正当に教育を受けようとするとき、あらためてこの四ヵ月の読書で教育に変えることはできない。小学を一時に多く設けることはできず、この多数の児童を受け入れることはないし、さらに生計の関係で、日中に学校に行くことはできない」として「成人補習学校」の設立を提案している[66]。三軌制と称する教育体系を提案しても、いずれの学校も安易な運営を認めているわけではない。教育を担う人材の確保と教育にかける経費の投入がなければ、国民教育の普及と称しても国を救う手段とはなり得ないのである[67]。

おわりに

陸費逵は、幼少の頃から経書を中心とした古典教育を受けていたが、伝統的知識人の枠内に安住することなく、旧態依然とした教育体制を打破し、現実世界に対応した新たな教育体制を構築しようとした革新性を持つ人物であった。かれが文明書局から商務印書館に転じ、『教育雑誌』を創刊して主筆となったことが飛躍のきっかけとなる。かれは『教育雑誌』の「主張」「社説」「言論」などの欄に次々と革新的な論文を発表し、教育界を変えていこうとした。清末の「奏定学堂章程」を否定し、観念的ではなく実物を重視する教育を提唱したのは、清末の教育現場の腐敗という背景があった。教育をもって国を救おうと考えた陸費逵にとって、教育を受ける機会に乏しい女子に教育を受けさせることは念願の一つであった。そのためには礼教の影響を排除して男女共学を進めなければならない。しかし、かれは完全なる男女共学を主張する「激烈派」ではなく、賢母良妻主義を基本とする「穏健派」であった。舒新城は陸費逵を「女子の体力と人類互助、社会分工の各面」での女子教育を提唱したと評しているが[68]、女子の教育機会を実現する可能性を常に意識しつつ発言し、女子の能力を生かすために高等教育への門戸を開放する道を提示していることは評価しなければならない。

陸費逵は、実利主義を最も重視し、蔡元培の軍国民・実利・徳育の三主義の他に世界観・美育主義を並立させる「五種主義」を批判した。実利主義を重視すべきとする論拠は明快で、中華民国初代教育総長の持論を批判し、民国初期に生まれた職業教育運動につながったと考えられる。ただし民国初期の壬子癸丑学制（一九一二・一三年制定）に及ぼした陸費逵の影響力については、最近の大部な教育史の著作である于述勝『中国教育制度通史・第七巻』[69]・朱永新『中国教育思想史（上）』[70]は取り上げず、唯一、中国近代教育史研究分野の泰斗である田正平が『中国教育思想通史・第六巻』[71]と『中国教育通史・中華民国巻（上）』[72]で取り上げているだけである。その意味で本章が、陸費逵の果たした役割を清末民国初期の教育史の中に位置づけることは意味あることである。

中華民国建国と同時に創設された中華書局の総経理であった陸費逵は、清末の学部発行の教科書を批判し、国定ではなく競争原理の働く世界での教科書編集と出版に精力を傾注した。その思いが「教科書革命」というかれの言葉に表れている。かれは国家のために有為の人材を育成する人材教育を重視し、「選別の教育」と称してもよい「三軌制」の学校系統を初等教育から高等教育まで体系化し、貧者でも能力があれば質の高い教育を受けられるように考えた。すべての国民が平等に能力に応じた教育を受けられることは理想であっても、二〇世紀初頭の中国では不可能であった。陸費逵は、民主主義体制の実現が期待できる中華民国を教育制度の改革によって支え、「教科書革命」によって国家の富強化につながる実利的な教育を普及させようとして、現実的な教育改革の道を模索し続けた「教育救国」論者であったといえるだろう。

註

（1）陸費逵「書業商之修養」陸費逵著、文明国編『陸費逵自述』（安徽文芸出版社、二〇一三年、以下『自述』と略す）三四頁。なお本文中の（ ）は筆者が施し、［ ］は原典に見えるものである。
（2）陸費逵「我的青年時代」『自述』一四〜一五頁。同「我青年時代的自修」『自述』二一頁。「陸費逵年譜簡編」陸費逵著『陸費逵文選』（中華書局、二〇一一年、以下『文選』と略す）四四六頁。
（3）熊尚厚「我国著名出版家陸費逵先生」兪筱堯・劉彦捷編『陸費逵与中華書局』（中華書局、二〇〇二年、以下『中華書局』と略す）一〇一頁。
（4）前註（1）。
（5）陸費逵「《中華大字典》叙」『自述』五五頁。陸費逵は「私は毎日書物を読み、少なければ半時間、多ければ一時間余り」の時間を費やして、「専心精読」に努めたと述べており（陸費逵「我們為什麼要読書」『自述』一〇九頁）、本人は「不文で、記憶力も佳くない」（陸費逵「内庭趨侍記」『自述』一〇頁）と謙遜するが、この程度の読書時間ではこなしきれないほどの博覧強記であることは明らかで、幼少時からの訓練も影響していると思われる。中華書局では記憶力抜群の「大頭先生」といわれていた（舒新城「陸費伯鴻先生生平略述」『自述』代序の三頁）。
（6）前掲「陸費逵年譜簡編」『文選』四四六頁。この学堂は経費二三元を集めて創立し、二七人の学生のうち八人の授業料を免除したという（陸費逵「我的青年時代」『自述』一六頁）。

(7) 陸費逵「我青年時代的自修」『自述』二三頁。
(8) 陸費逵「我為什麼献身書業」『自述』二七頁。この件については、愈筱堯「愛国教育家和出版家陸費伯鴻」『中華書局』九五頁、に詳しい。
(9) 璩鑫圭・唐良炎編『中国近代教育史資料匯編・学制演変』(上海教育出版社、一九九一年)二九四～三一一頁。
(10) 陸費逵「小学堂章程改正私議」『文選』六九頁。
(11) 同前『文選』七四頁。
(12) 陸費逵「論今日学堂之通弊」『文選』八二～八四頁(原載は『教育雑誌』第二年第一期、一九〇九年)。
(13) 同前『文選』八七頁。
(14) 陸費逵「改用陽歴(ママ)」『文選』六二頁(原載は『教育雑誌』第一年第二期、一九〇八年)。中華民国南京臨時政府の新学制では、秋季に年度を開始し、一学年三学期制をとることになった。中華書局の教科書はこれに対応していなかったので、范源濂を招いて編集部長とし、急遽対策を練った。かれの指導下に『新制中華教科書』の組織的な編集が急ピッチで進められ、一学年三学期制に対応できたのである(王建軍『中国近代教科書発展研究』広東教育出版社、一九九六年、二〇六頁。以下書名のみ示す)。
(15) 陸費逵「縮短在学年限」『自述』一七二頁(原載は『教育雑誌』第一年第一期、一九〇八年)。
(16) 陸費逵「減少授課時間」『自述』一七五～一七六頁。
(17) 陸費逵「男女共学問題」『自述』一七八頁(原載は『教育雑誌』第二年第一一期、一九〇九年)。
(18) 陸費逵「論中央教育会」『自述』二一二頁(原載は『教育雑誌』第三年第八期、一九一〇年)。
(19) 陸費逵「女子教育問題」『自述』一二七～一二八頁。
(20) 陸費逵「論近日風化之壊及其挽救之法」『文選』一六六頁。この朱子学の女性観を示す文言は『河南程氏遺書』にある程頤の言葉で、この問題については小島毅「婚礼廟見考――毛奇齢による『家礼』批判」(柳田節子先生古稀記念論集編集委員会編『柳田節子先生古稀記念　中国の伝統社会と家族』汲古書院、一九九三年、所収)が詳しく論じている。

(21) 陸費逵「辟独身主義」『文選』三六五頁。
(22) 陸費逵「女子教育的急務」『文選』二六一頁。
(23) 拙著『中国近代教育の普及と改革に関する研究』(汲古書院、二〇〇二年)一五二頁。
(24) 陸費逵「論改革当従社会始」『文選』三三頁。
(25) 陸費逵「新学制之要求」『文選』一五四～一五五頁。陸費逵は民国初期に広州を視察し、「十年来、広東の自由女の風は大いに盛んなり」といい、「欧化に心酔し、自由結婚を主張」する女学生に言及するとともに、妓女の中に女学生がいて「女学校の徽章」を示して花代をつり上げている状況を嘆いている(陸費逵「港粤一瞥」『自述』八九頁)。極端な例かもしれないが、かれはこうした自由を謳歌する傾向を否定しているのである。
(26) 陸費逵「論女学校注重家事科」『文選』一六一頁。
(27) 蔡元培「対于新教育之意見」『自述』一八九頁。
(28) 陸費逵「民国教育方針当採実利主義」『自述』一八三頁。
(29) 劉立徳「陸費逵教育思想試探」『中華書局』一四三頁。
(30) 陸費逵「我青年時代的自修」『自述』二四頁。
(31) 瞿立鶴「近代文教事業的先駆陸費逵」『中華書局』一五八頁。
(32) 陸費逵「中華書局宣言書」『文選』一一四頁。
(33) 『中国近代教科書発展研究』二〇四頁。
(34) 陸費逵「論学部編纂之教科書」『文選』五四～五五頁。陸費逵は、欧米ではアルファベットによる教育をおこない、日本は仮名文字を用いて、習得しやすく教育の普及に役立っているという(陸費逵「普通教育当採用俗体字」『自述』一五八頁)。その上で、中国では漢字を整理する必要があり、それには通俗字の範囲の限定、筆画の減少の二つの方法があると述べている(陸費逵「整理漢字的意見」『自述』一六〇頁)。さらに陸費逵は、民国期に入ってから雑誌や新聞で口語文が多く用いられている状況をうけて、小学校の国文科を国語科に改める主張が生まれてきたことを大いに歓迎すると述べている(陸費逵

「小学校国語教授問題」『文選』一二六頁)。
(35) 陸費逵「論国定教科書」『自述』二〇四〜二〇六頁。
(36) 陸費逵「同業注意」『文選』四七頁。
(37) 陸費逵「商業研究指南」『文選』八八頁。
(38) 陸費逵「中華書局宣言書」『文選』一一五頁。王建軍は、陸費逵が中心となって編集した教科書の中の国文課本に「わが国旗、五色に分け、紅黄藍白黒で、われわれは中華を愛す」の文言があって、充分に愛国思想と民主主義の精神を体現していると述べている(『中国近代教科書発展研究』二〇五頁)。
(39) 陸費逵「教科書革命」『文選』一二二頁。
(40) 陸費逵「《出版月刊》発刊語」『文選』四三四頁。
(41) 李湘波「出版印刷事業的開拓者陸費伯鴻先生」『中華書局』七一〜七二頁。
(42) 李侃「陸費逵創辦中華書局概況」『中華書局』八六〜八七頁。
(43) 銭炳寰「中華書局史事叢鈔」『中華書局』二八二頁。
(44) 陸費逵「民国普通学制議」『文選』一三三頁(原載は『教育雑誌』第三年第一〇期、一九一二年)。
(45) 陸費逵「論人才教育職業教育並国民教育弁重」『自述』一九三〜一九四頁。
(46) 陸費逵「《世界教育状況》序」『文選』一〇八頁(原載は『教育雑誌』臨時増刊、一九一二年)。
(47) 陸費逵「京津両月記」『自述』八五頁(原載は『教育雑誌』第三年第八・九期、一九一一年)。
(48) 李侃前掲論文『中華書局』八八頁。熊尚厚「我国著名出版家陸費逵先生」『中華書局』一〇二頁。呉中「近代出版業的開拓者陸費逵」『中華書局』一〇八頁。葉瑜蓀「懐念出版界先駆陸費逵」『中華書局』一二三頁。劉立徳前掲論文『中華書局』一四五頁。陸費銘綉「我国近代教育和出版業的開拓者」『自述』二二〇頁。
(49) 陸費逵「教育上一個大問題」『自述』一〇二〜一〇三頁。
(50) 陸費逵「国民教育之両大問題」『自述』一一七頁。

(51) 同前『自述』一一八頁。
(52) 同註(49)『自述』一〇四～一〇五頁。
(53) 同註(50)『自述』一一六頁。陸費逵はまた、国民義務教育をいうなら、なぜ貧民の子弟が少ないのか、人材を養成するというなら、一教室に七〇～八〇人を入れて何人の人材を養成できるのか、と問うて、実体を伴わない教育を批判している(陸費逵「国民教育的疑問」『文選』二七三頁)。
(54) 前註(49)『自述』一〇四頁。
(55) 陸費逵「新学制之批評」『自述』一二三～一二五頁。
(56) 陸費逵「敬告中等学生」『自述』一三五頁。
(57) 陸費逵「《中国教育建設方針》序」『文選』三八一～三八三頁。舒新城は「陸費伯鴻先生生平略述」(『中華書局』所収)を書いて、民国初期の学制制定への影響や女子教育観などをきちんと評価している。
(58) 本書第六章参照。
(59) 陸費逵「《辞海》編印縁起」『自述』五八頁では、『中華大辞典』編集のときに原典に照らし合わせて『康熙字典』の誤り四、〇〇〇余ヵ所を発見したので、『辞海』編集の際には原典に当たり編名を注記したという。標点の確定に際してもチームで徹底した議論をおこなっており、古典に通じた陸費逵の厳正な態度が反映されている。
(60) 沈芝盈「陸費伯鴻行年紀略」『中華書局』五二五頁。
(61) 陸費逵「《中国教育建設方針》序」『文選』三七六～三七八頁。
(62) 呉永貴前掲論文『中華書局』一七八頁。
(63) 陸費逵「六十年来中国之出版業与印刷業」『自述』四六頁、四九頁。
(64) 前註(23)第八章～第一〇章参照。
(65) 兪筱堯「陸費伯鴻与中華書局」『中華書局』二六五～二六六頁。
(66) 同註(50)『自述』一一九頁。

(67) 陸費逵「論人才教育、職業教育当与国民教育幷重」『自述』一三一頁。
(68) 舒新城前掲論文『中華書局』三五一頁。
(69) 于述勝『中国教育制度史・第七巻』(山東教育出版社、二〇〇〇年)は、蔡元培の「五種主義」を取り上げても陸費逵には言及していない。また壬子癸丑学制における小学での「珠算」と女子の「裁縫」、中学での女子の「裁縫・家政」科目を取り上げているが、これらは陸費逵が科目設定の必要性を強調したものである。
(70) 朱永新『中国教育思想史(上)』(上海交通大学出版社、二〇一一年)では、「教育救国」については厳復だけを分析し、実利主義については蔡元培に言及するだけで、陸費逵にはふれていない。
(71) 田正平『中国教育思想史・第六巻(一九一一—一九二七)』(湖南教育出版社、一九九四年)では、蔡元培が新学制を作るに当たって陸費逵と蔣維喬に相談したことを取り上げ、陸費逵の蔡元培に対する批判を二頁にわたって紹介している(同書一一四〜一一五頁)。
(72) 田正平主編『中国教育通史・中華民国巻(上)』(北京師範大学出版集団、二〇一三年)でも、前掲書と同様の記述で、実利主義については「教育と民族工商経済発展とあい聯携させ」と評している(同書一七頁)。

第八章　徐特立の教育思想と実践

はじめに

徐特立（一八七七～一九六八）は、二〇世紀中国を代表する教育家であり、中国共産党に身を投じ、ソビエト区から中華人民共和国の初期にかけて教育界を中心に活躍した「傑出した革命教育家」と評せられている。徐に関しては、中華人民共和国の教育界における著名な存在であったがゆえに今日まで多くの研究成果が公刊されてきた[1]。それらはほぼ共通して徐が「教育救国」の立場から「革命教育」へ進化し、新民主主義教育理論の確立に貢献したととらえている。その発展の図式自体は、かれ自身の言葉を踏まえたもので自明の前提とされてきた。

しかしはたして、徐は名実共に「教育救国」から「革命教育」へと大転換したといえるのだろうか。この点に疑義を差し挟むような問題提起は、註記した諸々の研究の中ではほとんどなされていない。本章があえてこうした疑問を投げかけるのは、徐の教育思想の特質とかれの陶行知評価に、前半生と後半生を通して大きな変化を認めることができないためである。本章は、六〇年を超える徐の教育思想や教育実践を取り上げると共に、かれが尊敬して止まなかった「教育救国論者」陶行知との関係に照明を当てることによって、その「教育救国」から「革命教育」への転換といわれる現象の実相がいかなるものであったのかという点を中心に考察する。

一、教育実践の展開

徐特立は、一八七七年二月一日、湖南省善化県五美郷に生まれた。原名は懋恂、八六年に蒙館（塾）に入って学び始め、八八年には童養媳の形で熊立誠を娶った。九三年には祖父の遺した医学書を学び、九五年より郷里の蒙館の教師となり、「十年破産読書」と称する猛烈な勉強を開始した。(2) 一九世紀末には戊戌変法の影響を受けて康有為と梁啓超を信奉する「康梁の信徒」になった。それとともに「八股を乱読」(3)して、一九〇五年の最後の郷試を受け、三、〇〇〇余人中一九位の好成績をあげている。しかし、このとき長沙で『民報』『猛回頭』『浙江潮』『新湖南潮』などの革命派の出版物に接し、「康梁の信徒から孫文の信徒に変わり、周南女校を利用してわれわれが革命を鼓吹する機関」としたのであった。革命運動の盛り上がりの中で、鉄道国有化反対運動が広がり、新軍の武昌蜂起へとつながるが、かれ自身も〇九年に湖南省の修業学校での講演に際し、「私は指を切って（「駆除韃虜、恢復中華」の八文字の）血書をしたため、学生を激励することに借りて洋人の侵略に反対した」のである。(4) しかし、当時の徐は一方で無政府主義を信じており、「政府はすべて悪いものであり、革命党が官となれば叛変しなければならない、と考えていたので、私は一人の教育救国論者に変わ」ったと語っている。(5) 中華民国期に入るとかれは湖南省長沙県の教育に全力を投入し、男女両級師範、実習批評会、各種の教員訓練班を創設し、長沙にある八〇〇の小学校の「すべての教員は私が短期間に一手に訓練し、長沙教育界では「長沙王」にちがいなかった」と自認していた。(6)

辛亥革命発生前の一九一〇年七月から二ヵ月間、徐特立は兪子夷の勧めで日本を訪問し、日本の学校が人材の活用、財政面や設備等の効率的運用を図っていることに感銘を受けている。[7] さらにかれは日本の『小学校事匯』と『三十六箇優良小学校』について力を入れて研究した。[8] 外国に学ぼうとするかれの姿勢は、フランスへの勤工倹学の決行にいかんなく発揮される。徐は当時四三歳となっており、フランス語は全くできなかった。しかも前年まで湖南の高等師範で教え、一日に一八元、フランに換算して一日に一二〇～一三〇フランを得ていたが、フランスに行けば一日八時間の労働で四～五フランしか稼げない。それでもかれは「みなが労働を願わなければ、国家の工業は発達せず、それらはいずれもわれわれ教員であって文章を講じる者の罪である」[9] と考え、苦難が予想される旅に出たのである。この旅は一九一九年九月に出発して二四年七月に帰国するまで五年近くに及んだが、留学するには高齢であったゆえにフランス語の学習に苦労した。それでも半工半読の一年を経て、パリ大学に入り数学と物理学を学び、フランスの中小学の教育状況の観察にも努力した。[10] さらにベルギーとドイツを訪れて教育を視察した。

徐特立の興学事業は、清末の一九〇五年、学友の姜済寰・何雨農と共に善化県に梨江高等小学堂を創立し、熊瑾玎・唐怡臣と共に郷里に五美初級小学を創立したことからはじまっていたが、[11] 中華民国期に入った一九一二年には長沙師範学校を創設している。翌一三年には湖南第一師範学校の教員に転じ、『小学各科教授法』『初等小学国文教授法』『教育学』などを執筆し、教科書出版にも関わるなど[12] 積極的な活動を続けた。こうした姿勢はフランスへの勤工倹学より帰国した後も続けられ、ヨーロッパの教育状況を紹介するとともに二四年末には長沙女子師範学校を創設した。これは清末以来の徐の女子教育への関心が、ヨーロッパ留学を通して強められたためであるとも考えられる。[13]

女子教育が学制上に正式に位置づけられず、男女を隔離することが当然とされていた一九〇六年に、徐特立は朱剣凡の招きで周南女校の教員となり、男性教員が女学生に授業をする際には教壇の前に帷幕を下げておこなう「垂廉施教」という封建的な陋習を中止した。[14] また省立第一女子師範（稲田師範）校長のときに許徳耀という女学生の校内での分娩を認め、この事実についての非難の声に対して、かの女を擁護した[15]。徐は一九〇五年、妻の熊立誠が第三子を産んだばかりのとき、第二子が伝染性の下痢を患い、面倒を見る者がいなかったので、半月近くにわたって午前の授業が終わると五〇華里の道を歩いて家に帰り、妻子のために薬を煎じ、飯を炊き、洗濯をし、翌日早朝には学校に戻って授業をするという経験もした[16]。子どものときから苦楽を共にしてきた妻への愛情がそこには感じられるし[17]、女性への思いやりはその後も一貫していたと考えられる。後年の「女子に配慮し、階級社会ができてより、婦女が解放されず、私有財産が消滅しなければ、婦女は永遠に解放が得られない[18]」とするかれの姿勢はそのことを証明しているといえよう。こうした師範教育や女子教育の重視は、徐の教育姿勢の軸となっている。

徐特立が「過去においては一人の徹頭徹尾模範的な教育救国論者であったが、民国一四年から民国一六年に至る反帝反封建の大革命の過程の中で、革命の潮流はわが教育救国の理論を粉砕した[19]」と述べ、教育観の根本的な転換を明言したのは、一九二七年の五美郷での農民運動の視察がきっかけとなったと考えられる。同年七月には李維漢の紹介により中国共産党に参加する。そして、同年八月一日からはじまる南昌起義（南昌暴動）に参加した。翌二八年にはモスクワに行き孫中山中国労働者大学（モスクワ中山大学）に入学し、三〇年に帰国する。同年末には江西の中央革命根拠地に入り、三一年にはかつての教え子である毛沢東の依頼により教育普及をはかる方案を起草した。それは「老公が老婆に教え、子どもが父親に教え、秘書が主席に教え、馬丁が馬丁に教え、炊事夫が炊事夫に教え、識字者が非識字者に教えるやり方[20]」であった。その方法を「義務教育の普及と文盲の消滅は、われわれの文化と教育両面の中心工作であり、この両面の中心工作は、経常的な長期の工作であり、かつ教育工作の各面に対して計画的で系統的な配合をして進めなければならない[21]」という姿勢で推進しようとしたのである。徐は興国・于都などの地に入り、詳しい現地調査をおこなった上で、ソビエト区の各地において識字委員会・分会や識字小組の編成を指導した[22]。三二年には教育部長に相当する代理中央教育人民委員に任命され、同時に中央ソビエト区レーニン師範学校校長となり、教材編審委員会主任を兼任した。三四年には副教育人民委員に任命され、国立沈沢民ソビエト大学副校長・中央農業学校校長を兼任した。(23) しかし、三四年一〇月より長征がはじまる。「二万五千里の長征の中で、馬に乗った時間は多くても二〜三千里にすぎなかった。卓克基に至って以後は、私の衣服は、足先の靴から頭上の帽子まで、すべて自ら縫ったものであった。食糧の欠乏した草地では、私はまた普通に草を食べた」(24) と徐は長征の苦労を回顧している。長征の隊伍の中で年齢が最も上であるといわれた徐は、(25) 丁玲や周小舟らによって「馬にも乗らず引いていく」と称えられた。(26)

徐特立は一九三六年八月、新文字を利用して非識字者を解消するための教員養成をめざして掃盲師範学校を創立し、三七年の延安到着後に魯迅師範学校と改称した。同年、陝甘寧特区政府教育庁長に就任し、八路軍の高級参謀として長沙に赴くなど政治的な活動もおこなった。(27) 四〇年には陝甘寧辺区新文字協会の理事となり、四一年には自然科学院院長に任命され、辺区の冬学委員会顧問としても活躍した。四二年三月一七日には生活教育社一五周年記念会に出席して、陶行知への尊敬の念を示し、「師陶」という署名を用いるようになった。(28) 徐は、延安における自然科学教育を指導するとともに、四三年には生活教育運動一六周年記念会に参加し、四四年には生活教育運動一七周年記念会を招集し、四五年には生活教育運動一八周年記念会に出席するなど(29) 陶行知との結びつきを強めていった。徐と陶行知との関係は、本章が最も重視するところであり、後に詳述することにする。

二、教育理論と実践の特色

徐特立自身が、教育救国論を捨てて無産階級の革命戦士として革命教育をおこなうに至ったと語り、多くの研究もこのことを是認しており、[30]これを否定する研究は管見の限りではほとんど存在しない。しかし、その解釈には一定の幅がある。例えば、徐の教育思想に関しては、「民智を開発し民主意識を伝播することは、もともと民主革命のテーマの中で持つべき義であり、いわんやかれはただ教育をもって国を救おうとする実を有していただけで、「教育救国」の「論」ではなく、名実共の教育救国「論者」とはみなせないのである」とし、かれは「同時に、教育をもって専制に反対し、民主を宣伝する陣地にいた」ので、「かれの「教育救国」論はかれが機会があれば新たな革命の道に踏み出すことを妨げるものではなく、かれの「教育救国」論を別人の「教育救国」論と混同させることはできない」[31]と結論しているものもある。教育救国論自体には否定的見方をとりつつ、徐の教育救国的姿勢を異なる性格のものとして肯定的に評価しようとしているのである。また中国教育史の研究史上では、教育救国論は否定されているが、『小学各科教授法』などの教育教学の理論専著は、徐老が教育救国を堅持し、その全力を傾けた産物であった」と評価し、教育救国であるからすべて否定することはできず、「具体的な問題には具体的な分析を加えなければならない」とする見方も次第に出てきている。[32]

もうひとつ考えておかなければならないのは、徐特立が自らの「教育救国」論を批判する傾向は、解放以後により強まっているということである。徐が「抗戦が私に与えた機会（抗戦給我的機会）」で「革命の潮流がわが教育救国の理論を粉砕した」と述べたのは一九三八年であり、「大革命時の農民運動」によって「教育救国はわが三〇年来の一種の幻想」であることを知ったと述べたのは、一九四九年であった。[33]その後、徐が「教育救国の道は行き詰まっていると感じていた。なぜならば私が教育した学生の中で、ある部分は後に人を圧迫する人になったから」と語ったのは一九五七年であり、[34]「「教育救国」の空想で頭がいっぱい[35]」と語ったのは一九六三年であった。晩年になるにつれて自らの教育救国論を批判する傾向が強まっているのは、徐自身のマルクス・レーニン主義理解の深化や中華人民共和国の教育界における地位の上昇と無関係ではないだろう。立場上、公式見解を表明する機会が増えたと解することもできるのである。

では、徐特立の自他共に認めるこうした思想的転換は、かれの実践とどのようにつながっているのか、個別具体的に検討していく必要があるだろう。徐は「各科の教学に対しては実物教学・実地教学・書本教学（図表に注意）と実際行動（日常活動の中の学習）を重視する」[36]と述べ、現実との関わりを重視している。また「国文教学は必ず科学書をよく読めることをもって目的とする」[37]として科目間の連携にも意を用いている。こうした姿勢は一九一三年から一六年にかけての湖南省立第一師範学校の講義案以来かれが持ち続けたものである。「国語科の材料はまさに道徳を涵養するもの」[38]であるべきであり、「国語教授は読法・書法・綴法の三者がもとよりまさに相互に連絡すべきもの」であるとし、「今日本の教授時間配当の標準を記録して、参考に供する」[39]としているところにも、科目間の連繋、内容面での関連性、現実的な実行可能性についての配慮が見えるのである。さらに「小学校の算術は、日常の計算と生活必須の知識に習熟させ、その思考を精確たらしめることを要旨とする」[40]として、実用性の重視も唱えている。

徐特立が「高等師範で教育をしていたときも小学校の職務から離れなかったが、それは私が小学生に教えることを愛していたためである」[41]と述べているように、現場との関わり合いがかれの教育姿勢の原点となっていた。それは体育にも関連する「行進徒歩の（一歩の）長さは、年少の生徒および女子は適宜これを縮小する」[42]とする教授上の注意に見られる現実重視の方針や、愛国心の涵養にあたって「歴史は愛国心を養成する科目であるが、尊大・偏見・固陋に流れやすい。ただ地理の一科は国家観と世界観を兼ね、真摯で着実にして活力に富む愛国心を養成するに足る」[43]とする客観的で実態を踏まえた姿勢にも見られ、徐の教育実践の基本となっていたと考えられる。

徐特立の現実主義は、かれの歴史評価からも明らかにできる。徐と同じ湖南省生まれの曾国藩に対する評価はその典型である。徐は太平天国を打倒した湘軍が曾国藩の創建にかかるものではなく、何人かの人士の手によって作り上げられたことを確認した上で、曾が「たいへん聡明で、より多くの人の長所を吸収して」発展させたことを述べた[44]。さらに「名教を擁護し、清廷を推戴した曾国藩はまた最も早く洋務を提唱し、かつ子弟を外国留学に派遣することを願い、軍政・船政・製造・歩算の諸書を学習させ、西洋人がほしいままに長じている技を中国人が皆知るようにさせたので、その後自強を図ることができた[45]」として中国の富国強兵に貢献したことを評価する。その一方で、「洪秀全の失敗は、農民自衛軍を持たなかったため[46]」とし、「太平天国の失敗は、満漢の統治階級の内部協調のためであり、新興の中小地主階級が腐敗した旧地主に代わったためである[47]」とか「太平天国は宗教を利用し、制度を立てなかったゆえに、失敗にあった[48]」という判断を示し、范文瀾に代表される中国共産党の公式見解とは一線を画する歴史観を提示している[49]。

徐特立は、第二次国共合作が成立した一九三七年に「蒋委員長に至っては絶対に抗戦をやり抜き、投降の可能性は絶対にない[50]」と蒋介石を高く評価している。さらに青幇・紅幇の活動を湖南省政府が禁止したことに対して、徐は「私は青・紅幇の抗日の言論と青・紅幇の兄弟に抗日の政治教育をしようとする言論に賛成を示しており、私の提起する原則は、青・紅幇は数百年の歴史を持ち、その社会基礎を持っていて、一つの命令で消滅させることはできず、ただ摩擦を増加させるだけであって、ただ改造させることだけが抗戦に有益であり、政府に有益である[51]」と述べている。これらは現実から発想しようとする徐の姿勢の表れでもある。それはまた「われわれのやっている教育は、何のよりどころもなくして創造できるものではなく、遺産を受けて作るものであり、人類の歴史は発展しているので、すべての時期に異なった教育がある」とし、「現実主義は唯物主義であり、「歴史的」というものを加えれば無産階級のものになる[52]」として、教育を考えるときに、歴史的な視点は不可欠であることを強調している。

徐特立は実質を重んじたがゆえに、形式主義や教条主義を嫌った。かれは「マルクス、エンゲルス、レーニン、スターリンはわれわれに多くの財富を与えてくれたが、われわれはまだうまく使うことができず、セクト主義、主観主義を産みだし、かれらの唯物弁証法を『新旧約（聖書）』『コーラン』および南無阿弥陀仏に変えてしまったのだ[53]」と述べ、「王明が学んだのは教条主義で、主観をもちいて客観に命令したが、この教条主義はわれわれの損失を最大のものにした[54]」と述べている。これとともに第一次整風運動が一九四〇年代前半に解放区で展開され、この「三風整頓運動」の中で学風（学習に見られる主観主義）の克服が提起されたが、徐は学風の中で最も重要なものは「実事求是（事物の真相を求め訪ねること）」「不自以為是（独りよがりにならないこと）」であると力説している[55]。客観的事実を拠り所とすることの重要性を強調しているのである。徐は「民間の教育は官学と反対で、いわゆる聖人は常師無しであり、いわゆる指導者は大衆に学ぶということであり、いわゆる弟子は師に如かざるを必せず、師は弟子より賢なるを必せずである[56]」と述べ、形式主義や権威主義を否定する姿勢を見せている。

徐特立の教育思想を考察するとき、同時代の教育方法や実践に対してどのような評価をしたかが問題となる。二〇世紀前半の中国に導入された欧米の新たな教育方法にドルトン制や設計教学法がある。徐はこれらに対して「ドルトン制はすでに自動的学習となっているが、学校での学習にしばられる。その工作は研究室と実験室にしばられ、学校の工場と農場に付属し、ただ自然科学の面の実験と学習に限られ、社会生産の工場と農場になっておらず、経済との連繋に欠ける。設計教学法は実際の社会工作の設計ではなく、学生を社会に送って設計を進めるものでもなく、仮定の社会を学校の中に移して設計を進めるものであり、こうした設計は社会の現実から離れている[57]」として、中国社会の現実から遊離しているがゆえに教育方法として有効性を持たないことを指摘している。

徐特立は、同時代に活躍した教育家に対して以下のような認識を持っていた。まず中華平民教育促進会総会の指導者であった晏陽初について、かれらの「調査、試験はたいへん厚い材料をもっていたが、ただ実験主義であった」とし、「平民教育会は問題の解決に動いたが、農村を資産階級に奉仕する農村に変えた」と批判的にとらえている。山東省鄒平県で郷村建設運動を指導した梁漱溟については「非現実的で、まず仏を信じ、儒を信じたが、後にまた旧式の郷治を用いて中国を良くしようと考えた。かれの思想・方法は誤っているけれども、中国を良くしようという理想と情熱は持っていた」とし、「社会を改造しようという理想を持ち、さらに自己の一定の立場を持ち、さらに「我」を持っていたが、弱点は破壊を怖れることであったので、時に反共となった」と功罪両面からとらえている。胡適については「問題を論じることが多く主義を論じることが少なかったが、ただ問題を論じるだけで問題を解決することがなかった」と実践的でないことを批判している。職業教育運動の指導者である黄炎培については「中華職業教育社を創建したが、かれのおこなったことは有効、有用で、現実主義であった」とし、かれを中心とする「江蘇教育会は以前中国教育に対してたいへん大きな作用を持ち、全国にたいへん大きな影響を与えた」と好意的に評価している。(58)しかし、こうした教育家たちとは比較にならないほど徐が高く評価したのは、陶行知であった。徐の教育思想と実践を分析するにあたって大きな意味を持つのが、かれの陶行知評価である。そこで徐の陶行知をめぐる言動に注目し、以下において詳しく論じていきたい。

三、陶行知評価をめぐって

徐特立の教育者としての生涯で最も大きな影響を受けたのは、かれにとっては年下となる陶行知であった。徐は陶行知の教育普及を論じた小冊子を読んで「活きた弁証法」で「中国の現在を背景とする唯物論」であると述べている。

続けて陶行知が「普及教育はまず労働者大衆に時間があるかどうかということであり、この他に国家の経費問題、教員問題等々があり、現在の困難な条件下にどのようにするかである」と主張したことを取り上げて紹介する。そして、これは陶行知の物質論であり、かれが提唱した教・学・做の原則の下に「先生関」を打破することで教員問題を解決し、引き続いて「学校関」を打破し、「紙筆関」を打破するなど大体二〇数個の関所を打破することで諸問題を解決しようとしたものであり、かれのこの矛盾を解決する理解と行動は、書物より来たものではなく、かれ自身の歴史的根拠に基づくものであるとする。徐はさらに陶行知の教・学・做の三字は頭脳の中より生み出されてきたように見えるが、陶自身がいうように行動の中の歴史的産物であり、もともとはただ教・学の二字があったにすぎなかったが、做の字は後に長い実践の中で加えられたものであるととらえている[59]。徐はこうした「陶行知先生の教学做合一の方法は、疑いもなく中国革命の条件下の産物である。陶先生の主要な方法である「教学做合一」は革命的な方式であり、大衆を学生とし、かつ大衆を教師とする方式である[60]」として教学做合一の方法を全面的に評価した。

徐特立は生活教育社の一五周年記念にあたって、「生活は即ち教育というのは、ただ原理であるばかりでなく、方法を有し、行動を有するものであった。陶行知の原名は知行で、いったん自らの誤りを発見するや、ついに自らの名前を転倒させたが、その革命的精神をわれわれは学ばなければならない[61]」と讃えるとともに「中国は国民党の復古教育が生活を離れることたいへん遠かっただけでなく、われわれの教条主義と党八股がその理論と原則では実際を総合した経験より得たものではなく、教育の目的もまたただ教育のための教育、学習のための学習であった[62]」と国民党のみならず共産党陣営の反省点まであげているのである。

陶行知の教育実践を象徴するものに小先生制がある。徐特立は「陶行知の小先生制は、私が江西でおこなった小先生制と密かに合しているのだが、私はただ行動があるだけで理論がなく、かれは理論を発明していて、実際に私より高明であり、私はかれの学生ではないが、常に尊敬してかれを師とし、私は友人との通信において、仮の名前を記すときにはつねに「師陶」と署名した[63]」と述べている。また徐特立を理事長とする延安新教育学会は、一九四二年生活教育社成立一五周年を記念して陶行知に書簡を送り、「先生は教育事業に従事してより以来、老八股と洋八股に反対するという旗印を掲げ、伝統教育と洋化教育に向けて進攻された。生産教育の理論をうち立て、教学做合一を主張し、理論と実践の連繫を重視し、心を労することと力を労することの分裂を打破することに努められたが、先生のこうした進歩的な教育主張のように、まさに病に応じて薬を与え、中国教育の弊病を治療する良き処方とするのがよく、先生の教育事業に献身し、苦難を厭わず困難を怖れない精神は、改めて教育界の模範と称するに足るのであります[64]」と称えた。これは陶行知の業績の特筆すべき点を的確にまとめたものといえるだろう。

陶行知の成功は、「大衆の需要―現在の中国の需要」を反映していたためであり[65]、「功利主義であり、現実主義であり、実際精神の範疇に属する[66]」と徐特立は考えていたが、その一方で、かれは「陶行知は中国革命の教育家であり、かれの学術は革命に服従して革命の学術となっている[67]」と述べつつ「陶行知はマルクス・レーニン主義者ではなく、ボルシェビイキでもなく、救国会の責任者の一人である[68]」という判断もしている。この場合の「革命」の解釈としては、先に引いた陶の「教・学・做合一の方法」は、「中国革命の条件下の産物」であり「革命的方法」であるという徐の言葉がある。このことが示しているように、陶については、教育において伝統的教育を打破する「革命」的方法を打ち出しているとはいえ、政治的にはマルクス・レーニン主義者ではなく、抗日のための「政治と教育の結合[69]」を主張する民主派の知識人として認識しているのである[70]。

徐特立はまた「陶行知が「労働の上に心を労する」学説で、労働者農民に書物が読めるように教え、書物を読む教員と学生が力を労するように教える必要があるとした」と述べ、それをうけて「われわれの辺区とその他の解放区は、労働者農民が普遍的に字を識るよう、知識分子が普遍的に生産に参加するよう提唱し、われわれの人民大衆がいずれも知識分子となり、あらゆる知識分子が、よき生産者となるよう提唱した。これがわれわれの教育改造の総方針である[71]」として、陶行知の精神を辺区や解放区の教育方針に取り入れようと努力している。これはまた徐の主張する「今日新民主主義政権下の教育の中心問題は普及教育であり、労働者教育を実施する問題（すなわち生産教育）である。……すべての児童、すべての青年は、男女、出身を問わず、すべて平等の教育を施さねばならず、資本主義社会の双軌制——職業教育は平民のものであり、人材教育は有産階級の専有とする——を採るべきではない[72]」とする教育の普及と平等や労働を重んじる教育にも通じる精神といえるだろう。

一九五〇年代の初頭、映画《武訓伝》批判運動がはじまり、これに連動する形で生前、武訓を称え続けた陶行知を批判する運動が続いた。徐は「武訓の進めた教育は奴隷教育[73]」と武訓を批判したが、陶行知を表立って批判することはなかった[74]。一九五一年という《武訓伝》批判の渦中の時期、徐は「行知の主張した「社会は即ち学校」は、決して学校を廃止しようとしたのではなく、学校を社会の中の特殊部分とし、学校を拡大して社会の中のものとし、学校を社会化したものである[75]」として、陶行知を正当に評価したのであった。

徐特立をめぐる研究の中には、かれが陶行知の誤りを指摘し、批判していると述べるものがある。例えば陶行知の「行動は真理を生み、ただ真理の行動がありさえすれば、真理を生むことができる」という主張は、旧い唯物論を軽蔑する人物のそれと一致すると批判したのは[76]、その一例である。また陶行知の「教学做合一」は特定の歴史条件の下において特定の対象に対してとられた革命的方法であると指摘したが、実際上は陶行知の「教学做合一」の思想を全面的に肯定したものではなかった[77]、とする見方もそれに相当するであろう。しかし、全体として見れば、徐の陶行知に対する評価は上昇していった[78]。そして、解放後の一九五〇年になってもまだ「教学做合一」は「十分な弁証法的方法である」と考えていた[79]ことからも徐の一貫した姿勢を知ることができるであろう。

おわりに

徐特立は、中小学の教科は音楽以外、すべて教えたという。[80] 長期間にわたる豊富な教育現場での経験が、かれの教育理論を作り上げ、実践を支えた。中華民国の初期、かれは各科の教学法を執筆したが、当時の教育部の指導方針を尊重するもので、穏やかな内容であった。ただ識字率の低さを憂慮したかれは、師範教育に精力を注ぎ、教育普及の人材養成に全力を傾注した。長沙教育界の教員養成を一手におこない「長沙王」とまで称せられたかれの実践は、解放区における魯迅師範学校の設立・運営まで引き継がれていくことになる。童養媳の形で結ばれた妻への愛情は、かれが中国共産党に身を投じて家族と長期にわたって離れた時期も変わることがなかった。妻をいたわる気持は、女子教育に対する配慮となり、女子師範学校の設立に結びついた。こうした長期にわたる一貫した姿勢は、徐の持ち味といえるだろう。

徐特立は、血書事件に見られるような激情を持ち、四〇歳を超えフランス語を解せないままのフランス勤工倹学という行動に踏み切ったことに見られるような強い意志を持っていた。その一方で、清末の日本訪問で当時の日本教育の利点を見出し、勤工倹学時代にフランス・ベルギー・ドイツから学ぶべきものを摂取するというバランスの良さも見せている。かれが勤工倹学から帰国し、「教育救国」から「革命教育」へ転じるきっかけとなったのは、一九二七年の故郷五美郷での農民運動調査にあったことは、通説のほぼ一致するところである。しかし、問題はその内実である。現在のところ、教育救国論を否定すべきものとしてとらえるのは、中国における中国近現代教育史研究の共通理解となっている。[81]そのため徐の教育救国の姿勢は、他の教育家の教育救国的姿勢と異なる性格を持つものとしたり、教育実践に関わる具体的な問題を具体的に分析すべきであるとする主張などが出ている。加えて、徐自身の「教育救国」から「革命教育」への転向宣言もあり、一九二七年以後の「革命教育」を中国の研究者が積極的に評価することを促している。だが、内容面での大きな変化があってこその転向宣言であり、その内実を検討することが欠かせないのである。

徐特立が「革命教育」へと転じた後に目立つのは、その生涯を通して「教育救国論者」と評してよい陶行知への傾倒であり、生活教育社との連携の強化である。徐は「師陶」と署名し、陶行知の「教学做合一」を評価し、陶の小先生制と同じ教育普及方法を江西ソビエト区で実践した。教条主義や形式主義を嫌悪した徐は、陶が「老八股と洋八股」に反対したことを称えた。精神労働と肉体労働との差別解消をめざした徐は、陶の「力を労する上に心を労する」姿勢に共感した。科学教育を重視する点でも二人は共通している。徐は曾国藩を評価し、青幇・紅幇の活用を唱えるなどあくまでも現実から出発し、公式見解と一線を画する姿勢をもっていた。小学校教育に愛着を持ち、現場主義の方針を変えなかった徐は、ドルトン制や設計教学法を批判し、実物を重視し、科目間の連携に配慮し、労働者教育を重視する救国に役立つ教育を求め続けたといえよう。徐自身が、陶行知の教育を評して功利主義、現実主義で、実際精神を持つというとき、自らの教育方針との共通性を強く感じていたのではないだろうか。

『文存』に拠るかぎり、徐特立は中華人民共和国初期までは教育に関わる積極的な発言を繰り返していたが、その後は目立った発言をおこなっていない。目立つのはマルクス・レーニン主義に基づく政治に関わる公式発言である。マルクスの『資本論』やエンゲルスの『家族、私有財産及び国家の起源』をはじめ、レーニンやスターリンから自らが敬愛する教え子[82]の毛沢東などの文章を引用しつつ自らの見解を語っている。内容的にはオーソドックスなマルクス・レーニン主義と毛沢東思想の理解である。その意味では、徐は革命家となっている。しかし、武訓の批判はおこなっても、陶行知教育思想批判は少なくとも公式にはおこなっていないのである。それは中国社会の現状に応じた教育を普及させることによって人々を救済しようとする姿勢(83)において、徐は最後まで陶行知を認めていたと考えられるためである。したがって、徐は最後まで陶行知と同様に「教育救国」的姿勢を持ち続けたと考えられるのである。

註

(1) 徐特立に関する研究としては、蔣崇偉・鄒秋龍「徐特立」(胡華主編『中共党史人物伝』第三巻、陝西人民出版社、一九八一年、所収)、曹国智・孟湘砥主編『徐特立教育思想概説』(湖南教育出版社、一九八三年)、陳志明『徐特立伝』(湖南人民出版社、一九八四年)、吉多智・李国光・戴永増編『徐特立教育学』(広東人民出版社、一九九〇年)、陳桂生『徐特立教育思想研究』(遼寧教育出版社、一九九三年)、孫海林主編『徐特立教授法研究』(湖南人民出版社、二〇〇二年)などがあげられる(以下の引用では書名のみ示す)。また徐特立の文章は、最も多く収録されている武衡主編『徐特立文存』(全五巻、広東教育出版社、一九九五年)を使用した(以下『文存』と略す)。なお日本では大塚豊氏の研究があり、『文存』第五巻に「徐特立的生平、教育思想及実践」と題して、中国語訳されている。最近の研究成果としては、鄧江祁主編『徐特立研究文集』(湖南師範大学出版社、二〇一一年)があるが、本章で問題にしている教育救国論に関しては、呉振塵「論徐特立的文芸思想」で「徐特立は早くに教育救国の思想を追求し、その後もなお教育救国あるいは建国であった」(同書、九〇頁)という見方をしている以外の研究は、基本的に教育救国論者から無産階級教育家に変わったという評価である(本章では徐特立は以後、徐とも表現する。また本文中の( )はとくに断らない限り筆者註である)。

(2) 『徐特立教授法研究』一八八頁。徐が医薬の書を読み始めたとき、「医者で陰陽家で、同時にまた仏家であったが、二〇歳のときにはこうした迷信的な職業を放棄した」(『徐特立教育思想概説』二頁)。こうした勉学に打ち込む姿勢は、教員になってからも変わらず、日中は教育活動に専念し、読書は夜の八、九時以降の三時間か、あるいは夜明け前におこない、代数・幾何などは道を歩きながらポケットから取り出した表を見て学んだと述べている（徐「留法老年学生之自述」『文存』第一巻、二三頁）。

（3）徐「六十自伝」『文存』第一巻、一四〇頁。

（4）同前『文存』第一巻、一四三頁。

（5）同前『文存』第一巻、一四四頁。

（6）同前『文存』第一巻、一四四頁。『徐特立教授法研究』五八頁では、「現在の教案類の書籍と対照させると、当時の教育界の「長沙王」の教学経験の豊富さ、科学設計の精巧さを改めて知らされる」と評価している。

（7）『徐特立伝』二五頁。このとき実践女学校、鮫橋小学校などを訪問している（『徐特立教育学』三四七頁）。

（8）『徐特立教授法研究』一四頁。また徐「公園管理管見」『文存』第一巻、三八頁、では「日本人の尊孔はわが国に優っている」と述べ、虚心に現実をとらえようとしている。

（9）徐「留法老年学生之自述」『文存』第一巻、二〇〜二二頁。

（10）『徐特立伝』五八〜六二頁。

（11）『徐特立教授法研究』一八八頁。

（12）同前書、一八九頁。

（13）長沙女子師範の設立には資金調達で苦労し、教員の給与も低く抑え、一人の料理人以外に雑務をおこなう人間を置かず、校長である徐特立と学生が担当した。またヨーロッパで学んだ新たな教学管理方法を学校運営の中で実践した（『徐特立伝』七一〜七二頁）。徐は「学齢児童は、強迫入学させなければならず、女子はもっとも注意すべきである」といい、「女子補習学校は、速やかに設立させなければならず、一年か半年で卒業させ、成年女子の、簡単な知識のない者も、労働をさせたり、商業をさせたりすることができ、程度のやや高い者は、執務させられる。フランスでは役所でも、会社でも、工場でも女子が働き、会計をしていないところはない」（徐「工読」『文存』第一巻、三三頁）と述べている。

（14）『徐特立伝』二〇頁。『徐特立教育学』三五四頁。

(15)『徐特立伝』七三頁。
(16)同前書、一九頁。
(17)徐は延安における講演で「私の妻は童養媳であって、文化的素養もなく、小さいときから私と艱難を共にしてきた。私は外で教育と革命に従事し、かの女は家で子どもを育て、労働と辦学を兼ねたが、かの女は私の事業を支持し、完全なものにしてくれた。私は一生婦女解放をおこなうことを唱えており、仮にかの女を捨てるようなことがあれば、どうして苦難を受ける女性を増やさないといえるのだろうか」と述べている（『徐特立伝』一二二頁）。
(18)『徐特立教育学』八六頁。
(19)徐「抗戦給我的機会」『文存』第二巻、五五頁。これは一九三八年の文章である。
(20)徐「漫談」『文存』第三巻、九一頁。
(21)徐「征集対于《小学教育制度草案》意見的公函」『文存』第一巻、一一六頁。
(22)『徐特立伝』一〇五頁。徐がまず調査から着手したことは、『徐特立教育学』三四八頁、『徐特立教育思想概説』一三頁、でも特記している。
(23)『徐特立教授法研究』一九一頁。『徐特立教育思想研究』二七二〜二七三頁。
(24)徐「我和党有歴史上不可分離的関係」『文存』第二巻、一九四〜一九五頁。なお徐「六十自伝」『文存』第一巻、一四五頁、では「私は二万里前後を歩いた」と述べている。
(25)『徐特立教育思想研究』五一頁。
(26)『徐特立伝』一一二頁。
(27)『徐特立教授法研究』一九二〜一九三頁。『徐特立教育思想研究』二七四〜二七六頁。
(28)『徐特立教授法研究』一九四〜一九六頁。『徐特立教育思想研究』二七七〜二七九頁。
(29)『徐特立教授法研究』一九七〜一九八頁。『徐特立教育思想研究』二八一〜二八二頁。
(30)『徐特立伝』二頁、八五頁、一二二頁。『徐特立教育学』二一一頁。『徐特立教育思想研究』三〜四頁。『徐特立教育思想概説』一一頁、五〇頁。蔣南翔「偉大的人民師表——徐特立同志一〇五周年誕辰紀年」『文存』第五巻、四三二頁、など。

(31)『徐特立教育思想研究』一三～一四頁。この書の序文では、「教育救国論者」について、「かれらは革命を経ずして単純に教育手段によって旧中国を改造しようとしていたが、これは実際に基づかない幻想であった」という見方をしている（序・三頁）。

(32)『徐特立教授法研究』一一頁。

(33) 徐「我的学生経験和政治生活」『文存』第三巻、三三四頁。

(34) 徐「新年前夕談幸福」『文存』第五巻、三五四頁。

(35) 徐「不断的向自然和社会進行艱苦的闘争」『文存』第五巻、三八四頁。

(36) 徐「談談学校教育」『文存』第五巻、一六四～一六五頁。

(37) 徐「国文教学問題」『文存』第五巻、一六六頁。

(38) 徐「小学各科教授法（上）」『文存』第一巻、一六三頁。なおこの「小学各科教授法」の「修身」に関わる教授方針では「孝悌、親愛、勤倹、恭敬、信実、勇義等実践に適合した身近な事項から、次第に国家、社会の責任という一般に及び、その品位を高め、その志操を固め、その進取の気を増やし、その忠君愛国の心を養うべき」（『文存』第一巻、一五五頁）とし、「男女の特性について、男女が各々本分を尽くすべきことについてこれを教授する」（同前書、一五九頁）とするなど中華民国初期、袁世凱政権下の教育部の方針を、ほぼ踏襲する方針を出しており、急進的な改革とは無縁であった。

(39) 前註（38）『文存』第一巻、一七三頁。徐はここで日本の教授時間配当を参考にすべきことを説いているが、「わが国の教科書の大多数は間接に日本語訳された英米書で、中国に転じたときには、すでに陳腐なものになっている」（徐「請湘教育界諸公注意」『文存』第一巻、五六頁）として、無条件に外国のものを摂取しようとしているわけではない。

(40) 前註（38）『文存』第一巻、一七七頁。

(41) 前註（3）『文存』第一巻、一四三頁。

(42) 徐「小学各科教授法（下）」『文存』第一巻、二七三頁。

(43) 同前『文存』第一巻、二八七頁。
(44) 徐「弁証唯物主義的思想方法」『文存』第三巻、一七頁。また湘軍について、徐は「その基礎が「湘勇」であり、あのような「地方部隊」は、まさに今日われわれが求めているもの」と評価している（徐「国共合作与抗戦前途」『文存』第二巻、二三頁）。
(45) 徐「簡論魏源的〝改造思想〟」『文存』第三巻、二八六頁。
(46) 徐「講学録」『文存』第四巻、七〇頁。
(47) 同前『文存』第四巻、七九頁。
(48) 同前『文存』第四巻、八六頁。
(49) 范文蘭『中国近代史・上冊』（人民出版社、一九四七年）参照。その一方で、徐は義和団運動について「私は義和団の賛揚者であり、それは婦女児童が一斉に最前線に立ち、民族の英雄代表となり、全国的なものとなり」（徐「我参加中共第六次代表大会的経過」『文存』第四巻、三六九頁）と述べ、范文蘭と同様の見解（『中国近代史・上冊』三四八頁、参照）を示している。
(50) 徐「国共合作与抗戦前途」『文存』第二巻、二四頁。
(51) 徐「在湘十個月的工作報告」『文存』第二巻、一二四頁。
(52) 徐「教育的重要性問題」『文存』第三巻、二九～三〇頁。
(53) 徐「再論我們怎様学習」『文存』第二巻、二二四頁。徐は、マルクス・エンゲルス・レーニン・スターリンを含むすべての真理を教条とすべきではなく、思想統制は必然的に滅ぶと考えていた（『徐特立教育学』一二二頁）。徐はまた「過去に少なからぬ機会主義の誤りを犯し、……全体的な教育制度を打ち立てることができなかった」（徐「関于召集教育大会的通告」『文存』第一巻、一一四頁）として、「機会主義」の誤りも指摘している。
(54) 徐「関于第二次国内革命戦争時期的報告」『文存』第四巻、三八三頁。
(55) 徐「実事求是、不自以為是」『文存』第四巻、二頁。またかれは湖南第一師範が毛沢東主席の作風である「実事求是、不自以為是」を校風とするよう希望している（徐「論校風」『文存』第四巻、二二五頁）。こうした姿勢は、上級幹部は直接現場を知るべきであるという主張（徐「関于新調来的教育幹部訓練問題」『文存』第一巻、九九～一〇〇頁）にも見られる。

(56) 徐「関于教育問題与戴伯韜的談話」『文存』第二巻、一四〇～一四一頁。なお「弟子は師に如かざるを必せず云々」は、唐宋八大家の一人に数えられる韓愈（七六八～八二四）の言であるが、徐はこの言葉を好んで引用している。『文存』に収められているのは、「怎様学習哲学」『文存』第二巻、一四九頁、「我們怎様学習」『文存』第二巻、二一四頁、「再論我們怎様学習」『文存』第二巻、二二四頁、「各科教学法」『文存』第二巻、二五二頁、である。

(57) 徐「関于教育問題与戴伯韜的談話」『文存』第二巻、一四二頁。またかれはドルトン制について「これは本来一般の研究工作の方法であって、この種の方法を大衆教育の中で用いることはたいへんふさわしくない」（徐「各科教学法講座」『文存』第四巻、二五二頁）と述べている。

(58) 以上の評は、徐「弁証唯物主義的思想方法」『文存』第三巻、二一～二二頁、に拠る。徐は黄炎培とその仲間については、無理に中国共産党側に引き込むことはせず、従来の立場を守りつつ、中国共産党との友好関係を保持するようさまざまな面で配慮している（徐「関于湖南統一戦線工作情況的報告」『文存』第二巻、一三一～一三二頁）。また徐は江蘇教育会について「政治面では、上層は日本の立憲性を持ち、下層人物は民主制を持っていた」（徐「漫談」『文存』第三巻、一一八頁）と好意的に見ている。

(59) 徐「怎様学習哲学」『文存』第二巻、一五三頁。

(60) 徐「関于教育問題与戴伯韜的談話」『文存』第二巻、一四一～一四二頁。

(61) 徐「生活教育社十五周年」『文存』第二巻、二二〇頁。

(62) 同前『文存』第二巻、二一八頁。

(63) 徐「再論我們怎様学習」『文存』第二巻、二二五頁。実際に徐は、江西ソビエト区の時代、前註（20）にあげたような小先生制に相当する実践を「工余」や「行軍休息時」におこなわせるようにしている（徐「中国教育家陶行知先生的学説」『文存』第三巻、一六七頁）。この小先生制の精神は解放区においても「五十の字を識る者が非識字者に教え、一百の字を識る者が五十の字を識る者に教え、五百の字を識る者が百字を識る者に教え」（少共中央局中央教育人民委員部聯席会議「関于目前教育工作的任務与団対教育工作的協助的決議」『文存』第一巻、一一一頁）という形で推進することが提案されている。

(64) 徐「延安新教育学会致函陶行知先生」『文存』第二巻、二三三頁。
(65) 徐「弁証唯物主義的思想方法」『文存』第三巻、一八〜一九頁。
(66) 徐「陶行知学説」『文存』第三巻、六一頁。
(67) 同前『文存』第三巻、六〇頁。
(68) 徐「再論我們怎様学習」『文存』第二巻、二二四頁。
(69) 徐「漫談」『文存』第三巻、一一三頁。
(70) 徐は「漫談」の中で、陶行知の「暁荘師範は学生を教育して掃き掃除、野菜の栽培、壁に釘を打つことをさせていた。これは知識分子にとっては比較的必要であるが、農民にとっては必要ではない」（『文存』第三巻、一三五頁）と指摘したが、これは農民など働く者の現実に徹しきれない部分があるという意味で、陶の実践に対する数少ない批判といえよう。
(71) 徐「中国教育家陶行知先生的学説」『文存』第三巻、一六七頁。
(72) 徐「新民主主義教育的基本内容」『文存』第二巻、一七五頁。
(73) 徐「『武訓伝』的討論是一個厳重的政治問題」『人民教育』第三巻第三期、一九五一年。なおこの文は『文存』には収められていない。
(74) この時期の動向についての『徐特立教育思想研究』の見方に拠ると、以下の通りである。徐特立は《武訓伝》批判が陶行知批判になっても動揺が少なく、文章を発表し続けていた。その後、封建的教育思想に対する批判がブルジョア的教育思想に対する批判に変わり、胡適・デューイの実用主義教育思想の批判が陶行知教育思想批判に波及した。また一九四八年から五二年にかけて解放区の教育の伝統を発揚し、五三年よりソ連教育を全面的、系統的に展開することになった。こうした動きは徐特立の思いとは異なっていたために、かれは発言をほとんどすることなく、この後も陶行知の討伐者の列に加わることはなかった（『徐特立教育思想研究』一一五～一一六頁）。

(75) 徐「教育要社会化」『文存』第五巻、一七九頁。

(76) 徐「怎様学習哲学」『文存』第二巻、一五八～一五九頁。またこの点を指摘しているのは、『徐特立教育学』二〇九頁。

(77) 『徐特立教育思想研究』一六四頁。

(78) 同前書、二三九頁。

(79) 同前書、二四五頁。

(80) 同前書、一三頁。

(81) 同前書、八頁、では「よく知られているように、徐特立の教育思想の価値は、主にその前期の「教育救国」論を精神的支柱とする教育思想にはなく、後期の人民教育事業の中に光を放った独自の思想にある」と述べている。

(82) 徐特立が湖南第一師範学校で教鞭をとっていたときの学生に毛沢東・蔡和森・蕭三・李維漢・羅学瓚・陳昌・張昆弟・郭亮らがおり、省立第一女子師範の教員も兼ねたが、向警予・繆伯英・蔡暢・丁玲らはこの学校の学生であった。さらに湖南高等師範学堂の教員にもなり、舒新城はそのときの学生であった（『徐特立教育思想概説』六頁）。

(83) 徐特立が五〇年前に提起した「高等自然科学教育と科学研究を生産と結合し、経済と結合する」という思想は、「当時の教育の壁を打破する試みであった」として評価する新たな見解も出てきている（戴永増「学習徐老、解放思想、勇于創新」（一九九二年）『文存』第五巻、五〇〇頁）。

第九章　陶行知の人口論

はじめに

陶行知（一八九一〜一九四六）は、中国近代の代表的な教育者であり、かれの教育思想と実践の内容は、現代中国において広く研究されてきた。かれは一九二〇年代、識字率の低い中国において平民教育に取り組み、やがて人口の圧倒的多数が居住する郷村に目を向け、自ら郷村に入って多くの教え子とともに教育普及に情熱を燃やした。しかし、そこで教育普及の障害となる巨大な人口圧に直面する。陶はこの人口問題を解決するための研究を進め、三〇年代に入ってから人口抑制論を唱えるようになった。この陶行知の人口抑制論に関する研究成果は、少数ながら存在する[1]。しかし、いずれの研究もマルサスの人口論との比較検討に重点がおかれ、陶の人口抑制論を当時の中国社会の現状から分析するという試みはほとんどなされてこなかった。本章は、陶の人口抑制論の具体的内容を取り上げるとともに、その展開の過程を追い、この理論をめぐるその後の論戦を明らかにする。その上で、陶の理論を三〇年代以降の時代状況の中で位置づけ、歴史的意義を考えたい。

一、陶行知の人口抑制論の成立

陶行知が人口抑制論を具体化したのは、一九三一年七月、『中華教育界』第一九巻第三号に発表した「中華民族の出路と中国教育の出路」(2)においてであった。かれはすでに暁荘学校の実践を通して農民への教育普及に本格的に取り組んでいたが、この論文では三〇畝(3)(一畝は約六・六七アール)の耕地を持つ自作農を例として取り上げている。そこで陶の理論を分析するため、以下において少々長くなるが重要な部分を紹介する。

三〇畝の田を耕す六人家族の自作農は、平均すれば一年に六五石の米を収穫できる。収穫した米のうち自家用米として二四石を使い、余った四一石を一石五元で売れば二〇五元となる。そのうち三〇元は耕作に必要な経費、四〇元は地租、六〇元は短工の給料、三五元は油・塩・雑貨の費用、四〇元は薪の費用とすると残金はなくなる。この家は小作料は納めなくてもよいが、新しい衣料を買うことも、家屋を修理することも、病気になって医者に診てもらうこともできない。もしこうした家で新しい衣服を着用しようと思えば、子どもを一人少なく産み、節約できた三石(ママ)の米で衣服を買う。そうでなければ冬が来た時に凍えることは避けられないのである。

五人家族で三〇畝の田を耕してもまだ教育費は出ない。もし子どもたちに個々に教育を受けさせようとするならば、さらに一人少なく産み、節約した三石の米を金に換えて二人の子どもを学校にやる。このようにしてもかれらは高級小学止まりで、中学や大学はいうに及ばない。言葉を換えていえば、各人が五畝の土地を持ってはじめて飯を食うことができ、各人が六畝の土地をもってはじめて凍えることを免れ、各人が七畝半の土地を持ってはじめて学校に行って知識を求めることができるのである。

三〇畝の土地を有する自作農の命運は、その子どもの数による。二人の子どもを産んだだけならば、小康を得て子どもたちは初等教育を受けることができる。もしも三人の子どもを産めば、みなはともに「文盲」となり、科学とはいかなるものであるかを知らず、小学校にも進めない。四人の子どもを産めば、みなはただ古い衣服を着て冬は凍えることを免れず、雨が降れば雨漏りがして雨を浴びるようであり、病気になっても医者に診てもらえない。さらに一人産んで全部で五人となれば、みなはすべて飢えの監獄に入ることになる。(4)

陶行知のこうした論法は、きわめて単純で他の諸条件をほとんど捨象しているために現実にはあり得ない、という批判も起こるであろう。しかし、これは教育者としての陶の面目躍如たるところであって、わかりやすい例を引き、子どもにも理解できる話として作りあげたと見られるのである。土地相続の問題も現実に起こってくる。男子兄弟の均等相続が一般的であるが、この問題についてかれは次のようにいう。

三〇畝の田を二人兄弟で分ければ、それぞれが一五畝となって生活できなくなる。一戸の自作農が二戸の半自作農になるのである。四人家族の自作農は子どもを学校にやれるが、四人家族の半自作農はその希望を持つことができない。その四人家族は終身、多福、多寿、多男子を信じ、一男一女が家の小康を維持する道であることを知ろうとしないのだ。二人の息子はかえって家族をバラバラにし、はなはだしきは絶種にまで至らしめることもある。とはいえ二人娘の家庭もあるから、全体として見れば人口と食糧の平衡を実現し、安定した暮らしをすることができるのである。ただ現実に中国では一戸当たり五・二人を超える人口を有しており、みながなお多福、多寿、多男子の迷信を抱き、目を閉じて子どもを産めば、今日の自作農は明日の半自作農になり、後日の小作農はさらに後の傭工となってしまうのである。これに水害や旱害、虫害、伝染病、兵乱、盗匪や土豪劣紳、帝国資本主義の圧迫が加われば、その崩壊はさらに早いものとなってしまう。これは農村の過剰人口を一掃して、後の食糧との均衡につながるが、この天然の淘汰はたいへん残酷なものである。淘汰されてしまうのは、苦労して耕作し移動することのできない農民で、選ばれて生き残るのは、多くは高利貸しをし、市価を操作して禍を避けることのできる土豪劣紳である。中国農民の崇拝しているのは、二つの矛盾した神である。一つは子授け観音であり、一つは土地菩薩である。一方で多くの子どもを産み、一方でその田地を保存しようとするのである。子授け観音が一たび来るや、土地菩薩の領土はたちまち粉砕されるのである。万やむをえず分家して三〇畝の土地を割くことを認めなければ、かれはどうして他の子どもに対処するのだろうか(5)。

実際、さまざまな災害は過剰な人口に打撃を与えた。陶がこの文章を書いた前年の一九三〇年における災害の状況を、鄧拓『中国救荒史』によって見る。陝西、山西、察哈爾、甘粛、湖南、河南、四川、熱河、江蘇、江西等の省で水害や旱魃があり、被災した県は五一七県、被災者は二一、一一三、〇七八人、死者は一〇、八六〇人、損失額は二〇一、八二九、六二八元となっていた。陝西、甘粛は災害がとくにひどく、住民は当初樹皮をも食べていたが、ついで娘を売り、人肉まで食うに至った。以上の各省で虫害にあったのは一八八県、被災者は八、七二四、七七〇人、死者は二一、三九二人、損失額は一五三、三八七、七〇五元であった。風害と雹害にあった被害者は三〇〇万人で、損失は三、〇〇〇万元余りになった。この被害状況は一九三〇年だけのものではなく、連年のように発生しており、翌三一年の水害でも被災者が一億人に達している(6)。こうした自然災害による人口調整に、陶は心を痛めているのである。それではこうした過剰人口を救済する道はないのか。陶はいろいろな方法を取り上げて検討する。

一、副業は農民経済の第二の来源である。養豚、養鶏は少しは助けになる。養蚕は中国農民の最大の副業であるが、市況に左右されており、安定したものではない。結局、副業は少しは助けになるが、決して多生主義の後ろ盾となることができないものである。

二、手工芸を子どもに教えても生活はできない。この分野は機械工業の時代となって日々に縮小しており、決して過剰な子どもを収容することができないのである。

三、僧侶になることについても、以前は和尚は弟子をたくさんとっていたが、現在はまず廟産を調べてから弟子をとる。必ずやむを得なくなってからおこなうのであって、容易にはおこなわないのである。

四、中国の移民は、北方では山東人、河北人、南方では広東人、福建人が最も多い。山東人と河北人は山海関の外へと移り、広東人と福建人は南洋に向けて移るが、いずれも自然の趨勢である。陳達の『中国移民』によれば全世界の華僑は八、一七九、五八二人であるが、各地でいずれも圧迫を受けている。カナダ、ニュージーランド、オーストラリアは中国人労働者の入国を許さず、アメリカも一九〇四年から学者、官吏、商人以外の入国を許していない。日本政府もまた中国人労働者の入国を禁止し、昨年は二、〇〇〇人以上が帰国した。南洋でも現在は制限が大きい(7)。

五、開墾は比較的希望のある道である。なかでも東三省は可能性があって、一人一〇畝として約一、一〇〇万人を受け入れることができる。しかし、注意しなければならないのは、日本が二〇万人の組織された隊伍をもってやって来ていることだ。加えて今後の対策として日本人を朝鮮に移し、朝鮮人を東三省に移そうとしていることである。同時に西北の状況を見れば、さらに惨憺たるありさまである。地質学者の説によれば、大ゴビ砂漠が南下して西北は砂漠になる趨勢である。甘粛一帯の災害は一時の現象ではない。西北の砂漠が飲み込む地は東北の開墾と相殺されてしまう。だから開墾は多生の後ろ盾とはならない。

六、軍隊は中国の余った人口の収容所である。どこにも受け入れられない人が、軍隊に身を投ずるが、一九三〇年九月の統計で、全国で二、五九九、二〇〇人おり、正式の軍隊でないものはここに含まれない。人民は軍隊に身を投じてしばしの衣食を得るが、実に鴆を飲んで渇をいやそうとするようなものだ。戦場に屍をさらすことは、少なく産むことよりよいのだろうか?

七、人力車を引くことは農民がやむを得ずすることであり、兵士になることと同様に農村人口の過剰と新興工業がそれを収容しきれないしるしである。人力車は人道に反するもので、工業が発達し交通が改良された後には必ず消滅していくであろう。

八、工業は農村の過剰人口の最も自然で有効なはけ口である。工場労働者全体の毎年の増加率については確かな数字はないが、紡績労働者の増加率から推測して、毎年四万人程度と考えられる。中国の工業の発達が遅れている理由のうちで、とくに重要なのは外国の経済侵略である。工業は中華民族の正当なる進路であり、多大の困難があろうとも、この道を歩まなければならない。しかし、工業が農村の過剰人口を吸収できる容量は、外国資本主義の圧力が消えなければ、他の国のように大きくはならないのである。

九、科学農業はまた農民を助けるよき友である。選種、害虫防除、用水路の建設、肥料の改良、機械耕作による収穫は確かに無駄を省き、収穫を増やすことができる。ただし、選種も害虫防除も科学教育が必要であり、科学教育は人民が飢えを免れて後のことである。肥料には金がかかるし、大規模な用水路にも金が必要である。機械耕作は工業文明が成熟し、農村人口の多くが工場に吸収された後のことである(8)。

以上のことから、農村過剰人口のはけ口となり、人口がさらなる力となるのは、一に東三省への移民であり、二に新工業の振興である。ただこの二種類の方法で収容できるのは、毎年平均一〇〇万人程度である。中国の人口増加率は、喬啓明の四省一一郷村二万余人の調査に基づく推算では四二・二‰であり、総人口四億人として計算すれば一、六八〇万人となる。もし陳長衡の推測する四億六、〇五一万人で計算すれば二、〇〇〇万人ということになる。一方、喬啓明の同一調査における死亡率二七・九‰と陳長衡の人口総数で計算すると、毎年死亡するのは一、一五〇万人で、差し引き八〇〇余万人が増えることになる。ただ陳長蘅の人口総数の見積もりは多すぎると思われるし、各種の災害による死亡者数は多いであろうから、増加率が一一‰以下と考えて、毎年の増加人口を四四〇万人から五一〇万人とした。この人口増加数と一〇〇万人の進路とを比較すると、まるで兎と亀の競走のようになるのである。

　こうした問題を解決するために中国は何をやっているのか。まず第一に、食糧、衣料、肥料を借金して輸入していることである。一九二九年には食糧二、八〇〇万石を輸入し、およそ一、四〇〇万人が外国の食糧で生活していることになる。衣料については一九二九年に全国の七、〇〇〇万人が外国の棉花と綿製品によって寒さを防いでいることになる。肥料の輸入も年を逐って増え、一九二九年には一、〇〇〇万人が食糧生産を外国の肥料に頼っていることになる。

　自殺者も増加している。その自殺原因の半分以上が経済的困窮によるものである。殺人も多く、小は盗となり匪となり、大は国内あるいは国際的な戦争となる。宋子文の報告によれば、一九二九年七月〜三〇年六月の国庫支出の中で軍事費が四九・六％、国債償還費が三五・五％を占めており、中国の国債の大部分が連年の戦争によってもたらされたものである。人民の戦争から受ける被害は戦費を上回っている。欧州大戦（第一次世界大戦）の最も適当な原因は、人口過剰にあるといえよう(9)。

　陶行知は一人当たりの土地所有面積が一〇・〇畝ならば中等教育を受けられるとし、文化を創造できる創造線であるとした。一人当たり七・五畝ならば初等教育を受けられるので教育線と称した。中国の耕地面積が一八・二六億畝という一九一七〜一八年頃の農商部統計報告によれば、中国の適正な人口は一億八、三〇〇万人から二億四、三〇〇万人ということになり、人口の減少を必要とすることになる。この見通しについて、陶は一夫婦に二人の子どもに制限し、子どもの一人が亡くなっても代わって産むことをしなければ、何世代かを経てこの数に到達できると考えた(10)。

人口抑制のための具体的な方法について、陶は以下の方法を提唱する。

一、男子は満二五歳、女子は満二〇歳ではじめて結婚できる。結婚後五年働いて第一子を産むことができる。第一子の小学入学を待って第二子を産むことができて、二子を限度とする。子とは男子と女子の通称である。双子、三つ子の場合は出産は一回限りとする。

二、中央研究院の開設時期における第一の重要な工作は、避妊研究所を設けることである。

三、避妊の普遍的な宣伝は、民衆教育の最大の職責となすべきである。

四、結婚前の配偶者の科学的な選択をし、人種改良の準備をするよう宣伝する。

五、女子は多生を苦としているので、必ずこの種の合理的な主張に賛成する。その最大の障害は、男子の獣性である。ゆえに一方で教育による勧告指導をし、一方で法律を用いて制限する。子どもを二人より多く産めば、男子を民国に危害を及ぼす罪に処すべきである。

六、科学の面で男女に同等の遺伝力があり、そのため女があって後があることを宣伝する。

七、大声をもって、全民族に永久人口升降委員会を組織するよう喚起し、随時耕作面積の消長、生産技術の進退、生活程度の高下、人口収容の道の多少を調査し、人口升降の比例を改定して、全国に公布し、共同で遵守する。

このような方法を考えるとともに、陶行知は人口の減少は国勢をますます弱くするという批判に対して、中国が弱いのは人が多いためであって、もし減少すればたいへん大きな力を発揮すると反論している。[11] かれはその具体例として、フランスを取り上げる。この国は世界の強国の中で人口増加が最も遅く、一〇〇年間で三分の一が増えたに過ぎない。それが第一次世界大戦中、意外にも人口が二倍半に増えたドイツに対抗することができた。現在、各国の失業者は一〇〇万をもって数えるが、フランスにはこの種の悩みがないのである。

人口抑制をした結果として、どのような社会を創るのか。陶行知はこのことを追求し、富んだ社会を創造し、富んだ個人を創造することではないと説き、富家をつくる工具となっている資本主義国家の教育とは一線を画したいとする。(12)また合理的な工業文明を創造することの重要性を説き、どのような教師も自然科学の一つの分野には通じなければならないとした。さらに農業社会でも工業文明へと前進するものでなければならず、そのためには「動の道徳、動の法律、動の教育、動の人生観(13)」を持つことを求めている。

陶行知は平等互助の世界を建設することも将来の進路として提起する。そのことはもちろん中国国内だけでなく、世界全体に向けても発せられる提言であった。かれは世界の耕地面積を推算し、そこに収容可能な人口を考える。もちろん主要国の生活水準に応じて人口収容力に差ができるが、その計算も試みている。(14)また一方で、フランスやイタリアの指導者たちが人口増加のためのさまざまな政策を打ち出していることを、愚かなことと批判する。増えた人口は、戦争によって調整される。「欧州大戦は、以前の大戦も、以後の大戦も、いずれも人の生まれるのが多すぎて、食べることができず、どうしようもなくなって、武装して食糧を奪う道に入ったためである」と述べる陶は「少生はともに栄え、多生はともに亡ぶ」と説くのである。(15)

陶行知の目は、ここで日本に向けられる。かれは日本の国難はただ少生主義によってのみ乗り越えられるといい、「子どもを少なく産むことが日本の自救の唯一の出路である(16)」と述べる。かれは日本人の勤勉さや文化教育の発展を評価する一方で、農民一人当たりの耕地面積の狭小さと農民層分解の進行、貧富の格差の増大と失業者の増加などを日本の統計を利用しつつ語る。さらに人口増加が進み、移民が解決のための唯一の道となり、東三省に向かっていることを指摘する。かれは満州事変（九・一八事件）の前夜に、東三省における日中両国の衝突を予測する論を立てていたといえよう。むろん日本人だけではなく、全世界の民族が規定された出産率を守り、法定の出産率を超過することになれば、世界平和を擾乱する罪で処分するようにするとも主張しているのである。[17]

二、陶行知の人口抑制論の展開と論争

陶行知の人口抑制論の内容については、ほぼこの論説に尽くされているといってよいが、その後かれはどのような場で人口抑制を主張したであろうか。

陶行知は一九三一年九月四日、『申報』「自由談」に「胡適捉鬼」を書き、「帝国主義の総司令はまた多生主義である。なぜなら多生は植民地を必要とし、原料を必要とし、市場を必要とするからである。世界最大の乱源はすなわち多生主義である。この妖怪を除かなければ、世界はどうして太平となり、中国はどうして出路を持つことができようか？」[18]と述べた。かれは一九三二年五月二一日から同年八月一五日まで『申報』に「古廟敲鐘録」という小説を連載したが、そこでかれの分身と思われる「朱先生」の人口抑制論に対する質問があげられている。それは「現在中国は帝国主義の圧迫を受けており、まさに出産を奨励して、偉大な人口の力を運用して抵抗しなければならず、どうしてよく子どもを少なく産んでも国力を減じないと教えることができようか」という質問で、「朱先生」は人口問題に関する多くの図書を調べなさいと答え、事実に基づく論争でお互いが正しい主張に従いましょうと述べている。[19]陶は人口抑制論に対しておこる当然ともいえる批判を、念頭においていたのである。

陶行知は一九三三年一二月の「すべての郷村建設は農民のために福利を図らなければならない」という文章の中で、帝国主義の圧迫が、中国の新興工業が順調に発展して農村の過剰人口を吸収することを阻んでいるので、農地はますます細分化され農民は没落している、と現状を分析している。そのことをもたらした中国農村の側の原因として「多

生主義、多福、多寿、多男子は一種の根が深い心理である」[20]と従来の見解を繰り返した。

陶行知は一九三四年二月に上海で『生活教育』（全三冊総六〇期）を創刊し、三六年八月の停刊まで維持した。その第一巻第二期の「窮人教育より窮国教育を想う」[21]において、四人の子どもがいて、長子だけが教育を受けた場合、長子は知識を独占して他の者に分かち与えることをしないのが当然とされており、他の子どもたちは雑用に追われ、父親は自作農から転落すると述べる。ここでは人口問題と教育との関係についてふれるとともに、かれが山海工学団の実践で進めている相互の助け合いの重要性を論じている。

陶行知は『生活教育』第一巻第二一期で、尚仲衣の批判に答えて[22]、従来の主張を繰り返すとともに、どのような人間も人口升降委員会の制裁を受けることになり、統制された人口は十分な力量をもって侵略に抵抗することができるであろうという。

陶行知は一九三五年四月の『生活教育』第二巻第三期の「普及教育の難関を攻破する」[23]という文章において、人口升降委員会の設立、避妊法の研究、晩婚の推進という従来の見解を繰り返した。この『生活教育』には陶の教え子たちも寄稿しているが、他に人口問題に直接言及した論考は見あたらない。陶の人口抑制論の広がりの限界を示すものといえるだろう。

陶行知は上述の論説で、人口稀少地帯においては人口升降委員会が特殊条例を公布すると述べているが、それに先立ち一九三四年一二月の安徽大学における講演の中で、人口升降委員会は特殊条例によって、辺境で人口の稀少な地域では多生を認めるようにできるとし、具体例として広西省をあげている。[24]

陶行知は一九三六年七月、世界新教育会第七回大会に参加するため出国し、三八年八月に帰国するまで二六ヵ国を歴訪するが[25]、三七年一一月二六日のニューヨークでの講演の中で「人口過多」について言及している。[26]また三八年の

「中国」と題する論説では、中国では毎年四〇〇万人の人口増があり、その有力なはけ口である東三省が日本の占領下におかれて以後、人口北流の趨勢が大きな抑制を受けていると述べている。[27]

陶行知が最後に人口問題に言及したのは、一九四〇年四月二五日の『戦時教育』第五巻第一一期の「服務人選」で、カップルの間での初期の出産抑制の重要性を説いたものであり、[28]それ以後の論説や書簡には人口問題についての言及は見られない。

一九二一年、産児制限運動で名を知られていたアメリカのサンガー夫人（Margaret Sanger. 一八八三〜一九六六）が訪中し、北京で講演した。[29]以後、中国では産児制限運動が脚光を浴びることとなる。[30]

しかし、産児制限に反対する主張も強く、大家族制の信奉者、礼教を護持し避妊がもたらす風紀の敗壊を懸念する者、戦争に備えて人口増加を図る者などがその代表的存在と考えられていた。[31]また孫文、廖仲愷、梁啓超らは、中国における人口増加は必要と考えていた。マルクス主義者の李大釗は、マルサスの人口論が侵略戦争を肯定する有力な論拠となっていることを指摘した。[32]

一方で陳長蘅や馬寅初ら人口問題を研究する学者も少なくなかった。陳は晩婚による人口抑制と質的向上をめざし、農村の過剰人口については工業化を進め、農民の多くを工商業者に転業させることによって問題を解決しようとした。馬は経済問題を重視し、「富裕な人口増加」の可能性を求めたが、中国をとりまく経済情勢はかれの楽観的な見方に修正を迫ったといわれる。[33]また最近の中国の研究では、この時期の人口抑制論の代表的人物として陳長蘅、許仕廉、陳達、呉景超、李景漢らをあげ、いずれもマルサスの人口論の影響を受けていたとする。[34]このうちの代表的な存在である陳長蘅は産児制限と優生を求めており、[35]陶行知への影響が考えられる。馬と陶との関係については、一九二九年に朱経農を含めた三人で「実施義務教育初歩計画提要」[36]を作成しており、相互の交流が考えられる。いずれにしても陶がこれら人口問題の研究者から、多くの情報を得ていたことは疑いがないだろう。

陶行知が人口抑制論を強調しはじめた背景には、何があったのだろうか。上述の「提要」においても、全国の四千万人の失学児童全体を二〇年以内に入学させるためには、一四〇万人の教員、一〇〇万の教室と設備の増加が求められ、毎年二億八千万元の経費（教室の建設費と教員養成費を除く）が必要であるという[37]。教育の普及を大きな目標とする陶にとって、増加する人口はその対象者の増加に直結し、とてつもない負担と感じられたに違いない。一九三〇年の「実施義務教育初歩計画」では、現在の財政困難な状況では、巨額の義務教育経費の調達は容易なことではないと認めている[38]。さらに「実施成年補習教育初歩計画」でも、成人の非識字者に対する公民識字訓練に必要な教員は約一三万五千人と見積もっている[39]。人口抑制論を一九三一年より唱えはじめた陶の意識の中には、常に教育普及の大きな壁となる四億をこえる人口の圧力があったと考えられるのである。

前掲の「提要」に「私人興学の奨励[40]」がある。民間の力を借りて学校を作り、教育普及を達成しようとする計画である。陶行知はこのシンボルとして、清末の武訓（一八三八～九六）を取り上げた。一介の乞食でありながら山東省で三つの義学を興し、乞食のまま死んだ武訓[41]は、国民政府の下でも高い評価を受けた。陶もまた繰り返し武訓の精神を称えたのであった。

しかし、解放後に起こった映画《武訓伝》の批判運動は、やがて陶行知教育思想の批判へと発展する。その中で陶の人口抑制論も批判の矢面に立たされることになる。一九五四年、潘開沛は陶が一九三一年前後よりいたるところで人に産児制限を勧めたとし、「この種の思想は、明らかに反動的なものである。改良主義的な教育学者の陶行知は、かれの空想した普及教育を実現するために、反動的なマルサスの人口論を剽窃することを惜しまず、労苦の大衆に対処したのである[42]」と批判した。

一九五九年に趙文衡は、工学団の実行すべき六大訓練の中に普遍的な「生育（出産）訓練」があって陶先生はマルサスの人口論の影響を受けて、出産の制限を主張した、と批判的な調子で取り上げている。[43]

中華人民共和国の成立以後、紆余曲折の過程をたどった人口政策をめぐる論争は、一九五七年七月の馬寅初の「新人口論」の発表以来、さらに激しさを加えるのであるが、[44]陶行知の主張もその渦中に巻き込まれたと考えてよいであろう。

中国が文化大革命を経て、「一人っ子政策」を強力に推進するようになった一九七〇年代末より陶行知の人口抑制論の見直しもはじまる。その傾向を代表するのが八〇年代初期の夏徳清の論文である。[45]この論文は、解放後、極「左」思想の影響下に陶の理論は反動的なマルサス人口論と同様にみなされてきたととらえる。しかし、マルサスの人口論はブルジョア階級の人口論であるが、陶の人口統制論はマルサスの人口論とは本質的に異なっており、陶は人口の増加はコントロールできると考え、人口升降委員会を通して人口統制をおこなうとした。さらに夏論文は、陶の人口統制論の長所として次のような点をあげる。

一、陶行知の人口統制論は、具体的な措置を伴っていること。
二、中国の国家の富裕化に出路を求める方向を示し、衣食無く大いに乱れる未来社会を予見していないこと。
三、教育的方法を重視し、法制を伴っていること。

だが、この陶の人口統制論教育思想は、国民党統治下の中国の抑制された教育経費と対象となる人口の増加という現実の前には、実現不可能な理想となってしまったという。

その一方で、マルクス主義の人口理論は、「マルクス主義が人類社会の発展法則を示し、人口法則は社会的な生産方式によって決定されることを明らかにし、搾取階級統治下の社会の人口過剰の根源を指し示し、合理的な社会条件の下で、人類は人口に対し計画的な増長と計画的な調節を実行することができ、これによってマルクス主義的な人口理論を打ち立てた」と規定し、三〇年代初期に、陶先生の世界観はまさにマルクス主義に向かって転化したとする。さらに陶先生の「出産制限」理論とその実践の精神は、進歩的、革命的で、マルクス主義人口理論の基本原理に符合するものであったと述べ、かれはマルクス主義人口理論を充実させ、豊かなものにしたという。

しかし、建国当初の中国では、人口の多いことは重要な財産であるという楽観的な人口思想の下に人口増加政策が進められ、社会主義社会には人口問題など存在しないと考えられていた[46]のではないのか。また陶行知の世界観は、はたして三〇年代初期よりマルクス主義に向けて転化したのであろうか。この点は検証していく必要がある。

陶行知の三〇年代から四〇年代にかけての言動の中で、マルクス主義を認め、中国共産党を評価したものは、『全集』にある論説や書簡を通して見ると、以下のようなものがある。まず第二次世界大戦前にソ連が中国に積極的な援助をしたことに対して、ソ連は「われわれのよき朋友である[47]」と述べた。陶はまた、三六年から三八年にかけての外遊中に三六年一〇月、三七年二月と六月の三度マルクスの墓に詣でている[48]。さらに「毛沢東先生の《新民主主義》は、中国民主同盟全国代表大会の通した綱領とともに、いずれも真正の民主を実現する路線である[49]」と述べて、教育の機会均等を求めるとともに、「われわれは党化教育に反対し、党が有し党がおこない党が享ける教育に反対するが、党化教育は国家の公器を一党一派の工具に変えたからである[50]」と述べて、国民政府の党化教育に反対していることなどがあげられよう。

一方、陶行知がマルクス主義や共産党に反発した言動も少なくない。一九三六年には「近年来、いくらかの青年男女が唯物史を金科玉条としている[51]」と唯物史観に反発し、三九年には「三民主義は中華民族解放の最高原則である[52]」と述べている。また四六年には外国人記者の質問に答えて、「もし共産党人が平和民主の政治綱領を持てば、われわれはかれらを歓迎するが、もし国民政府が類似の政治綱領を持てば、さらによいのである」と述べ、「われわれの団体には一人の共産党員もいない[53]」と断言している。さらに反共主義を掲げたアメリカのトルーマン大統領について「トルーマン大統領のやり方は、アメリカの最高の智慧に出るもので、中米両国の共同の福音である[54]」と述べている。陶の晩年の四六年には国民党特務の白色テロルが猛威を振るい、李公樸や聞一多らが暗殺された。こうした不安な世情であっただけに、陶の発言は国民政府の圧力を意識したものになった可能性があり、言葉通りに受け取れないかもしれない。しかし、第三勢力の指導者の一人として、マルクス主義や中国共産党に一定の理解を示しつつも、陶は決して「マルクス主義に向かって転化」したわけではないといえるだろう。

陶行知の掲げた方針の中に、結婚前に配偶者を科学的に選択し、人種改良の準備をするという一項がある。かれが優生学の方針を信奉していたことを窺わせる主張である。ただこれはサンガー夫人が語り[55]、陳長蘅も唱えているところであって、必ずしも陶独自の主張というわけではなく、当時の中国社会では違和感無く受け入れられていた可能性が大きい。陶は科学を重視し、科学を悪用することに対して厳しい姿勢で臨んだ[56]。男女の差別についても反対し、男尊女卑の伝統的観念の打破をめざしている。したがって、今日の視点から陶の優生学的方針に対する批判はできるが、当時のかれの意識の中では差別的なものはほとんどなかったと考えられるのである。

おわりに

陶行知が三〇畝の土地を有する平均的農家を例にあげて人口圧力の問題を論じたのは、単純すぎる話のように見えるが、そこには誰にも理解できるわかりやすい例に基づき論を展開するというかれの独自性がよく現れている。かれは災害の頻発する中国社会の現状の中で、生まれてきた子どもに悲劇を味わせたくないという思いを抱き、人力車は人道に反すると説き、戦争が人口過剰を解決する手段となっていることを何とか防止したいと考えた。かれの避妊の奨励も人道的なものといえよう。男子満二五歳、女子満二〇歳以降に結婚できるとする晩婚の奨励は、後の馬寅初の「新人口論」の目標にも通じるものであった。[57]陶は一人ひとりの人間に対する教育的な配慮を示す人物であったが、かれの人口抑制論の基本もまたその延長線上にあったといえるだろう。

陶行知が主宰した『生活教育』誌が、第三巻で国難教育の問題を重点的に取り上げたように、列強とくに日本の侵略は中国の国民に塗炭の苦しみを与えていた。人口過剰を解決する道の一つである工業振興は、日本など列強の圧力によって容易には進展しなかった。東三省への移民も日本との衝突によって進展しなかった。そもそも東三省への日本の進出は、日本国内の過剰人口がもたらしたものと陶は考えた。陶の人口抑制論を世界的規模にまで拡大せんとする主張は、かれの抗日救国の実践にもつながっていたのである。

陶行知の配偶者の科学的な選択による人種改良という優生学的な発想は、ある面では危険な考えともいえる。それはかれの教育普及に関して学校関係者にノルマを課し、賞罰を明らかにしようとする姿勢にも通じるものであった。[58]さらに人口升降委員会による法制を伴う人口統制にも共通した姿勢といえるだろう。ただこうした姿勢は、当時の中国教育界の多くの識者に見られるものであったし、陶自身は優生学的な対策については、それ以上深く語ってはいない。また人口升降委員会による人口統制でも、辺境には特別の配慮を示しているのである。

陶行知の子どもを二人までとするという発想は、確かに新マルサス主義の系譜に連なるものである。[59]しかし、中国での議論を見るかぎり、陶の人口論とマルサスの人口論との比較を重視するのは、マルサスの人口論を非とし、マルクスの人口論を是とする前提からの考えであろう。しかし、マルクス主義の人口論の基本的な立場は、社会主義社会には人口問題などは発生しないということではないのか。それとも「一人っ子政策」に見られる強力な人口政策が、マルクス主義の人口論の基本的な立場といえるのだろうか。「一人っ子政策」が、現代中国の人口構成にさまざまな歪みをもたらしていることは明らかであるが、陶の一夫婦に二人の子までとするという提言は、そのような無理を強いるものではなかった。このように見れば、陶の人口論とマルサスの人口論との関連性について比較検討することの重要性はあまりないと思われる。陶はまた、マルクス主義に理解を示しつつも、それに転化せず、第三勢力のメンバーの中心的存在として、晩年まで国民政府の体質改善を願っていたと考えられるのである。

教育普及の方法を模索し続けた陶行知は、教育界の他の指導者がほとんど唱えなかった人口抑制(60)を主張し、さまざまな方法を考えた。ただし、その方法は大枠を示したものに過ぎず、綿密で具体的な実現への道を提示することはできなかった。陶は中国社会の現実から出発し、教育的な手段も用いて人口抑制への取り組みをスタートさせようとしたが、『生活教育』に寄稿した弟子たちが後に続こうとしなかったように、教育界の理解を得るところまでには至らなかったのである。しかも、抗日戦争という消耗戦をおこなっている時期に人口抑制を説くことは、賛同者を得ることを困難にしたにちがいない。陶が人口抑制の主張をおこなわなくなった時期は、日中戦争が深刻化していった時期にほぼ一致する。そして、一九四〇年代に入ると陶は民間活力による教育普及に夢を託して、武訓精神を説いていくのである。

註

(1) 牧野篤『中国近代教育の思想的展開と特質――陶行知「生活教育」思想の研究――』(日本図書センター、一九九三年)は、日本における陶行知研究の最大の成果である。同書、三八七〜三九一頁、では陶の生活教育の特質を明らかにするために人口抑制論を取り上げているが、人口論それ自体の論理を詳しく分析してはいない。また周洪宇編『陶行知研究在海外』（人民教育出版社、一九九一年）にあるタイトルから見るかぎり、人口論に関わる論著はない。なお最近の中国での研究について見れば、管見の限りでは、陶行知の人口問題に言及しているものは以下の通りである。陶行知与中国現代化課題組『陶行知与中国現代化』（四川教育出版社、二〇〇八年）は、陶行知が多生主義を批判しただけではなく、人口抑制の具体的な方法を打ち出し、今日でも参考にできるとしている（同書二〇五頁）。曹常仁『陶行知師範教育思想的現代価値』（安徽教育出版社、二〇一一年）は、陶行知が人口減少の必要性を説いたことに言及している（同書二一頁）。呉擎華『陶行知与民国社会改造』（安徽教育出版社、二〇一一年）は、陶行知が「多生主義」の危害を強調したことを述べている（同書八一頁）。屠棠編著『陶行知与上海教育』（上海教育出版社、二〇一四年）は、「節制なき多生主義は中華民族ないし全人類の危害であることを示している」として陶の主張が一般の教育救国論の思想認識水準を超えていたことを指摘している（同書五六頁）。虞偉庚主編『陶行知教育思想概論』（武漢大学出版社、二〇一二年）は、陶行知が多生主義の危害が浅くないと主張したことを述べている（同書六五頁）。しかし、いずれもスペースを割いて陶行知の人口論を分析している訳ではないので、この問題についての現在の中国での関心が大きくないことを示しているといえよう。さて本章では、華中師範学院教育科学研究所主編『陶行知全集』（湖南教育出版社、一九八四～一九九二年、以下『全集』と略す）を使い、同書に見あたらないものについては、馬駿編『陶行知全集』（四川教育出版社、一九九一年）を使い、『全集』（四川版）と表記した。なお陶行知は陶と略す場合があり、本文中にある（　）は筆者註である。

（2）陶「中華民族之出路与中国教育之出路」『全集』第二巻、二四六～二八七頁。

（3）ちなみに一九三四年の中国の農家の平均土地所有面積は、二三・三畝と推定されている（金徳群『民国時期農村土地所有問題』紅旗出版社、一九九四年、三二頁）。

（4）前注（2）、『全集』第二巻、二四七～二四九頁。

（5）同前、『全集』第二巻、二四九～二五一頁。

（6）鄧拓『中国救荒史』（北京出版社、一九九八年）四七頁。

（7）移民によって人口問題を解決することは不可能であることを論証したものにA. M. Carr-Saunders「人口過剰的謬妄」『東方雑誌』第二八巻第二一号、一九三一年、がある。
（8）前註（2）、『全集』第二巻、二五二～二五六頁。
（9）同前、『全集』第二巻、二五六～二六二頁。
（10）同前、『全集』第二巻、二六六頁。
（11）同前、『全集』第二巻、二六六～二六七頁。
（12）同前、『全集』第二巻、二六九頁。
（13）同前、『全集』第二巻、二七〇頁。
（14）同前、『全集』第二巻、二七四頁。
（15）同前、『全集』第二巻、二七八頁。
（16）同前、『全集』第二巻、二八一頁。
（17）同前、『全集』第二巻、二八三頁。
（18）『全集』第二巻、三〇六頁。
（19）『全集』第二巻、五四七～五四八頁。
（20）陶「一切郷村建設必須為農民謀福利」『全集』第八巻、三三一～三三二頁。
（21）陶「従窮人教育想到窮国教育」『全集』第二巻、六四五頁。
（22）陶「答復子鉢先生之批評」『全集』第二巻、七四九～七五五頁。
（23）陶「攻破普及教育之難関」『全集』第二巻、八〇〇頁。
（24）陶「関于現代教育上的幾個実際問題――在安徽大学教育学社談講会上的講演」『全集』第八巻、三六七頁。
（25）中央教育科学研究所教育理論研究室《陶行知年譜稿》編写組『陶行知年譜稿』（教育科学出版社、一九八二年）七二～七九頁。

(26) 陶「出訪二十六国日誌」『全集』第三巻、一八二頁。

(27) 陶「中国」『全集』第三巻、二七三頁。

(28) 『全集』(四川版)第九巻、八四頁。

(29) 董平美「生育節制的理論和実際」『東方雑誌』第三三巻第七号、一九三六年。

(30) 劉王立明「婦女与節制生育」『東方雑誌』第三二巻第一号、一九三五年。

(31) 克士「生育節制打胎和児童公育」『東方雑誌』第三一巻第二一号、一九三四年。

(32) 詳細は、森時彦「人口論の展開からみた一九二〇年代の中国」(狭間直樹編『一九二〇年代の中国』汲古書院、一九九五年、所収)参照。

(33) 同前。

(34) 楊子慧主編『中国歴代人口統計資料研究』(改革出版社、一九九六年)一五〇一～一五〇二頁。

(35) 同前、一五〇九頁。

(36) 『全集』第二巻、二〇二～二〇五頁。

(37) 『全集』第二巻、二〇二頁。

(38) 『全集』第八巻、二六〇頁。

(39) 『全集』第八巻、二七一頁。

(40) 『全集』第二巻、二〇四頁。

(41) 本書第一章参照。

(42) 潘開沛『陶行知教育思想的批判』(大衆出版社、一九五四年)一三頁。

(43) 趙文衡「陶行知先生的政治思想和学術思想——在陶行知先生座談会上的発言」『安徽史学通訊』一九五九年第一期。

(44) 若林敬子『中国の人口問題』(東京大学出版会、一九八九年)二九～三一頁。

(45) 夏徳清「陶行知人口統制論教育思想之研究」安徽省陶行知教育思想研究会主辦『行知研究』第七期、一九八三年。

(46) 若林前掲書、三一頁。
(47) 陶「全面抗戦与全面教育——在香港中華業余学校的演講」『全集』第三巻、三三五頁。
(48) 「陶行知年表」『全集』第三巻、六三〇～六三四頁。
(49) 陶「民主」『全集』第三巻、五六七頁。
(50) 陶「民主教育」『全集』第三巻、五六九頁。
(51) 陶「民衆運動」『全集』第三巻、八九頁。
(52) 陶「告生活教育社同志書——為生活教育運動十二周年紀念而作」『全集』第三巻、三三五頁。
(53) 陶「就南京〝下関事件〟答外国記者問」『全集』第八巻、六一五～六一六頁。
(54) 陶「歓迎司徒雷登担任美国駐華大使」『全集』第八巻、六一九頁。
(55) 董平美前掲論文。
(56) 陶「馬克尼」『全集』第二巻、九一〇～九一一頁。
(57) 馬寅初は、結婚年齢を男二五歳、女二三歳以上とすると提唱していた（馬寅初「新人口論——在第一届全国人民代表大会第四次会議上的書面報告」『新人口論』吉林人民出版社、一九九七年、二一頁）。この当時、喬啓明は中国女子の結婚年齢の早さが出産数の上昇につながっていると述べている（喬啓明「中国農村人口之結構及其消長」『東方雑誌』第三二巻第一号、一九三五年）。
(58) 例えば、陶「滬郊各県初歩普及教育辦法草案」『全集』第八巻、三七三～三七四頁、などに見られる。
(59) 董平美前掲論文。
(60) この当時、人口と教育の関係に言及した克士が「関於生育節制」『東方雑誌』第三二巻第五号、一九三五年、において、小ブルジョア階級はその地位を保つために子女に教育を受けさせなければならないが、経済状況から見て多くの子女に教育を受けさせることはできない、と主張しているのが目立つぐらいである。

第一〇章　方与厳の教育思想と実践

はじめに

方与厳（一八八九〜一九六八）は、中国近現代の生活教育理論の実践をもって知られた教育家である。竹因とも名のったかれは、二〇世紀中国を代表する教育家である陶行知（一八九一〜一九四六）の出生地に近い安徽省歙県王充村に生まれた。方与厳は、一九二七年の生活教育運動の興起とともに、二人の子女を伴い暁荘学校（暁荘試験郷村師範学校）に入学。陶行知を師とし、左右に随うこと一九年、苦難を共にし、伝統教育の弊害の打破のために戦った。それはまことに陶行知後の一「陶行知」たるに愧じず、と評されている。(1) 実際に陶行知より二歳年長である方与厳が陶に学び、その実践方法に心酔し、普及に努めたことは疑いのない事実である。しかし、どのような面で方与厳が陶行知を支え、陶の教育理論と実践の普及・発展を図ったかという問題については、まだ十分に明らかにされているとはいえない。それは最近の陶行知研究の動向を分析することによっても知ることができる。

陶行知研究の成果は膨大な量にのぼるが、その多くはかれ自身の教育思想や実践などをめぐるものであって、関係する人物についての研究は多いとはいえない。(2) こうした現状の中で、なぜ方与厳の教育思想を取り上げ、陶行知との関係を問題にするのか。それは陶行知の教育思想と実践方法の普及は、それを信奉する多くの人々の協力なくしては成り立ち得なかったと考えるからである。「陶行知集団」とでも称すべき人々の情熱を込めた活動があってこそ、陶行知教育思想は二〇世紀中国の教育界に大きな影響力を持ったと考えてよいだろう。むろんこの集団の構成員は、陶行知の理論や方法を忠実に踏襲したのではなく、時にはその枠組みを飛び出し、陶を批判することさえすることによって、陶の理論と実践により豊かな内容を与え、発展することを可能ならしめたと考えられるのである。本章はこうした仮説の上に、方与厳と陶行知の教育思想と実践を中心とした比較をおこなうことによって、方与厳の教育思想の特質を分析し、かれが二〇世紀中国の教育界に与えた影響についても考察していく。

一、生活教育理論の普及

方与厳の父は外科の医者であり、貧者にも分け隔てなく医療を施した。二〇歳若かったその妻は夫の遺志を承け、子の与厳を厳しくまた優しく育てた。この母は与厳が郷里において亡夫の外科医の仕事を受け継ぐことを希望し、実際に与厳自身は治療にあたって成果をあげ、患者から「小先生」と呼ばれたと回想している。しかし、かれは医者の仕事を好まず、一時期農業労働に従事した後、塾の教師となった。現に一八歳より三年間を塾師として過ごしたが、少しの満足感も得られなかったという。[3] かれは二二歳で小学教師となり、一七年間教員生活を送ったと述べ、「略歴」には一九一〇年に依坑小学を創設し、後に校長にも就任したとある。[4] 一九二七年、暁荘学校が開校するや方与厳は二人の子女を連れて入学し、「陶行知・趙叔愚二先生の偉大な薫陶を受ける」[5] こととなったのである。

方与厳は生活教育が暁荘学校の創立とともに始まり、[6] 暁荘学校の発展とともに発展したととらえる。生活教育の主張は、教育史上の一大革命である「革命教育」であり、「力を労することと心を労することを分ける」ことを革める革命教育であり、「人を治めることと治められること」を革める革命である。これは全国人口の九〇％以上を占める農民と労働者に教えて立ち上がらせ、国事の管理を学ばせ、中国の主人となることを学ばせる主人教育であり革命教育である。(7) この生活教育運動の発展は六つの段階に分けることができるとかれはいう。第一は郷村教育運動、第二は普及教育運動、第三は国難教育運動、第四は戦時教育運動、第五は全面教育運動、第六は民主教育運動である。(8) つまり二〇世紀前半の中国教育の展開を、生活教育理論の発展史としてとらえようとする構想である。次に問われるのはその内容である。

第一の郷村教育運動は、暁荘学校の初期にあたる。この時期に陶行知教育思想の根幹をなす多くのスローガンが生み出され、教学のさまざまな面において従来のものとは異なる学校が生み出された。第二の普及教育運動の時期には、一九三一～三二年の満州事変と上海事変が生活教育に新たな内容を与えた。それは日本軍が侵略してくる中で抵抗の主力となるべき労働者・農民に教育を施すことが抗戦力を高めるという新たな傾向である。第三の国難教育運動は、前述の新たな傾向を発展させたものであり、この目標の達成のために陶行知は国難教育社を創設した。第四の戦時教育運動は、一九三七年の盧溝橋事件以降の抗日戦争が本格化する中で唱えられ、育才学校の設立・発展に象徴される。第五は全面教育運動であり、教育は「全面抗戦」に呼応した「全面教育」であると考える。第六は民主教育運動であって、わが中国を真正の独立・自由・幸福の三民主義の民主共和国にしなければならないとする。

さらに方与厳は、暁荘学校の教育の特色として以下の諸点をあげている。

（1）「生活即教育」…すべての生活を教育の対象とし、すべての生活の範囲を教育の範囲とする。
（2）「社会即学校」…すべての社会活動は、われわれの生活内容であり、すべての社会環境は、われわれの教育範囲である。

（3）「教育做合一」…陶行知の教育理論の根幹をなす考え方であり、前述の「生活即教育」「社会即学校」に基づく生活法であり、新たな教育法である。

（4）「行是知之始」…すべての知識の来源を「行」におく。

（5）「計画的教育」…中華の民族性の最大の欠点を無計画性にあると認識した上での教育方針である。

（6）社会的力量の運用…暁荘は最少の金銭でたいへん大きな事業を起こしたが、これは陶行知の根本的な主張であり、社会の富力と人力を運用して新たな郷村を建設できると考える。

（7）「生活区」の実験…「到民間去」を「会朋友去」とし、農村に住み、農民を友とする姿勢で臨めば、薫陶する力も大きくなる。

（8）「学園制」の新試験…師範生を訓練して教師とする実験であり、園長は専任の指導員がなり、園丁は師範生である。

（9）郷村幼稚園…労苦の大衆のために、常日頃労働に追われているかれらの子どもを育てる幼稚園が必要と考える。

（10）婦女工学処…男女平等に必要な経済的基礎と学識の基礎を獲得させるために創設する。

（11）郷村教師討論会…郷村教育の路線について討論する組織である。

（12）暁荘聯村自衛団…民衆の武力であり、自らを衛り人を衛る目的をもつ。

（13）「科学と工場の結婚」と「科学下嫁運動」…児童と大衆のために科学叢書の発行など科学の普及を図る。

（14）「愛」…暁荘の同志は愛の薫陶を受けており、大衆を愛さぬことはなく、大衆の愛を受けないことはないととらえる。

(15)「変」…暁荘は年をおって変化し、進化した。すべての暁荘叢書は「変」の過程であり、「変」の進化である。

このように方与厳は、陶行知の生活教育の理論と実践の原点となった暁荘学校を理解している。

方与厳は、暁荘学校で本格的な取り組みの始まった郷村教育について、この教育の目的は問題を解決することであり、「問題を解決できないものは真の教育ではない」という。(9) また郷村で活躍する人材を育てる教育は「民衆化、生活化、日常化しなければならない」とし、その内容は何よりも「民衆生活の需要に適合」し、「郷村生活の需要に適合」させる必要があると強調する。(10) このように陶行知の実践活動の一つ一つを体系化し、それぞれの目的をできるだけ客観化してとらえようとしている。

さらに当時の社会制度の下における教育は、教育と労働とを分け隔てる「階級教育」であって、これは「生活教育」ではない。融通が利かず、固定したやり方を用いることは生活教育の原則に反する。(11) 方与厳はこうした主張の中で「階級教育」という表現を用いている。かれは陶より一歩踏み込んで「革命」を教育だけに限らずに使用しており、中国革命が反帝反封建の二つの重い任務を負っているので、革命的な教育は「洋八股」に反対し、「老八股」に反対しなければならず、生活教育はこのために出現しており、教条主義と経験主義に反対していると述べる。(12) ここでは陶行知の「洋八股」「老八股」といった常用句を用いつつも、方与厳は陶に対する解釈を自らの信ずる方向へ一歩引き寄せようとしているとも受け取れるのである。

陶行知の郷村教育運動の中で重要な役割を果たしたのが、山海工学団(13)に象徴される工学団運動であった。方与厳もまた「郷村工学団は一つの小工場、一つの小学校、一つの小社会である」とし、その方向性を示すにあたって「社会を学校とする」「生活は教育である」「先生は做(な)すことの上に教え、学生は做すことの上に学ぶ」「力を労する上に心を労することが、真正の做すことである」「行は知の始め」など陶の表現を活用しつつこの運動の精神を表現する。(14)

ただし、方与厳はそこに止まることなく郷村に入り、農民の心をつかむための細やかな配慮を示すのである。

方与厳の示す指針は以下の通りである。調査に入る郷村を決めれば、まずその村を熟知する一、二人の人物を先導とし、村の教師を伴えばさらによい。調査員という態度を見せてはならず、各組の人数は多くても一〇人を超えてはならない。服装は質素でなければならず、洋装・軍服は避けること。村人と話すに当たっては、誠実で穏和な態度をとり、卑俗ではっきりした語句を用いるべきで、日常生活の話題を中心とし、その土地の慣習を尊重し、農民の話は穏やかに静聴すべきである。[15]

陶行知自身は木綿の服に身を包んで郷村に入り、決して尊大な態度を示すことはなかったが、方与厳もまた農業に従事した経験があるがゆえに、こうした農民の心情に応えるだけの細部にわたる指針を提示できたのである。

農民は水の重要性を認識しており、方与厳もまた同様の認識を持っていた。かれは郷村学校が第一にやるべきことは井戸掘りの提唱であり、井戸があればそれを修理することであると述べる。そして、井戸を共同利用するに際してのルールや罰金制度などを具体的に提唱する。[16] さらにこれを「清水教育」として全国に普及させることを説いている。[17]

このように具体的な取り組み方法を提示することも、かれの主張の特長である。

陶行知は科学を重視する立場から「科学下嫁運動」を提唱したが、方与厳はそれをさらに徹底して力説した。かれは暁荘学校が人々に科学を運用し、自然を征服し、自然界の主人となり、自然界の奴隷とならず、中華教育革命、中華民族革命を推進するように教えていると述べる。[18] かれはとくに児童と大衆を導いて科学の道を歩ませ、生活を豊かなものにさせなければならないとし、[19] 科学の面で進展することは、今日の中華民族の唯一の出路であり、中華民国国民の救国の唯一の路線であると主張する。[20] そして、「科学を理解しない民族は、落伍した民族であり、落伍した民族は、科学的な民族に侮られ征服されるのであり、われわれ中華民族が落伍しないことを想うならば、児童の時期に科学的な基礎を養い、科学の中で奮闘して生存を求め、科学上で努力して新たな生命を探すことを図らねばならない[21]」として、科学教育こそが救国の重要な手段であると力説しているのである。

二、『新教育史』の執筆を通して

陶行知は記憶力に優れ、一二歳のときに『左伝』を読んで四五分間で四三行を暗記したという[22]。陶が幼少の頃には中国の古典学習に努めていたことが窺える。こうした傾向は、陶の若き日の文章に多少なりとも反映されている。文天祥や項羽の故事の引用[23]、史可法を引いての愛国の訓話[24]などの他、孔子・孟子・荀子の言は何ヵ所にもわたって引用している。むろん陶自身の改名の原因となった王陽明に対する見解は当然繰り返し述べられているところである[25]。しかし、陶は「過去を提起することをまったく喜ばない[26]」ために、中国の学制成立史について述べることはあっても、本格的な教育史の書を著す気持や時間的余裕はなかったものと考えられる。これに対して方与厳は、異なった認識を持っていた。このことを体現するとともに方自身の業績として特筆すべきものに『新教育史』（上海児童書局、一九四三年）の上梓がある。

方与厳の『新教育史』は、「先史時代の教育」から説き起こし、二〇世紀前半に至るまでの世界の教育通史として執筆された。系統的な高等教育を受けることのなかった方与厳は、研究者がおこなうようなオーソドックスな歴史研究の方法を用い、文献を渉猟して準備を進めた上で、この書を執筆する余裕はなかったものと考えられる。そのため参考書目としてあげられている孟憲承の『新中華教育史』以下二〇余冊の関連文献に拠りつつ、この書を書き上げたものと理解してよいだろう。ただその構成や内容に見られるいくつかの特徴と傾向は、方与厳の教育思想を知る上で手がかりを与えてくれる。

この『新教育史』は、郷村師範学校で用いる教科書として書かれた。[28] まず「先史時代の教育」の中で、人類の歴史は母権制度の消滅、つまり氏族制度の崩壊から文明期に入ったが、この時期においては女子に対する差別がはじまったととらえる。[29] 教育の機会均等を力説する方与厳らしい見方といえるだろう。

「上古世紀の教育」の章の中国古代の教育に関しては、『礼記』「王制」を引くなど経書を多く活用する。また老子が教育に反対したのは「一般の虚偽主知の教育に反対した」ととらえ、[30] 荀子の教育方法を「人為の努力を重視し、凡そ道徳や学問は、いずれも真の久しき努力の後に成る」とする姿勢で取り組んだことを評価する。[31] 何よりも努力を重視した方与厳は、インドにおける仏教とバラモン教を「組織的な倦怠の体系」と考え、臆病の基礎の上に無条件な怠惰を目的とするがゆえにインドは市民文化の段階に進むことができず、イスラーム教徒やキリスト教徒の征服するところとなったと結論する。[32] またユダヤ教育の欠点は、偏狭で、形式主義で、科学に反するところにある、[33] とする方の言葉にかれの科学に対するこだわりの強さを感じる。古代ギリシアのポリス世界における教育に関しては、スパルタの教育方針を取り上げ、女子もまた男子と同様に体操および音楽の国家教育を受けていると評価する。その一方でアテネの教育方針については、女子教育にはなはだ注意せずとし、アテネの女子は家政を整理し、夫に従順であることを天職としたととらえる。その上で、アテネで進められたのは、中国の周代と似てすべて「良妻賢母主義」の教育であったと批判する。[34] 古代民主政の成立の度合いを評価の基準とする視点ではなく、女子教育の視点を評価の基準としているのである。

「中世紀の教育」では、キリスト教教育や大学教育を中心に取り上げるが、アラブ世界に対する評価は「イスラーム大学は実に中世ヨーロッパ大学の父」[35] とする表現に見られるように的確におこなっている。また市民学校に関しては、ギルドを取り上げ労働者教育の意義を論じている。労働を重視したかれの姿勢の反映である。中国については南北朝時代から元代までを対象として比較的大きなスペースを割いている。なかでも王安石の三舎法を取り上げ、それが科挙制度を改変して学校の中に取り込み、学校の持つ生命力を充実させたという評価をおこなった。またこの宋代より講学が盛んとなり、学校より書院に教育の重点が移ったが、学田を財政基盤とした書院が講学の自由と経済的独立を達成したことを高く評価している(36)。さらに周敦頤・程顥・程頤・張載・朱熹といった宋学関係者の教育論や陸九淵の教育論に触れるなど少なからぬスペースを割き、中国の伝統的教育への目配りも欠かしていない。

「近世紀の教育」では、方与厳はルネサンス以降を対象としているが、「科学発達の教育」とする節を設けるなど科学教育への関心は一貫している。またドイツ・フランス・イギリス・アメリカの教育と並んで日本の教育を取り上げている。ここでは「日本民族は、勇武剛健で、忠孝の道徳観念に対しては、たいへん強固なものを持っている(37)」と述べ、教育方針の確定に果たした「教育勅語」の存在にも言及するが、批判的な表現は見られない。

『新教育史』の参考文献には、張任達『蘇聯的教育』（申報）、林克多の『蘇聯的教育』（良友）と『蘇聯的見録』（光華）、胡銘『従莫斯科帰来』（群衆）、胡愈之『莫斯科印象記』（新生命）という五冊のソ連関係の書名があげられている。参考文献の中では突出した数であり、方与厳のソ連教育に対する期待の大きさを示す事実でもある。かれは一九二〇年にソ連共産党が一七歳以下の免費の義務教育をおこなう決定をしたことを大いに評価し(38)、ボルシェビイキの精神と労働者大衆の熱意によって「文盲の消滅」に大きな功績をあげたと称えるのである(39)。陶行知もソ連に注目し、憲法草案に教育権があることに注目している(40)。しかし、陶に比べて方与厳のソ連への注目度は一段高いと考えてよいだろう。そのことは一九三五年冬、広西省南寧において方与厳が中国共産党に参加し、南寧市党委宣伝部長となった経歴とも無関係ではないと考えられる。むろん世界教育史の書である以上、西洋の教育家であるルソー・ペスタロッチ・ヘルバルト・フレーベル・スペンサー・デューイらの教育論についても紹介することは欠かしていない。さらに明代から清代咸豊年間末期までの中国教育史も取り上げ、王陽明・顧炎武・黄宗羲・王夫之らの教育に関わる活動を比較的詳細に紹介しているのは、それ以前の叙述の形と同様である。

『新教育史』の締めくくりは、近百年の中国教育史であり、新教育の動向である。ここでは他の中国教育史関係の書と同様に学制の変化に言及し、学校系統図を掲げるという方法を取っている。その一方、一九二二年の学制改革に関して、職業学校が学校制度における正式の地位を得た事実を重視し、文体の変化と職業教育の比重の上昇は、先の第一次世界大戦のもたらした結果である、[41]と述べている。これは社会的背景から教育史の流れをとらえようとする方与厳の基本的姿勢の現れでもある。ついで『新教育史』執筆時点での国民政府の学校系統に触れつつ「生活の平民化と科学化」というタイトルの下での袁希濤・陶行知・黄炎培・梁漱溟の教育理論を紹介している。そして、締めくくりが「教育の新動向」であって、「教育が少数の特殊階級に属するものから全民的で普遍的なものに進歩している」[42]ととらえ、陶行知の最近の生活教育に対する主張という形で、陶行知理論を「教育の出口」として位置づけている。そこでは（1）学校より社会へ（2）書物より生活へ（3）教えることから倣すことへ（4）被動から自動へ（5）士大夫から大衆へ（6）児童の軽視から児童の信仰へ（7）平面三角から立体幾何へ、[43]という基本的な方向性を明示している。それまでのさまざまな矛盾を抱えていた教育が、その本来の役割を果たすためには、陶行知の教育理論が切り札になるという結論である。過去を振り返ることを潔しとしなかった陶行知に代わって、陶行知の教育理論こそ歴史的な流れを踏まえ、諸々の矛盾を克服することを可能にする最も適切な理論であるということを、方与厳は語っているのである。

三、陶行知理論との比較を通して

方与厳と呉弗蘭との結婚は、父親同士が決定したものであった。かれは「私は婚姻不自由の下での一人の犠牲者」と称し、結婚はかれ一四歳のときに父親が決めたもので不満であったが、「慈母の悲哀に触れることを恐れ」て反抗しなかった。(44) かれは自らを「専制婚姻の犠牲者の一人」と述べ、「恋愛神聖」「恋愛不可侵犯」を強調する。(45) 方与厳は、孫文と宋慶齢、汪精衛と陳璧君、廖仲愷と何香凝のそれぞれの熱烈な恋愛にあこがれる(46)一方で、自らの結婚を嘆いているのである。ただし、結婚生活の中で妻の誠意を認め、かの女を敬い重んじるようになって「夫婦の間で少しずつ平等の道を歩むようになった」と語っている。(47)

方与厳は男女平等に関して、経済的基礎を持つことと「学識の共存」を二つの前提条件としてあげている。つまり、女子の解放と平等にとって障害となっているのは、一に男子が経費を占有して、経済的基礎を持っていることであり、二つめには男子だけが求学の機会を持ち、学識の基礎を持つのに対して、女子には求学の機会もなく、学識の基礎をうち立てる可能性もないことである。その問題を解決するためには、女子自身が目覚め、自ら解放を図り、自ら平等を求めなければならないとも主張する。(48) こうした姿勢から暁荘学校において「その実、女同志に対しては非常に優待しているが、しかしこうした「溺愛」は、女子を見下しているものではないが、「女子」をもって「溺者」とし、「溺者」に対して施している恵みではないのか？　哀れむべきは、これによって女子の依頼性ができ、他人の優待を得なければ、「自立」できなくなるのである」(49) として、男か女かを論じることなく男女対等の立場から「軽女」観念の打倒をめざそうと呼びかけている。一九二〇年代、高等小学以上の男女同学は、中国教育界でさまざまな議論を巻き起こし、教育関係者もその対応に神経質になっていた。[50] 方与厳もまた一九二六年に書いた文章の中で、その二年前に槐塘で第七国民学校を創設し、この学校の第一期の卒業生一〇名のうち一二、三歳の女子が三名いたが、これら卒業生のために高等小学を設けた経験から次のように語っている。「日常、学校においては男女の学生はいずれも双方が尊重しあい、静かに勉強し、意見の食い違いを発生しなかった。このことは私に郷村の高等小学の男女同学は、管理上危険はないということを確信させた最強の理由である」[51] と。こうした考え方と行動は、漸進的な方法で社会の理解を得つつ、中等教育における男女同学を実現しようとした陶行知らの教育関係者とも共通しているところである。

方与厳は、歴史への関心を絶やさず、男女平等を希求する立場から李汝珍を取り上げている。清の乾隆帝の時代、李汝珍は中国が数千年にわたって軽視してきた婦女問題の背景を痛快に暴露し、あわせてかれの改革の理想となる方案を提出した。李汝珍は林之洋という男性を「女児国」に送り込み、女子を人間とみなさず、女子を虐待してきた「非人生活」の体験を強制した。男子に纏足をさせ、耳に穴をあけ、白粉を塗って化粧させ、衣裙を着用して、家の中で針仕事をおこなわせたのである。こうした男尊女卑で女子に「非人生活」を強いることの非を世間は知らないのである。[52] このように述べる内容からも、方与厳の女性の地位向上を実現したいとする熱い思いが伝わってくる。

方与厳は、「教育は立国万年根本の大計」という表現を繰り返し用いている。[53] また暁荘学校を発展させる過程で「われわれ暁荘の同志は、ともに目覚めた青年であり、郷村教育に従事しているが、教育救国、教育建国で、教育をもって中華民族の新たな生命をつくる責任を負っている」[54] と述べている。また「教育は国を救うことができることを知らねばならない。教育はまた国を亡ぼすことを知るべきである。何が亡国教育か。純に文字をもって中心とする教育は亡国教育である。文字を中心とする教育はなぜ亡国教育なのか？　それが作り出した大才が「八股人材」だからである」[55] と述べる。

方与厳はまた、従前の読書によって官となるという誤った思想こそ正さなければならないという。[56] さらに「人は一度教育を受けるや労働生産を願わず、人を食う寄生虫となり、人を食う教育へと変わってしまう」とし、それは「教育亡国」につながると慨嘆するのである。[57] かれは「私は教育万能を迷信する者ではない」といいつつ、「教育は可能性を持つものであると信じる」と述べる。[58] ただ教育を施せばよいというのではなく、その目的と方法を精査し、吟味する姿勢は終始崩さない。そこには単純な教育救国論ではなく、時代状況の下で救国につながる教育こそが存在の価値があり、大きな可能性を持つという強い主張が見られるのである。

方与厳は「われわれが共同して努力する団体を名付けて中国郷村教育先鋒団とし、先鋒団の団員は、人それぞれが前線に立って郷村教育をして戦う勇士であり、教育普及を謀って戦う勇士であり、また教育機会の均等を求めて戦う勇士である」[59] と述べ、教育機会の均等を力説する。とりわけ人口の八割以上が住む郷村における教育に期待し、「郷村教育は児童教育のために普及を謀る教育である。すべての教育機会のために均等を謀り出路を謀る教育である」[60] とも述べている。さらに「民主的な教師は、少数の特殊階層のために教育をするのではない。最大多数の労農大衆のために教育平等を勝ち取ってそれによって万民の教育平等に及ぶ」[61] べきであると述べ、教育機会の平等を民主的な教師ならば追求し続ける責務があると主張する。陶行知教育思想の基本精神を、方与厳流の表現で訴えているのである。

方与厳は、人々が「生存の権利」を持つのと同様に「教育を受ける権利」を持つべきであるとして、それを「権利教育」と呼ぶ。[62] それとともに識字者は非識字者に対して教える義務があるとして、「国民の人に教える義務は、兵役の義務、納税の義務と同様に重要である」[63] と述べる。「権利」や「義務」という表現を用いつつ、教育を受け、教育を施すという行為の重要性を訴えているのであるが、それは陶行知の教育普及策の根幹となる「小先生」制へと結びついていく。方与厳は「小先生」制を「生活符号を普及させる挺進主力軍」と称し、一九省四特別市にこの運動が広がったことを評価した[64]。また「大先生」が「小先生」を輜重隊や後備軍として支え、「小先生」の家庭を訪れ「小先生の家庭の自私の観念を改め、小先生をして全社会に飛び込んで人を教え」させるようにした[65]ととらえている。そこには「輔導員」とも称する教師の「小先生」に対する教育的指導が前提となり、不可欠であるという現実的判断も働いている。

方与厳は、中国教育界を取り巻く環境も注視し、教育経費の欠乏や分配の不均等を問題にしている。例えば、南京市は五〇万人の人口に対し教育経費は六〇万元であるのに、江寧県は一〇〇万人以上を有しながら教育経費は一〇万元に過ぎないと現状を語る[66]。そして、中国に返還される義和団賠償金である「庚子賠款を、完全に教育経費となすべき」とする規定は、すでに中国国民党の政治綱領の第五条に載っているとして、他項への流用の政治的責任を問うている[67]。また一九三〇年の中国の教育経費に関して、教育部の公表した総支出は一六九、一六〇、六七九・三八元であり、国民一人当たりは三角六分に過ぎないとする。その上で、初等教育費を学齢児童数で除すると一人平均で八元一角九分となり、一人で二二人分の教育費を占有し、中等教育費を学生数で除すると一人平均九四元六角六分となって、一人で二六三人分の教育費を占有し、高等教育費を学生数で除すると一人平均七六二元一角八分となって、一人で二、一一四人分の教育費を占有することになると計算する。その結果、大衆は得るべき教育費を少数人によって剥奪されている。一方で、教育債務人は小学生・中学生・大学生・留学生と八千万人の識字の大衆であって、かれらは非識字の人々に教育を施すことによってこの債務を精算できるとする[68]。表現方法に工夫を加え、具体的数値を引きつつ、方与厳は自らの主張に説得力を持たせようとしている。これはかれ独自の論法と考えてもよいだろう。

方与厳は、郷村小学のカリキュラムに関して「文字は通俗的な利器」という姿勢から日常生活に役立つ書信・簿記・珠算などを重視し、網羅的な科目設定は一人の教員が全教科を担当する郷村小学では必ずしも必要ではないとする。そして、児童にさまざまな作業や運動をさせることが「労働神聖」の潮流に合うと述べている。[69] むろんその根底には「民主教育」がなければならない。そのめざすところは、第一に「真理を探し求める」小学生をつくること、第二に労働を願い労働に努める「手脳双揮」の小主人をつくること、第三に学習に努める「自覚覚人の小先生」をつくること、第四に侵略に抵抗する小戦士をつくること、である。[70] このように実利主義を尊重しつつ、理念の追求も忘れていない。

歴史への関心とともに時事問題への関心も、方与厳思想の特色である。「資本主義は最後の一幕を演じて、速やかに没落している」[71]と認識する方与厳は、金本位制と銀本位制をめぐる混乱はアメリカ合衆国大統領F＝ローズヴェルトの「自らの国家のための遊び」[72]ととらえ、「ムッソリーニの黒シャツ隊、ヒトラーの残忍残殺」を注視すべきこととしてあげ、「国際連盟は帝国主義者が弱小民族を分割する一つの集団」と認識している。また帝国主義者の背後に隠れている財閥の陰険さもやり玉にあげている。[73] こうした世界情勢の中で「ソ連は国内建設の実力充実によって国際連盟に重視された。中国は内戦の頻発によって実力は失われ、国際的な軽視と惨敗にあった。われわれがもし国際的な地位の平等を得ようと考えるならば、ただ全国民の生活力を充実させ、国家建設の力量を充実させなければならない」[74]として、明確な目標を持った国家建設と国民的統合の重要性を説いている。

陶行知は、教育の普及と水準の向上のためには人口統制の必要性があることを説いたが、[75] 方与厳もまた「人口統制を普及させる生活力の育成」を主張し、あわせて健康の重要性を説いて、八時間労働制の実行や衛生に関わる条件整備も唱えている。[76]

方与厳は「北伐以後、革命進行の失敗は、総理の「天下為公」「節制資本」「平均地権」といった遺教を遵行し、財産私有制度を漸次「耕者をして共に田を有せしむる」ようにさせることをしなかったことにすべての原因がある」[77]と述べ、孫中山先生は「現代の大成至聖先師(78)」とするのである。また「三民主義を灌輸し、三民主義の中心思想を養成し、革命性に富み、社会改造の精神を担い、一盤の散沙で団結できないという弊病を正すことができる」とする言葉にも孫中山の思想をもって中国の統一を図りたいという願望が伝わってくる(79)。このように国民党支配地域を活動の主要な基盤とし、孫中山を信奉するという点では、方与厳は陶行知と共通していたといえる。しかし、抗日戦争終了後から国共内戦期、方与厳は次第に中国共産党陣営へと接近していく。かれは一九四九年、中共中央宣伝部教育組で工作をし、救国会代表の身分で中国人民政治協商会議の第一次全体会議に参加した。

中華人民共和国成立直後、方与厳は陶行知の教育思想を評して「新民主主義の教育思想であり、中国人民自身が自らを解放する教育思想であり、全人類が自らを解放する教育思想である(80)」と称え、「陶行知先生の生活教育運動は、かれの民主政治運動と分かつことができない(81)」と述べている。しかし、一九五〇年代前半の陶行知教育思想批判運動の中で方与厳もまた陶行知批判を迫られることになる。

方与厳は一九五八年、陶行知を「ブルジョア階級の教育家であり改良主義者」とし、「初期の教育思想においては、改良主義の色彩と空想社会主義の色彩が相当濃厚であった(82)」と批判的にとらえた。そして、陶行知の「単純な教育の観点より教育を見、教育のために教育を改造しようとしたことは、一方的に教育の作用を誇らざるを得ず、かれが平民教育をもって「四通八達の社会」をつくり、「人間の天堂地獄」を打通し、「幾重にも重なった横階級と縦階級」を打通し、郷村教育を用いて、「一百万の郷村教師」を養成し、「一百万の学校を提唱」し、「一百万の郷村を改造」しようとしたのは、大いに無邪気であることを免れない。これは一種の政治を軽視し革命を軽視した改良主義の幻想であり、教育が政治のために奉仕することを軽視した幻想であって、永遠に実現できないことである(83)」と陶行知教育思想の根幹となる部分を批判した。さらに方与厳は、陶行知が「読書はすなわち救国」という「書呆子」に一撃を与え(84)、

「一歩一歩教育は政治のために奉仕しなければならないという思想を強めた」[85]ととらえた。また「社会はすなわち学校」というスローガンは、社会と学校を混同したもので、学校の作用を低めるものであるとし[86]、「做す」の強調は「教室での教学の作用を低め、系統的な知識の伝授を低めた」と一九五〇年代の陶行知教育思想批判運動で常用された主張を繰り返し、「教学做合一」の教学方法はマルクス主義の原則に及ばないと結論した[87]。一九五一年の映画《武訓伝》批判運動に連動して起こった陶行知教育思想批判運動では、戴伯韜・董純才・劉季平・張健・張宗麟ら陶行知の教え子たちが迫られて『人民教育』誌上に批判の文章を書いた。方与厳は、それより遅れた「大躍進」運動の開始の時点で、陶行知の生活教育理論は今日には適用できないと述べている[88]。方与厳にとっては、抗日戦争期から国共内戦期の評価とは一変した陶行知批判であるが、それは大躍進当時の政治情勢が、教育部の要職を歴任していた方与厳に強いた陶行知批判であったと考えるべきであろう。方与厳は一九五九年一〇月に病気となってから五度入院し、国家に貢献できないことを嘆いている[89]。そして、一九六八年に陶行知の復権を見ることなく長逝した。

おわりに

方与厳は陶行知より年長であったが、その教え子として陶の生活教育理論の普及に努めた。若き日に経験した農業労働に喜びを見出していた方与厳は、教育の中で体を動かすことを重視し、人々の生活を豊かにし、国力を強化するために科学の振興を力説した。時には陶行知の表現をそのまま用い、また時には方与厳自身の独自の表現に置き換えることによって、陶行知の教育精神を人々に理解させ、普及させようと努力した。とりわけ方与厳の役割として注目されるのが『新教育史』に代表される歴史的な視点である[90]。中国人は歴史を尊重し、歴史を範として思考する傾向が強い。かれは『新教育史』の執筆によって、陶行知があまり関心を示さなかった歴史的な考察方法を取り入れ、世界教育史の一つの到達点に陶行知の生活教育理論をおくことによって、その価値を客観化し、高める努力をしたのである。さらに方与厳は、女性解放の問題では女性自らの独立を求めて教育の機会均等の実現を図るとともに、かれ自身の論を組み立てるときには時事問題を踏まえ、数値を掲げて、より具体的な根拠を提示する努力を怠らなかった。こうした点で陶行知教育思想を、陶自身があまり持たなかった側面から補強するという役割を果たしたと見ることもできよう。

方与厳は、「教育救国」という表現をあまり用いていない。中華人民共和国成立後の晩年には、陶行知を批判しつつ、陶が「教育は政治のために奉仕しなければならない」という思想を持つに至ったと述べた。しかし、熊賢君が評するように、陶行知の「教育救国」思想はきわめて豊かであり、かれの教育思想の重要な構成部分となっていたのである[91]。方与厳もまた、抗日戦争を戦い抜くとともに、中華民族の団結や生活向上のために教育の果たすべき役割の重要性を強く認識していた。「教育は立国万年根本の大計」というかれの基本認識の上に立ち、陶行知の生活教育理論の内容をより豊かにし、より現実的にしていくために、方与厳はさまざまに工夫をして論を展開した。こうした面で、中国近現代教育史に大きな地歩を占めた「陶行知集団」の一翼を担った方与厳は、豊かな内容を持つ教育救国論を展開した教育家であったと考えてよいだろう。

註

（1）中国陶行知研究会編『方与厳教育文集――陶行知及其生活教育――』（四川教育出版社、一九九五年、以下『文集』と略す）「後記」同書、一六六二頁。以下、方与厳を方と略記することもある。

（2）陶行知研究に関する周洪宇編『陶行知研究在海外』（人民教育出版社、一九九一年）、中国陶行知研究会、上海市教育委員会、上海市陶行知研究協会、上海市宝山区人民政府編『弘揚行知思想深化教育改革――九五全国陶行知研討会文集』（出版社不明、一九九六年）、周洪宇・余子侠・熊賢君主編『陶行知与中外文化教育』（人民教育出版社、一九九九年）を通して見た傾向である。この中で陶と関係して取り上げられている人物には、戴東原・王陽明・晏陽初・梁漱溟・デューイ・タゴール・葉聖陶・徐特立・陳鶴琴・郭秉文・蔣夢麟・李公樸・胡適・舒新城・毛沢東・鄒韜奮・魯迅・劉季平・董純才・張文郁らがあげられるが、方与厳の名前はない。また金林祥主編『二十世紀陶行知研究』（上海教育出版社、二〇〇五年）の一九八〇年以降の陶行知研究の動向報告によれば、研究の主たる関心は、陶行知の再評価と現代中国における素質教育などへの陶行知教育思想の具体的な適用におかれている（同書、一八八～三八四頁）。

（3）方「我的自白――代序」『文集』八二四～八二八頁。方にとって一七歳のときに経験した農民としての生活は「自ら望んだこと」で意義深いものであった（方「小組織的生活」『文集』九〇六頁）。

（4）方「我的自白――代序」『文集』八三三頁。この「略歴」は、金成林編輯『陶行知全集』（四川教育出版社、第一～一〇巻、一九九一年、第一一巻、一九九八年、第一二巻、二〇〇二年、以下『陶行知全集』とのみ記す）の「人名索引」に拠る。

（5）方「我的自白――代序」『文集』八三四頁。この時期は、陶行知は「陶知行」と称していた。趙叔愚（一八八九～一九二八）は、陶行知と同様にアメリカ留学生で、帰国後東南大学教授となり、一九二七年に陶行知と共に暁荘学校を創立したが、翌年若くして病逝した。

（6）方「陶行知先生四周年祭」『文集』一五七七頁。

（7）方「生活教育理論体系的建立」『文集』一一五一～一一五二頁（原載は『人民教育家与人民詩人』北京教育出版社、一九五〇年）。なお同じ文は、方『生活教育簡述』『文集』一二五八頁にもある。

（8）方「人民教育家陶行知先生」『文集』一五一五～一五一九頁。

（9）暁荘学校の特色としてあげた（1）～（15）も含めて、方「暁荘的愛与変」『文集』三七八～三八九頁。

（10）方『郷村教育』（上海児童書局、一九四三年）『文集』二七一頁。

(11) 方「生活教育的中心是什麼一事」『文集』五九五～五九七頁。
(12) 方『生活教育簡述』『文集』一二四九頁。
(13) 拙著『中国近代教育の普及と改革に関する研究』(汲古書院、二〇〇二年) 四二四～四三二頁、参照。
(14) 前註 (10)、『文集』三二九～三三〇頁。
(15) 同前、『文集』二六〇～二六一頁。
(16) 同前、『文集』三〇三～三〇五頁。
(17) 方「開井」『文集』六一三頁。
(18) 前註 (10)、『文集』二七九頁。方は「科学下稼運動」の中で、条播機を導入した棉田が畝当たり二〇～五〇斤を増産したことや、山海工学団が二台のポンプを導入して二〇〇畝の水田と四～五ヵ村の飲料水の確保に貢献したことを報告している(方「農人教育之普及」『文集』六四四頁)。
(19) 方「現代的教師」『文集』一四六九頁。
(20) 方「財産私有制度是万悪的起源」『文集』一〇八三頁。
(21) 方「為中華民族珍重」『文集』七八六頁。かれはまた「科学を理解しない民族は、落伍した民族であり、野蛮な民族と見なされる」(方「現代的師範生」『文集』一〇〇四頁) とも述べている。
(22) 方「生活教育創始者陶行知先生」『文集』一五二七頁。
(23) 陶「為考試事敬告全国学子」『陶行知全集』第一巻、一八六頁。
(24) 陶「史督師対国民訓話」『陶行知全集』第二巻、八六～八七頁。
(25) 陶「行是知之始」『陶行知全集』第二巻、三頁。同「答朱端琰之問」同前書、一六頁など。
(26) 方「人民教育家陶行知先生」『文集』一五一二頁。
(27) 陶「中国建設新学制的歴史」『陶行知全集』第一巻、四二一～四四六頁。
(28) 張頸夫「序」『文集』三頁。

(29) 方『新教育史』『文集』一三頁。この書においては、それぞれの時代の題目は「先史時代的生活――先史時代的教育」などという形をとり、「生活」と「教育」を結びつけており、生活教育を基本に据えた思考をおこなう方与厳のこだわりが見える。ただし本章では、煩を避けるために「先史時代の教育」という形で表記する。
(30) 同前、『文集』二七頁。
(31) 同前、『文集』三七頁。
(32) 同前、『文集』七〇頁。
(33) 同前、『文集』七四頁。
(34) 同前、『文集』七七～七八頁。
(35) 同前、『文集』一〇四頁。
(36) 同前、『文集』一二一～一二二頁。
(37) 同前、『文集』一六二頁。
(38) 同前、『文集』一九二頁。
(39) 同前、『文集』一九八頁。
(40) 陶「蘇聯憲法草案中之公民権」『陶行知全集』第四巻、一二六頁。陶行知はソ連に行って調査をおこないたいとする希望を持っていたが、結局実現できなかった(陶「将用一年時間考察欧美和蘇聯――致呉樹琴」『陶行知全集』第八巻、四二〇頁)。
(41) 方『新教育史』『文集』二二〇頁。
(42) 同前、『文集』二四六頁。
(43) 同前、『文集』二五一～二五二頁。
(44) 方「婚姻自由嗎」『文集』八四九頁。
(45) 方「愿看破紅塵」『文集』八五八頁。

(46) 同前、『文集』八五九頁。
(47) 方「我的自白——代序」『文集』八三〇頁。
(48) 方「能見其大」『文集』四七一～四七二頁。
(49) 方「愿努力做人」『文集』五六〇頁。
(50) 前掲拙著、二一八～二二一頁、参照。
(51) 方「我的歙県郷村小学教育談」『文集』一四四九頁。
(52) 方「中国第一部討論婦女問題書」『文集』一〇五〇～一〇五一頁。李汝珍の描いた林之洋の物語については、陳東原『中国婦女生活史』(上海商務印書館、一九二八年) 二五〇～二五七頁、参照。
(53) 方「従三大訓練到六大訓練」『文集』四五五頁。同「僅僅只有三個月零六日」『文集』四六三頁。同「撒播新種子」『文集』九三二頁。同「《暁荘一年計画》編者序」『文集』一四六〇頁。
(54) 方「青年的態度」『文集』五〇二頁。
(55) 方「什麼是文学与教育出路」『文集』一〇一九頁。
(56) 方「教育革命与革命教育」『文集』三六八頁。
(57) 方「小学教師是一種什麼人」『文集』七二五頁。
(58) 方「談談中華民族的復興」『文集』九七七頁。
(59) 方「僅僅只有三個月零六日」『文集』四六三頁。
(60) 方「今天新同志挙行宣誓典礼祝詞」『文集』五一〇頁。
(61) 前註 (12)、『文集』一三〇〇頁。
(62) 方「権利教育」『文集』五八八頁。
(63) 方『郷村教育』『文集』三〇八頁。方与厳は「教育普及のためには最も速やかな効果のある方法を必要とする」とし、そのためには「知者を総動員して不知者に教える他はない」とも述べている (方「小孩子総動員」『文集』六五八頁)。

(64)　方「終清算引端」『文集』六三一頁。
(65)　方「新年献礼」『文集』六三五～六三六頁。
(66)　方「師範生的出路問題」『文集』三五〇頁。
(67)　方「蚕桑事業与普遍識字訓練」『文集』五三七頁。
(68)　前註(62)、『文集』五九〇～五九一頁。
(69)　方「我的歙県郷村小学教育談」『文集』一四四六～一四四七頁。
(70)　方「現代婦女与中国児童教育之出路」『文集』一四八九頁。
(71)　方「先我二十年走科学的路」『文集』一〇六八頁。
(72)　前註(64)、『文集』六三三頁。
(73)　方「時事生活」『文集』六一七頁。
(74)　前註(64)、『文集』六三二頁。
(75)　本書第九章参照。
(76)　方「農人教育之普及」『文集』六四〇頁、六四三頁。方与厳は陶行知と同じく結婚年齢を引き上げ、男子満二五歳、女子満二〇歳ではじめて結婚できるようにすべきであると主張している(同前、『文集』六四七頁)。
(77)　前註(20)、『文集』一〇八〇頁。
(78)　前註(12)、『文集』一二六四頁。
(79)　方「安徽郷村教育促進会成立宣言」『文集』一四五五～一四五六頁。
(80)　前註(6)、『文集』一五七五頁。
(81)　同前、『文集』一五七七頁。
(82)　方「陶行知的教育事業与教育思想」『文集』一六一二頁。
(83)　同前、『文集』一六一四頁。

(84) 同前、『文集』一六一九頁。

(85) 同前、『文集』一六二六頁。

(86) 同前、『文集』一六三四頁。

(87) 同前、『文集』一六三五頁。

(88) 同前、『文集』一六三八頁。

(89) 方「致汪鞏的信」『文集』一六六一頁。

(90) 方与厳は『儒林外史』を教育史の格好の教材と見るような柔軟な視点も持っていた(前註(56)、『文集』三六三頁)。

(91) 熊賢君「陶行知早期〝教育救国〟思想論略」(前掲『陶行知与中外文化教育』三二一五頁)。

第一一章　劉季平の教育思想と実践

はじめに

劉季平（一九〇八〜八七）の原名は劉煥宗、字は貫文。中国現代の教育家であり、晩年には北京図書館館長兼国家文物局党委委員に就任するとともに、第五回と第六回の全国政治協商会議委員に選出された政治家でもある。かれは剣雄、力花、艾文、徐建人、満力濤、胡致、季平、古一今、満力陶などの名前を用いて執筆活動をおこない、その主要な文章は『劉季平文集』（北京図書館出版社、二〇〇二年）に収められている。一九四一年二月より正式に劉季平と名のったこの人物を有名にしているのは、中国近現代を代表する教育家である陶行知（一八九一〜一九四六）の教え子であり、陶の教えを現代中国の教育改革において活用しようと努力を続けた代表的存在であるからである。しかし、その努力はそのまま成果に直結したわけではない。

中華人民共和国成立直後の陶行知教育思想批判で恩師の批判を強いられたことや、文化大革命時期にかれ自身が批判対象となって夫婦で教育部「五七」幹部学校に送られるなど、中国現代政治の激動に翻弄され、その生涯は紆余曲折を経ることとなったためでもある。管見の限りでは、国内で劉季平に関する専門的研究はまだ公刊されておらず、その人物像の詳細は明らかにされていない。本章は、劉季平の生涯を概観するとともに、かれの教育思想と実践はいかなるものであったのか、二〇世紀中国の政治情勢の変動の中でそれは変貌していったのか、それともそうではなかったのかという問題に重点をおいて論じる。さらにこれらについて、かれと陶行知との関係を軸に分析を進め、陶行知教育思想の現代中国における一つの継承の形として、その実情を明らかにしていきたい。

一、劉季平と陶行知

劉季平は一九〇八年五月一六日、江蘇省如皋県に生まれ、一九二一年に南通甲種実業学校に入学し、ついで二三年江蘇省の如皋師範に入学した。二六年に劉剣雄の名で中国国民党に加入したが、当時の如皋県の国民党支部は中国共産党の積極分子が主導権を握っており、共産党の影響下におかれていた。[1] 二七年、劉は石俊、馬暁天らの紹介によって正式に中国共産党に加入した。翌二八年、如皋師範でストライキを起こした劉らは学校を離れ、陶行知の下で南京暁荘師範（原名は郷村試験師範学校で後の暁荘学校）の創立に参加した。このとき実際に国民党を離れた劉は、暁荘に設けられた中共支部の書記になっている。陶行知は教え子の思想傾向に干渉することがなかったため、多くの思想・信条の異なる青年男女が入学してきた。[2] この時期は北伐に見られるような国民党勢力による中国統一への動きが加速されつつある時期であったが、地方の治安は不安定で、南京周辺も同様であった。陶は暁荘学校に聯村自衛団を作り、劉は副総書記に任じられている。暁荘学校では農民と連絡して共同で二〇丁の連発銃を購入した。かれは銃を入手し、発射の方法を学ぶとともに、自衛団を作って学生、農民、駐屯軍、公安隊が団結する必要性を説き、わずか六ヵ月の軍事訓練であっても、これを軽視できないと述べている。[3]

一九二九年、劉季平は無錫県河埒口小学で教え、まもなく暁荘学校より派遣されて北平市香山慈幼院実験部主任に任命されたが、教育方針が合わず辞職させられている。[4] 一九三〇年、劉は五三〇運動を記念する南京「五罷」大行動に参加して金陵大学の中で逮捕され、一年二ヵ月の懲役という判決を受け、蘇州江蘇省高等法院十字監に収監された。しかし、翌年二月脱獄に成功し、獄中から引きずってきた足枷は方与厳に解いてもらった。[5] 一九三二年、劉は上海に行き、戴自俺らとフランス租界に住み、上海左翼教育工作者聯盟を創設したが、同年六月二五日、フランス租界内でかれはまたも逮捕され、懲役五年の判決を受けて上海フランス租界馬思南路監獄に収監された。翌年冬には山東省煙台の模範監獄に送られたが、そこでは監視が緩く文筆活動も許され、満力濤のペンネームで教育、哲学等についての一〇数編の文章を書き、『生活教育』『現世界』『新中華雑誌』などの刊行物において発表した。[6] 獄中では、留日経験を持つ廖体仁から日本語を学び、多くは日本語で書かれた『資本論』『自然弁証法』や河上肇の『政治経済学』などを読むことができたのであった。[7]

刑期満了を一年後に控えた一九三五年、満力濤の名で『生活教育』第二巻第一九期に発表した「教育と生活」は、当時の劉季平の陶行知に対する思いを綴ったものである。そこでは教育文化と人類社会の実際生活は分かつことのできないものであり、教育と生活は統一されたものである一方で、矛盾したものであるが、この点に関してデューイは根本的に教育と生活の矛盾統一の関係を理解できなかった。これに対して陶行知はデューイと正反対のスローガンを叫び、「生活は教育」「社会は学校」とし、学校の塀と教室を打ち壊し、社会を学校とし、宇宙を教室としたが、これはデューイを克服したものであった。このように劉は陶行知をとらえたが、その主張を全面的に是認したわけではない。陶にも教室と生活の矛盾という問題を軽視し、客観的に見れば教室を取り消すという欠点があったと批判する。[8]

中国において今なすべきことは、中国の大衆を破産失業、飢餓死亡、内外の侵略、圧迫、搾取そして牛馬の生活、半植民地の火の燃えている坑の中から解放することを要求することである。教育はその時代の歴史の任務と実践を統一しなければならない。ただこの基礎の上に、教育と労働の統一、教育と生活の統一が実践的な意味を持つのである。[9]「教育」「生活」「社会」「学校」という陶行知の言葉の上に「労働」が加わり、人民の解放という色彩が前面に出てきているのは、既に中国共産党員となっていた上に、獄中での社会主義関連文献の学習の成果があったためと考えてもよいだろう。

劉季平は同じ一九三五年に、陶行知の生活教育について、教育と大衆を真に一家となすものであり、教育過程と実践過程を一体のものとし、教育の供給と実践の需要を一体のものとするとともに、教えること、学ぶこと、行動することを一体のものとしていたと評価している。ところが今や中国が侵略され、国難の深刻さが極点に達しており、こうした時期には生活教育のみが大衆の必要とする教育となる。しかし、陶行知は生活教育を提起したが、こうした教育はどのようにすれば実現できるのかを考慮することがなかった。さらに陶行知が『生活教育』第三巻第二期で「生活の火花を発することは、教育の火花となり、生活の変化を生むことは、教育の変化である」と述べていることを承けて、その欠点は「行動の火花をそのまま教育とみなし、こうした火花の調合と始末を軽視している」ことにあると指摘している。[10]つまり陶行知の着想自体はよいとしても、その後の展開の構想や教育の系統性に欠けるという批判であり、一九五〇年代初期の陶行知教育思想批判の中で繰り返された批判内容と本質的に同じ批判を一九三五年におこなっているのである。それでは劉の理想とする生活教育とは何か。かれはそれを「科学化した生活教育」あるいは「科学化した実践教育」と呼んでいる。[11]

一九三七年八月、劉季平は出獄して上海に行き、晴れて執筆活動を開始した。同年九月、生活教育社の活動に参加し、『戦時教育』旬刊を編集する。その後、戴伯韜とともに上海を離れ、武漢の地で『戦時教育』を刊行し、抗戦教育研究会を組織した。[12]三八年、日中戦争の激化にともない広西省の桂林に移り、西南行営政治部で工作をおこなった。翌三九年には生活教育社の活動を続けるとともに桂林で戦時新聞講習班を組織した。四〇年には、桂林より安徽省南部（皖南）に移るが、皖南事変の発生により上海を経て蘇北抗日根拠地に移っている。この時期の劉季平は、どのような主張をしていたのであろうか。一九三九年、かれは道徳を取り上げ、それが社会の実践と一致するもので、積極的なものであることを求める。さらに道徳は合理的で具体的でなければならないとし、「日本の兵士が日本軍閥の指示に盲従し、中国を侵略し、中国人民を残酷に殺すのは、根本的に不合理であり、勇敢に犠牲となっても、どうして道徳と称することができるのだろうか？　中国の民衆は抗戦に奮起したが、これは正義の反侵略であり、ときに無謀なところもあるが、また道徳の当然とするところである」と述べる。そして、「抗戦中に新たな時代新たな生活の新道徳を培養しなければならない[13]」として、抗日救国という最大の目標をめざす積極的、実践的な道徳の養成を訴えている。

一九四〇年には「抗戦建国を擁護し、三民主義を実行し、世界の大同を促進する」ことや「最も合理的で最も有効な新教育の原理方法を探り創造し推進し、あわせて教育の普及につとめ、もって抗戦必勝、建国必成を保証する[14]」ことを生活教育社同志の使命とすべきであるとしている。同年四月の皖南事変発生前の段階であり、まだ第二次国共合作が継続している時期だけに「三民主義を実行」することを唱えて国民的団結を計り、抗日戦争勝利に向けての教育の果たす役割の大きさを強調しているのである。

劉季平は蘇北抗日根拠地に移った後、一九四二年には『万事通』という冬学の教科書を作成し、同年末から翌年にかけて鄒韜奮と共に蘇中各地で解放区の教育工作を視察し、調査研究をおこなった。同年、劉は新四軍一師抗日軍政大学第九分校副校長兼中共蘇中党校校長、党委書記に任命され、中等学校教育会議を招集するなど教育界の指導者としての活動を続けた[15]。

劉季平は一九四三年、抗日民主の目標の下に新民主主義の教育を実施し、根拠地人民の政治文化の水準を高めるためには、従来不十分であった失学の成人に対する教育を重視し、より大きな力を集中して冬学運動を展開しなければならないと述べている。さらに日本軍が支配する農村では、私塾や補習班などを教育普及の道として認めなければならないとしつつ、これまでに進められてきた私塾の登記、塾師の検定などが不可欠であるとして[16]、中華民国の教育政策を徹底させることも唱えている。こうしたこと以上に劉が強調したのが「学用一致の精神」であった。かれは南通甲種実業学校で学んだ経験のためか、実用主義的な教育を重視する姿勢を持ち、解放区時代にも「中等教育の陣容を調整し直して、一部分の普通中学を次第に職業学校に変えるか職業科を酌設」させようと考えている[17]。学用一致の精神を貫徹するには、教育の内容と方法の両面から改革を進めなければならない。劉の考える実際と連繋する教育方法とは、陶行知の提唱した「教学做合一」である。「教学做合一」とは実際活動を中心として教え学ぶものであり、最も進歩的、科学的、経済的な教学方法である。このように陶行知の教育方法を評価するとともに、二種類の活動の必要性を説いた。その一つは現在の社会活動を利用し、調整して掌握すること、もう一つは教育計画に基づき、新たな活動を設計することである。例えば師範学校が冬学活動を同時におこなうことは前者であり、「理化」（物理学と化学）の先生が学生を指導して洗濯石鹸や蠟燭を作り、科学の授業を充実させることは後者である[18]。学用一致の精神は、抗日民主の立場の具体的表現であるが[19]、すべてを新教育で担うことはできず、その二〇％は旧教育によって担うことを考えるべきであるとして[20]、現実的な姿勢を見せている。こうした姿勢は「大後方において中華民族のために中国人民が必要とするのは、黄炎培先生のあのような思想で、何千何万という公然とあるいは秘密の内に民主を要求し国民党の無理を押し通す政策に反対する教師・同学らの思想のようなもので、決して蔡観明の思想（文化至上主義の思想――筆者註）ではない[21]」として、中華職業教育社を拠点に抗日救国のための職業教育運動を続けている黄炎培らの取り組みに高い評価を与えるところにも通じている。

第二次世界大戦の終結後、国共内戦が勃発する。この時期の華中解放区の教育工作において劉季平は、抗戦初期にはその多くが原則上のものであった理論が「百倍も豊富で具体的になった」と述べ、中等学校の教育改革では政治教育が強化されているが、文化教育と科学教育はいずれも不足している[22]と現状を認識し、具体的成果につながる部門の強化を訴えている。成人教育を児童教育より重視し、文化教育工作を実際的なものとすべきである[23]という劉の主張は、国民党の攻勢にさらされる解放区の強化に資する即効性のある教育に期待するものであった。西洋近代の教育理論を解放区に持ち込んでも役に立たず、教育普及にあたっては民辦公助を目標とし、教育経費が限定される中では財政支出に頼るという姿勢ではなく、「生産をもって学校を養う」「学校の生産は大衆の生産と結合」「あらゆる生産は企業化しなければならない[24]」という劉の言葉に見られるような自主独立を旨とする方針を立てている。また私塾を改良して民辦小学へと昇格させるが、郷鎮文教委員会がこれを担当し、それは「国民教育普及の最も重要な推進機関であり、政府の指導と大衆が結合する一つの最も重要なポイント[25]」となるべきであるとする。こうした解放区の教育と国民党教育および封建的で落後した私塾教育との根本的な差を認識しなければならないとし、国民党の教育は「反共反人民反民主で実際から離れた方針と学制を堅持」していると批判する。そして、国民政府の「全国的な規定に服従し、進歩的な方針と学制を反動的な方針と学制へと後退させるならば、それは人民に背叛する行為であるばかりでなく、新中国の教育建設に対しても非常に有害である[26]」として、深刻化する国共の対立を反映しつつ、新中国の建設を待望する文章を一九四六年四月に書いているのである。解放区における教育普及については、民校や小学などの制度的な枠組み、一定の課程を持つことを前提に、夜学・読報組・農村劇団など可能な限りの手段を用いることを認めている。

基礎となる識字教育は「道理をわきまえて生まれ変わる教育で一歩前進させるに必要な工具」であるが、「ただ道理を重んじるだけで識字を重んじない見方はまた正しくない」[27]とする。いわゆる読み書きに算盤を加えるという意味の識字勘定教育の必要性を認め、それを農繁期に強制することは避け、冬の農閑期におこなうよう提言する。このためには冬季大発展の各種の条件を作り出す必要があるが、そこには「幹部、積極分子、教師、民師、小先生の育成」「課程調査と研究工作の展開」を進め、常設の民校と村学を大量に建設することなどが含まれている[28]。これらは教育の現場からすれば当然の提言であり、劉の意識が常に現場重視で一貫していたことの反映と考えられる。劉は「国家の大事、百年の大計は、教育が基本となる」[29]と述べている。かれは蔡観明が唱える教育は政治に奉仕すべきでないとする見解を批判しており、これは教育救国論の批判につながるものであるが、教育重視の基本姿勢は教育救国論者の姿勢と同様なのである。

二、陶行知教育思想批判を越えて

陶行知の死後三年目の一九四九年七月二五日、劉季平は「陶行知先生を祭る」を書いて陶行知の数々の偉業をたたえ、「陶先生、あなたは最も忠実な人民文化教育事業の技師であるだけではなく、すべてを労働者人民より出発する新教育思想の偉大なる先駆であります。あなたは生活教育の学説を唱え、教学做合一を唱え、行は知の始めであることを強調し、力を労する上に心を労することを呼びかけ、人に教える者は己に教えると唱えられました。あなたは反人民の社会において、人民の世紀のために人民教育の大道を開かれました」[30]と記した。同年九月には「解放区の新教育思想は毛沢東思想をもって基礎とし、陶行知思想を消化して形成され」ていると位置づけながらも、「陶行知先生の初期の最大の欠点は、かれが革命の理想の実現を希望するときに、あたかもすべてを教育工作の上においている」ことであったと批判している。[31] これは陶が堅持した教育の可能性を全面的に信じる教育救国論を批判した内容であるが、一九五一年に発生した映画《武訓伝》批判運動に続いて起こった陶行知教育思想批判運動の中で、劉はより厳しい態度表明を迫られることになる。

陶行知教育思想批判運動では、陶行知の教え子でその思想の信奉者であった教育者たちが、迫られて『人民教育』誌上などで次々と批判の文章を発表した。[32] 張健、董純才、戴伯韜らに続いて劉季平もまた批判の文章を発表する。[33] ここでの批判の要点は以下のようである。陶行知先生の生活教育学説には重大な誤りがあった。陶の強調する「行」とマルクス主義者のいう「実践」とは同じものではない。中国革命の基本問題のうち土地問題、資本問題、新民主主義から社会主義への道についての認識は社会改良主義の段階にとどまっていた。陶の教育救国思想についていえば、平民教育運動、郷村教育運動、科学救国運動、工学団運動はすべて失敗した。国難教育、抗戦教育、民主教育等の運動もすべて革命をしなければ不可ということを証明しただけであった。陶の哲学の観点と教育思想は、毛沢東思想と本質的に差があり、反マルクス・レーニン主義的である。

このように厳しく陶行知を批判した劉季平は、翌五二年に上海市人民政府副市長に任命される。その後、劉は山東省や安徽省などで教育に関連する活動を続け、多くの報告や談話などを発表しているが、『文集』に収められているその一部の文章にはとくに注目すべき見解は見られない。さらに一九六四年には劉は教育部副部長に任命され、中国教育代表団を率いてベトナム訪問をおこなうなど[34]教育界の指導的地位にあって活発に活動した。

劉季平の身辺に大きな変化が訪れたのは、一九六六年五月二五日、教育部の幹部であった盧正義が部内に劉を批判する大字報を張り出し、文化大革命の渦に巻き込まれてからである。六八年にかれと四人の子どもは内蒙古、山西、陝西に別々に上山下郷させられ、六九年には劉と妻の呉瀚は教育部「五七」幹部学校に下放された。劉の一家にとっては絶望的な日々が続き、かれ自身も自己批判に迫られて多くの文章を書いた。(35) それらは全く『文集』には収められていないが、内容は推して知るべしであろう。さらに文革期の受難に至るまでの長年にわたる苦労とストレスは、かれの身体を蝕み、一九七一年には肺への結核菌の浸潤が明らかになって入院し、心臓にも異常が見られ治療を受けた。その後も入退院を繰り返すことになるが、病と闘いながらも七三年に北京図書館館長に就任し、同年八〜九月に中国図書館界代表団を率いて訪米し、キッシンジャーとも会見している。

文革後の劉季平の最初の本格的な文章は、この訪米報告である。そこでは中国語の簡体字の宣伝、アメリカの華人街への『人民日報』等の出版物送付の必要性、図書館におけるコンピュータ導入の必要性などを力説している。(36) またイギリスを訪問し、イギリスの図書館の現代化にも着目して、アメリカの豊かさには及ばないものの、節約と実効を重視して成果をあげていると評価している。とりわけその現代化の中でもハードとソフトの標準化、書目の様式、編目の規則、図書の分類、用語データの標準化などに対するコンピュータの積極的な活用に注目している。(37) それは五〜一〇年のうちに北京図書館と若干の重要省市、科学研究所、学校図書館を拠点として現代化された図書館網を作り、中国の図書館事業の遅れを解消しようという提言(38)に結びついていく。劉は老齢になっても新たなシステムの導入に積極的であり、常に現場サイドの視点を失わなかったことがここでも窺えるのである。

一九八〇年代は、陶行知、晏陽初ら解放後に批判を受けた教育思想家が、再評価された時期でもある。劉季平もまたその流れの上で陶行知教育思想についての三〇年前の批判を撤回し、改めて評価をおこなった。劉は一九八〇年「わが国の偉大な人民教育家である陶行知先生の生活教育理論の中の進歩思想を研究し、発展させ、現在のわが国社会のさし迫った需要に適応させ、一つの社会主義の新型工学団を試辦(39)」していきたいと建議した。併せて陶行知が提唱した「生活即教育」「教学做合一」「行是知之始」等々の理論概念は、旧民主主義・改良主義・実用主義の枠を突破し、新民主主義革命の理論と実践のあい結合した新しい思想内容を具有するようになったと述べている。[40]ここで劉の唱える社会主義工学団の背景には、陶行知が推進した山海工学団[41]がある。この山海工学団を一歩進めて「生産労働、政治文化学習、科学技術研究の三つが結合した社会主義の集団」にしなければならないという。[42]それは一般の学校とは大いに異なっているが、「適切に政治文化学習をおこない、進んで適当に科学技術研究をおこない、また終始ある種の社会主義生産力を主体とし基礎とする一種の新型の、三結合の企業事業単位を堅持[43]」するものとして、より具体的なイメージを描こうとする。しかし、陶行知を出発点として中国現代教育の改革を論じるならば、前提として五〇年代初頭の陶行知教育思想批判の反省がなければならない。劉は一九八三年にこの点に関して以下のように弁明した。

まず第一に、一九二八年夏、中共暁荘支部の成立後、陶行知がただ「郷村教育」を論じ、ただ「鋤頭革命」を講じるだけで、「無産階級革命」を講じないために、かれに「改良主義」の帽子をかぶせた。第二に、一九三〇年代の初め、陶行知が「少生、好生、貴生、厚生、共生」などの「五生論」を提唱し、「教育は人に子どもを少なく生むように教えなければならない」と強調したことに対して、「新マルサス主義」の帽子をかぶせた。第三に、一九五〇年代の初め、毛主席の映画《武訓伝》批判の呼びかけに応えて、陶行知の哲学思想はなお「実用主義」であり、毛主席の実践論と同じように論じることはできないと述べた。[44]このように私は過ちを繰り返したが、実際には、陶行知は政治思想の面で絶えず進歩しており、若干の弁証唯物主義、新民主主義の教育思想を持ち、いくらかの社会主義教育思想の要素を示していて、少なからぬ限界性を持つとはいえ、周恩来のいう「党外のボルシェビイキ」にふさわしかったのである。[45]

一九八四年には、劉季平は陶行知教育思想の分析をさらに深化させ、上記の内容を補足している。陶行知が教育を軸とする郷村建設運動へと入ったことに関して、郷村を改造し、中国を改造することを強調し、郷村教師が「人民の朋友になるべき」ことを強調し、「農夫の身手、科学的な頭脳、社会改造の精神」を持つべきだとした陶の言行から見れば、明らかに既に旧民主主義の思想を超越しており、完全ではないが、「中華平民教育促進会」の時期に較べてより明確な新民主主義の思想を持っているととらえた。さらに「鋤頭舞歌」において鋤を持って革命することを強調し、講話において「既に国民政治の上で革命をし、同時にさらに教育の上で革命をすることで、政治と教育はもとと分離すべきでないものであり、二者が同時に進み、同時に革新すれば、国民革命はその基礎と成功の希望を持つのである」と述べたことを取り上げ、陶は「決して革命を完全に無視した単純な教育救国論者ではない」と述べている。[46]可能な限り、陶行知の教育思想を新民主主義の教育思想に近づけ、教育救国論の域を超えようとした人物として描き出そうとしているのである。

三、中国教育現代化の流れの中で

劉季平は、かつての自らの陶行知教育思想批判への反省を繰り返しつつも、[47]その精神を中国現代教育の改革に生かそうと模索を続けていった。かれは「社会主義現代化教育をよりよくおこなうために陶行知を研究する」といい「マルクス・レーニン主義、毛沢東思想を理論的基礎とし、わが国の革命史上の重要な教育経験と結びつけ、陶行知教育思想の中の現在の需要と全局の利益に符合する主要な点を注意して研究し、よく運用[48]」することで、中国現代教育に新たな局面を開こうとした。もとより教育改革はスローガンだけでおこなえるものではなく、客観的な現状分析と現実的な改革方針がなければならない。

一人っ子政策が全国的に展開されていた時期、劉季平は中国社会の問題点を次のように指摘し、解決の方策を提示した。現状では、依然として多子多孫、重男軽女の思想習俗が深く根を張っており、女児の溺死、婦女の虐待といったケースさえ見られる。その一方で、幼児教育は遠く実際の需要に遅れ、多くの嬰児は管理教育が良くなく、溺愛し過ぎるので、健康や成長に大きく影響している。こうした問題の解決は、社会という大学校に頼らなければならない[49]。こうした構想は、陶行知のいう「社会大学[50]」の精神を現代に生かそうとする試みといえるだろう。さらに「文盲」即ち非識字の人々の数が依然として多いという現実がある。「少なからぬ人が小学教育から中学教育を受けていても、文化程度はなお高くなく、科学知識は多くが不足しており、科学技術の現代化を促進しなければならず、科学的な農業を推広するのにも、なお少なからぬ困難がある[51]」という問題点も併せて指摘している。では、このような課題を克服するためには、いかなる取り組みが必要なのか。それは「マルクス・レーニン主義、毛沢東思想の普遍的真理を堅持[52]」することが基本であり、「毛沢東、鄧小平等の同志の多くの関係ある指示に基づき、われわれの党は従来より十分に実践教育を重視し、解放軍および全中国を大学校にしようと強調してきた[53]」というように、毛沢東、鄧小平の教育思想を基礎として、教育改革を推進する方針であった。

それでは毛沢東と鄧小平の教育思想と方針には、相違点がないのであろうか。「鄧小平の教育思想は毛沢東の教育思想の新しい時期の運用と発展であり、現代中国教育の根本的な指導思想である[54]」とする『中国教育思想通史』の見解が、おそらくは現代中国での一般的な評価であろう。しかし、毛沢東は反右派闘争の中で「知識分子の地位を低め、知識分子の積極性を挫き、知識分子の作用を削った」のであり、正規教育に対する偏見を持ち、「過度に自学成才を強調」し、教育の地位を下降せしめたのであった[55]。同前書は「文化大革命」中の左傾教育思潮は、マルクス主義、毛沢東思想の軌道を離れ、危害がきわめて大きい[56]としつつ、毛沢東自身が発動し指導した「文化大革命」はさらに

「左」傾思潮の氾濫に大きく方便の門を開いたとする。[57]「科学技術を社会主義現代化建設の決定的な要素とすることは、周恩来の毛沢東思想に対する一大貢献[58]」とする見解は、毛沢東の科学技術に対する姿勢が積極的なものではなかったことを示している。これに対して「鄧小平は断固として長らく存在してきた教育科学文化を軽視し知識分子を白眼視してきた誤った観念を取り除き、努力して教育科学文化の現代化建設における地位と作用を高めた[59]」のであった。鄧小平は「われわれは現代化を実現しなければならず、カギは科学技術の向上にある。科学技術を発展させるには、教育につとめなければ駄目である[60]」と述べ、「科学技術人材の育成の基礎は教育にある[61]」と語る。知識と人材の尊重は、鄧小平の一貫した思想であるといってよい。[62]

劉季平は、一九八四年より鄧小平の指示に関する学習と討論の必要を強調し[63]、それが社会主義現代化教育の新局面を開くのに有利であると述べている。[64]八六年には、教育体制改革をおこなうには、鄧小平同志の「教育は現代化に向かい、世界に向かい、未来に向かうべきである」という指示を指針としなければならないとし、鄧小平思想は教育体制改革の主要な指導思想であるとした。[65]陶行知の思想と実践は、この鄧小平の「三個面向」精神の科学性に符合するとも述べている。[66]劉は、中国の教育界が正規の学校を偏重し、高等教育を偏重して、百年の大計となる基礎教育と中等職業教育を軽んじる積弊をもっていると指摘し、進学率を追求する気風の是正を訴える。その具体策として、高級中学と初級中学に分けず、普通中学を作らず、中等学校をすべて中等職業学校・中等専門学校とし、学制を短縮して四年、最長でも五年にすることを提言する。むろんその前提となる小学教育の普及、幼児教育の普及の推進は自明のことである。さらに多様な教育形態の採用により、経済・科学技術・教育の三者の結合をはかり、学用一致の実現を図りたいとした。[67]劉は陶行知を引き合いに出して、実践を離れた書物を死教死読することなかれと述べ、実際を離れた書物ならば、たとえマルクス・レーニン主義の著作であっても、その学習は誤りをもたらすにちがいない[68]と遺稿の中で述べている。

劉季平は、毛沢東の新民主主義の教育理論を高く評価し、その継承発展を強調している。しかし、例えば一九三一年一一月、毛沢東も参画した「中華ソビエト共和国第一次全国工農兵代表大会宣言」では、「三民主義教育」の取り消しを謳っている。[69]ところが、劉は第二次国共合作の崩壊に至るまで「三民主義を実行」することを唱えており、毛沢東らの方針にすべての点で忠実であったわけではない。かれは根拠地や解放区での民衆教育の方針では毛沢東の方針を踏襲しつつも、[70]独自性は失わなかったのである。そして、教育現場を重視する姿勢を貫いた劉にとって、反右派闘争以後の毛沢東の反知識人的言動は違和感を抱かしめるものであり、毛沢東の存在はかれにとって遠いものに感じられたのではないだろうか。逆に、鄧小平の「三個面向」の指示については「よく未来の世界に屹立する社会主義現代化の新中国を建設するために団結して奮闘するという偉大な歴史的任務をおこなうための主要な指導思想」[71]であるとして、きわめて高く評価するのである。科学技術の重視、知識人の尊重、教職員の待遇改善や現実に足場を持つ革命作風の実現[72]を訴えた鄧小平の主張は、劉の思いを代弁するものであっただろう。

おわりに

劉季平は、早くから共産党員となり、陶行知の教え子でありながら、かれを全面的に信奉することなく、一定の批判的姿勢は保ち続けた。その批判がピークに達したのは、解放直後に映画《武訓伝》批判から陶行知教育思想批判へと運動が展開した時期である。かれは迫られて批判の論陣に加わった。ついで文革時期には、かれの初期の党活動や抗日戦争時期の行動について告白を迫られた。劉が毛沢東思想を信奉し、マルクス・レーニン主義の基本的枠組みを尊重する姿勢を終生持ち続けた背景には、その文章や発言が迫害に直結する可能性を常に持つという中華人民共和国成立以後の政治情勢があることも認めなければならない。劉は晩年、尊敬して止まない陶行知を社会主義の陣営に引き込もうと努力する。胡喬木が「陶行知先生はたしかに恥じることなき民主主義の戦士、共産主義の戦士である」[73]と述べたことを引き、「陶先生はたいへん早くから教育と政治は分離すべきでないと考え」[74]ていたと主張し、陶は「単純な教育救国論者ではない」とし「マルクス・レーニン主義の理論と一致し、ついに完全に弁証的、歴史的な唯物主義を受け入れ、党外の共産主義者になった」[75]と総括した。劉にとって陶行知は自らと同じ陣営にある理想的人物であってほしかったのである。

しかし、劉季平の教育思想と実践は、こうした原則論的なもので終始していたわけではない。識字率の向上と大衆の意識改革を図る基礎教育の重視は当然のことであるが、その上に立つ中等・高等教育について、かれは独自の路線を提示する。それは大学進学を至上目的とする方向ではなく、実業教育を軸とする実学志向の教育を重視し、財政面で余裕のない状況下でも多様な教育手段で現代化を担う人材を養成しようとする方針であった。それはまたかれの学用一致の教育精神の表れでもあった。知識人を重視し、科学技術の発展をめざした教育方針は、ほぼ鄧小平の教育方針に沿うものであった。鄧小平が社会主義の旗印を掲げつつ経済政策では実質的に資本主義の方針をとったように、劉季平は毛沢東の教育思想を尊重すると言明しつつ、鄧小平の現実的な教育路線へと傾いていった。劉はまた多様な社会教育の方法を取り入れる中で、図書館事業の教育界に与える影響力の大きさに注目した。コンピュータを積極的に活用し、図書館のネットワーク化を推奨する老齢の劉季平の柔軟な思考力には驚かされる。かれは陶行知がそうであったように、晩年に至っても前進し続けたのである。政治と教育の一体化を唱えた劉は、陶行知を教育救国論者のグループから引き離し、社会主義の陣営に加えようとした。しかし、陶行知はやはり教育救国論者である。むしろ陶行知と同様に教育界の現状から出発し、その限られた教育環境の中で何が可能であるかを現実的に模索し、従来の枠組みにとらわれない構想を描いていった劉季平自身が、教育の可能性の大きさを認識し、教育を科学技術を軸とする中国の現代化の重要な手段としていったという点で、教育救国論者の立場に近づいていったといえるのではないだろうか。

註

(1) 劉季平「劉季平夫婦要事年表」『劉季平文集』（北京図書館出版社、二〇〇二年、以下『文集』と略す）五四〇頁。なお本章では、劉季平を劉と略称することがある。
(2) 劉「中共暁荘支部与南京市委工作正反経験一例」『文集』四二七頁。拙著『中国近代教育の普及と改革に関する研究』（汲古書院、二〇〇二年）四一六頁。
(3) 劉「従這様做起」『文集』四〜五頁。
(4) 前註（1）『文集』五四二頁。
(5) 同前『文集』五四三頁。
(6) 同前『文集』五四三〜五四五頁。
(7) 劉「回憶獄中的読書生活」『文集』四五四〜四五五頁。
(8) 劉「教育与生活」『文集』一六五〜一六七頁。
(9) 同前『文集』一七〇頁。この「教育与生活」は『生活教育』の原文の煩雑な表現を簡素化するなど細部での書き換えがおこなわれているが、大筋での変更はない。
(10) 劉「科学化的生活教育」『文集』一七二〜一七五頁。陶行知の生活教育理論の限界について、孫培青・李国鈞主編『中国教育思想史』（華東師範大学出版社、一九九五年）第三巻、四三六〜四三七頁で、第一に教育は生活を中心としたため、低級化、原始化したこと、第二に「社会は即ち学校」論が学校教育の役割を確実に引き下げたこと、第三に文化科学知識の伝授を軽視したため、教学活動の質と量を確実に引き下げたことをあげているが、現代中国の陶行知研究の一般的見解と考えてよいだろう。

(11) 劉「科学化的生活教育」『文集』一七七頁。
(12) 抗戦教育研究会の工作は教育界に限らず広範な分野に及んだが、当時武漢に集まった中国教育学会、中華職業教育社、中国児童教育社、教育短波社など一〇余の教育団体を結集させる発起単位となり、国民党教育部も含めて全国戦時教育協会を成立させる決定をした（劉「抗戦教育研究会始末」『文集』四六八頁）。
(13) 劉「新時代新生活新道徳」『文集』一〇～一四頁。
(14) 劉「論生活教育同志的使命」『文集』一八〇頁。
(15) 前註（1）『文集』五五二～五五三頁。蘇中区における冬学運動は、一九四二年には冬防、冬耕、冬学等の「三冬」運動を展開しており、完全に現地の状況をふまえていたために良好な結果を収めていた（顧明遠総主編『中国教育体系・馬克思主義与中国教育』湖北教育出版社、一九九四年、一〇〇五頁）。
(16) 劉「在視察蘇中三分区教育工作時対《江潮報》記者的談話」『文集』一八二～一八四頁。
(17) 劉「関于整頓中等教育両大基本問題」『文集』一九三頁。理論と実際を連繋させ、「学をもって用を致す（学以致用）」という教育方針は、陝甘寧辺区政府教育庁が中等教育のカリキュラム編成の改革において採用したが、それは中等教育だけでなく幹部教育や社会教育でも採用された（李華興主編『民国教育史』上海教育出版社、一九九七年、七九一頁）。この方向は「学用一致の精神」と一致するものであるが、劉季平の主張がどの程度まで影響していたのかについては、目下のところ判断できない。
(18) 同前『文集』一九五頁。
(19) 劉「論抗日民主立場、学用一致精神」『文集』二〇五頁。
(20) 同前『文集』二一三頁。

(21) 同前『文集』二二一頁。
(22) 劉「論目前華中解放区教育工作」『文集』二二九頁。
(23) 同前『文集』二三〇～二三一頁。
(24) 同前『文集』二三九頁。
(25) 同前『文集』二四七頁。于述勝『中国教育制度通史・第七巻・民国時期』（山東人民出版社、二〇〇〇年）二八二頁では「生産自救を進めなければ、根拠地は生存するすべがなく、広範で深い教育運動を進めなければ、各階層の人民を団結させて抗戦を勝利に導くすべがない」と述べているが、劉はこの根拠地の教育方針を基本的に継承しつつ、より具体化しようとする姿勢をとっていることが理解できる。
(26) 前註(22)『文集』二五〇頁。
(27) 同前『文集』二五八頁。
(28) 同前『文集』二五九頁。
(29) 劉「人民的教師」『文集』二六三頁。
(30) 劉「祭陶行知先生」『文集』二六六頁。
(31) 劉「造成教育思想上一個偉大的革命」『文集』二六八～二六九頁。
(32) 本書第一章参照。
(33) 劉「略論陶行知先生的哲学観点」『人民教育』第四巻第一期、一九五一年一一月。なおこの文章は『文集』には収められていない。
(34) 前註(1)『文集』五六八～五六九頁。
(35) 同前『文集』五七〇～五七二頁。劉季平の「家書選」では、一九六六年に批判され、六七年に地下室に閉じこめられ、六八～六九年に幹部学校に行かされたという（『文集』五一一～五一二頁）。また「日記選」では、一九六六年八月一九日に「私は黒幇分子×××です」というスローガンを叫ぶことを強要されたと記す（『文集』五一四頁）。前掲「劉季平夫婦要事年表」によれば、文革期に自己批判した文章として、「関于我第二次被捕後〝口供〟問題的補充交代」「関于我在国民党地区工作中的幾個問題」「我的家庭政治歴史情況」「我従桂林到蘇中解放区的経過」「関于我的入党問題」などがある。
(36) 劉「中国図書館界代表団訪美情況匯報」『文集』九二頁、一〇一頁。
(37) 劉「関于図書館的現代化与網絡化――中国図書館界代表団訪英報告――」『文集』一〇九頁、一一四頁。
(38) 劉「関于《図書館工作匯報提綱》的補充説明」『文集』一三四頁。
(39) 劉「一点建議」『文集』二七九頁。
(40) 同前『文集』二八一頁。
(41) 前掲拙著、四二四～四三六頁、参照。
(42) 劉「関于試辦社会主義工学団的七封信」『文集』二八六頁。
(43) 同前『文集』二九二頁。
(44) 劉「正確評価陶行知教育思想」『文集』三〇九～三一〇頁。
(45) 劉「致董純才、張健和中央教育科学研究所」『文集』三〇七頁。
(46) 劉「論陶行知教育思想」『文集』三二六～三二七頁。
(47) 劉季平が、陶行知評価に関して自己批判を表明した文章で、『文集』に収められているものとしては、一九八四年の「夕陽夢」『文集』一八五頁、八五年の「試探社会主義教育学与陶行知教育思想」『文集』三五二頁、八七年の「我国需要衆多的現代陶行知」『文集』四〇四頁、などがある。
(48) 劉「略談社会主義現代化教育新局面」『文集』三四四頁。
(49) 劉「把全中国辦成大学校――学習《鄧小平文選》心得之一」『文集』三一九頁。
(50) 陶行知の社会大学に関しては、牧野篤『中国近代教育の思想的展開と特質――陶行知「生活教育」思想の研究――』(日本図書センター、一九九三年) 六五一～六六四頁、参照。
(51) 前註(49)『文集』三一九頁。

(52) 前註（39）『文集』二七九頁。
(53) 前註（46）『文集』三二五頁。
(54) 王炳照・閻国華主編『中国教育思想通史』（湖南教育出版社、一九九四年）第八巻、四頁「導言」。
(55) 同前書、五〇～五二頁。
(56) 同前書、一六一頁。
(57) 同前書、二一二頁。
(58) 同前書、九〇頁。
(59) 同前書、二四二頁。
(60) 鄧小平「尊重知識、尊重人才」『鄧小平文選（一九七五～一九八二年）』（人民出版社、一九八三年）三七頁。
(61) 鄧小平「在全国科学大会開幕式上的講話」前掲『鄧小平文選』九二頁。
(62) 滕純主編『鄧小平教育思想研究』（遼寧人民出版社、一九九二年）二一六頁。
(63) 劉「学習三個〝面向〟的幾点体会」『文集』三三六頁。
(64) 劉「建議成立中国社会主義現代化教育研究会」『文集』三三八頁。なお陶行知の生活教育理論の実践活動を指導してきた劉季平は、この一九八四年に中国陶行知研究会の初代会長となっている（周洪宇『陶行知生活教育導読』福建教育出版社、二〇一三年、七〇頁）。
(65) 劉「有関教育体制改革的幾点浅見」『文集』三九〇頁。
(66) 劉「培養衆多的現代陶行知」『文集』三八八～三八九頁。
(67) 前註（65）『文集』三九二～三九四頁。
(68) 劉「我国需要衆多的現代陶行知」『文集』四〇六～四〇八頁。
(69) 滕純主編『毛沢東教育活動紀事』（湖南教育出版社、一九九三年）八九頁。
(70) 一九三八年一〇月の毛沢東の「論新階段」（前掲『毛沢東教育活動紀事』一五〇頁）に見られるような民衆教育の振興方

法や精神を、劉は解放区で実践しようと提言している。

(71) 前註(65)『文集』三九〇~三九一頁。
(72) 鄧小平「在全国教育工作会議上的講話」前掲『鄧小平文選』一〇六~一〇七頁。
(73) 劉「在中国陶行知研究会、基金会常務理事(委員)会上的講話」『文集』三六三頁。
(74) 劉「有関教育改革的幾点参考意見――為《張宗麟郷村教育論集》而作」『文集』三八〇頁。
(75) 前註(66)『文集』三八七~三八八頁。

第一二章　張健と現代中国の教育

はじめに

張健は、二〇世紀前半の中国教育界を代表する「人民教育家陶行知」の暁荘余児崗児童自動学校に学び、中華人民共和国成立後は教育界のリーダーとして二一世紀初頭まで活躍してきた人物である。[1] かれは一九二一年、安徽省に生まれ、解放前には陝甘寧辺区の清澗県で教育科長・綏徳専区督学に任命され、続いて東北大区教育部では国民教育処副処長（社会教育・小学教育担当）に任命された。解放後の一九四九年一一月、中央教育部の成立をうけて、初等教育司処長、辦公庁計画室主任に就任し、一九五二年七月より教育部の高教部計画財務司副司長となり、一九六〇年には教育部の政策研究室主任に就任した。文化大革命（以下「文革」とも略す）が終了した一九七七年から七九年まで清華大学党委副書記・副校長に任命され、七九年より教育部党組のメンバーとなり、中国教育学会常務副会長等を歴任するなど中国教育行政の中心となり、教育科学の研究にも従事して、多数の編著を著している。[2]

本章は、主として『張健教育文選』に依拠するが、総字数九九万字にのぼり、張健の長年にわたる旺盛な執筆活動を彷彿させるこの書は、一九五八年から一九七八年までの部分がすっぽりと抜け落ちている。この『文選』は「個別の字句を修改した以外は、なお歴史のもとの姿を残し[3]」とあるように、本質的な修正はおこなわれていない。また空白の二〇年余りの間、張健は執筆活動を中断していたわけではない。ただ現在のところ、筆者が見ることのできるのは、文化大革命直前まで発行された『人民教育』誌だけであるが、このうち『文選』に収められた六篇を除いて、一九篇の論文が確認できる。その中には「短論」や「問題解答」といった短編も見られるが、映画《武訓伝》批判運動とそれに続く陶行知教育思想批判運動の流れの上で執筆した恩師を批判する論文も複数含まれる。張健としては、こうした論文は『文選』には絶対に収録してほしくない論文といえよう。かれの『人民教育』への論考の掲載は、一九六三年六月号のものが最後となり[4]、文革期のかれの言動は目下のところ確認できていないという状況下での考察となっていることをお断りしておきたい。

張健が本格的な研究・執筆活動を再開したのは、一九七八年一二月の中国共産党第一一期三中全会以降であり、『文選』の八〇%以上がその後の二〇年間のものである[5]。本章はこうした背景を踏まえて、張健の教育思想の分析を文革以前と以後に分け、現代中国の政治状況の変化や国際情勢とも連動させながら進めたい。それとともに陶行知の薫陶を受け、「陶行知集団」の代表的存在と見られる張健の教育界における活動は、陶行知教育思想の中華人民共和国における継承形態の一つとしてとらえられるのではないかという筆者自身の仮説の検証も試みたいと考えている。

一、文化大革命以前の張健

陶行知の学生として成長した張健は、早くから中国共産党の陣営に身を投じ、国共内戦期には東北地方で冬学運動に参加した。かれはここで、貧農・雇農・中農を中心とした民衆に農家暦・生産課本・対聯・党員課本・翻身楽や新聞などを教材とする教育をおこなった。冬学終了後、順調にいっていたものは夜校識字班に編成され、民衆教育として継続された。共産党軍の平津（北京・天津）進攻により、各地で秧歌隊が組織され、「工農翻身、婦女解放、生産発展、国民党反動派の陰謀の暴露、毛主席の八項和平条件の擁護、解放戦争の偉大な勝利の宣伝、革命の徹底した進行」などの宣伝をおこなった。さらに職工教育を進めるため職工識字班を編成し、哈爾浜の職工教育で実践した職工業余学校の普及を提唱している。一般市民に対しては文化館を通じて「図書閲覧、代筆問事、社会奉仕、街頭宣伝、文芸宣伝、黒板報等の工作」をおこなった。大連では学生や知識青年に無償で授業をしてもらい、安東の新安小学では「小先生」制を採用して、陶行知の「即知即伝人」を実践した。(6)

張健はここで、政治教育と文化技術教育を結びつけた政治思想教育をおこなわねばならぬとしているが、それが組織された持続性のあるものでなければ意味を持たない。例えば、皇姑区鉄路工廠では労働者が労働者に教える「小先生」制の方法を実行したが、問題の一部を解決したに過ぎない。やはり教育の専門家としての中小学教師に期待し、積極分子に工人夜校補習班で授業をしてもらい、本務校での負担を軽減し、精神的物質的な奨励をしてもらいたいと述べている。(7)張健は一方で、常に授業に遅れ、通り一遍の授業をし、教育に責任を持たない教師を指弾し、教師と学生に対する政治思想教育の重要性を説いている。中国共産党政権の建国目標を達成するためには、アメリカ帝国主義・ソ連・国民党・共産党それぞれに対する認識を明確にしなければならないが、その教育を進めるにあたっては、体罰を廃止し、民主管理をおこなうことが必要と述べている。(8)この実践に当たって教科書に頼りすぎず、学生の自律性を喚起しようとした張健であるが、「なお極端な民主の現象が存在」して、学生への指導が徹底できなかったことを反省している。(9)張健は、陶行知の影響下に体罰を廃止し、民主管理をおこなう方針を打ち出し、「小先生」制の限界を認め、教師集団が無理なく識字教育という基礎の上に新政権を支える教育を実現すべく努力しており、かれの着実で現実的な姿勢が見えてくる。

一九五〇年に朝鮮戦争が勃発した。建国の翌年に隣国で起こった戦争は、新政権にとっては存亡に関わる事態であった。張健は、北京での実践経験から教師の学生に対する影響力を高く評価し、「九〇余万の教師を一斉に動員し、三、〇〇〇余万の児童に抗米援朝の教育をおこなうことの影響は大変大きい」と述べ、子どもたちを教育して「革命先烈の陳樹棠・劉胡蘭と戦闘英雄の張明・郭俊卿らの手本に学び、かれらを個々にアメリカ帝国主義の侵略に抵抗し、人民の祖国と世界平和を守る勇敢な戦士にしなければならない」という。[10] 勇ましい言葉であるが、張健はこうした方法を強制することを好まない。それは人々に「恐米病」とか「落後分子」といったレッテルを張ることなく、学習過程の中で、人々を啓発して胸の内を多く語らせ、討論し、少しずつ正しい知識を持たせるようにしなければならない、[11] と説いていることから見えてくる。張健はまた、中国人の八〇%前後が非識字であるという現実を踏まえて、新聞が読めて時局がわかる教師や小学生は近隣の大衆に時局についての宣伝工作をする責任があるとしつつ、正規の教学を停止して児童の心身や健康を顧みずにそれをおこなう必要はないとして、[12] 持続性のある教育活動の重要性を説いている。

張健は、「理をもって人を服す」る説得の教育を強調し、教師は自らが手本を示すことで児童の組織性・規律性を養成し、その手段として賞罰を用いるときには賞することを主とすべきと述べている。[13] こうした丁寧な教育を進めることになれば、教師により大きな負担を強いる可能性があるが、すべての工作と学習の時間を合理的に調整して、教学のためにそれぞれが五%の時間を捻出することで対処が可能であると考えている。さらにこうしたことを実現するには、会議や学校行政、各種関係団体との協議などに費やす時間を節減し、教師が合理的に時間を使えるように工夫しなければならない、[14] と教育現場の実情を踏まえた提言もしている。

限られた条件の下で、新国家建設のための教育目標を達成するには、どのような方法を取るべきか。張健の基本姿勢は一貫している。従来の高級・初級に分かれた六年制小学を五年制に改め、就学率を高め、すみやかに実用的人材を育成することを考える。[15]それはかつて陝甘寧辺区で実施された五年制小学が、課程と教材を工夫した結果、六年制小学と同じ水準に到達できたためであった。また各級学校に附設された短期訓練班で、正規の学校制度では充足できない人材を効果的、経済的に育成することも必要であった。[16]

常に教育現場からの視点で人材育成をはかろうと考えていた張健は、まもなく映画《武訓伝》批判から派生した陶行知教育思想批判に直面することになる。張健は、陶行知が晩年には「人民民主主義者」となったが、武訓を称えた以上、「陶行知先生の教育思想を研究し批判する時期」になった、[17]と述べざるを得なかった。さらに一九四九年に『東北教育』（一―四）に発表した「略談陶行知先生的生平和事業」の観点を根本的に修正し、陶行知は「教育万能論」を迷信する改良主義教育家のレベルから抜け出せず、一九四二年に育才学校が困難に陥ったとき「武訓精神」を唱え、死ぬまでマルクス・レーニン主義、毛沢東思想を用いての科学的な自己批判をしなかった、[18]と批判を強めた。この一年半後には、潘開沛との論争の中で「陶行知の教育思想は小資産階級の思想範疇に属する」として、この時点でも恩師に対する肯定的な評価を与えることはなかった。[19]

陶行知批判が続いていた一九五〇年代後半の張健は、労働者階級の教育思想は「マルクス・エンゲルス・レーニン・スターリン・毛沢東の教育思想を概括し全面的に発展させたもの」とし、それを「理論と実際の一致と体力労働と頭脳労働のあい結合した教育思想」と定義づけるなど原理原則を重んじる傾向を強めたかのように見えた。[20]しかし後年、張健は「私もまた「左」の誤りを犯した。例えば私は当時毛主席の呼びかけに応じて陶先生を批判したが、かれは陶先生が偉大な人民教育家であることを肯定しながら、また陶先生に対して批判をおこなわねばならぬといい、批判は別の方式をとるべきだといい、かれの学生にかれの先生を批判させても、別の人には勝手に批判させせなかった。だからわれわれ学生はみな文章を書いた。あのとき毛主席のいう話は金科玉条であり、踏襲しなければならなかった」[21]と述懐している。張健の陶行知批判は、強制されてのものに近かったといえよう。一方で張健は、教育界の現実的課題の解決方法も模索し、工科の教師の大多数は工業建設の現場との連繫を欠いており、教学工作が現実からかけ離れていると警告し[22]、国家の工業化を加速するために必要な技術幹部の育成には理工科を重視するだけでなく、文・史・師範の分野の人材育成にも配慮すべきであるという[23]。しかも、その成果を短兵急に求めるのではなく、学生には毎日の学習時間の上限を定め、教師と学生の双方に休息と文化活動の時間を持たせるべきであると述べ[24]、従来からのバランスのある漸進的な取り組みを重視する自説を撤回することはなかった。さらに校舎建設の設計標準にしても、中国の国民経済の水準と財政力に応じた最も合理的で経済的な設計をするべきであると主張している[25]。

一九五〇年代半ばの教育に関わる言動を見ると、張健は政治思想工作を強化することを主張する一方で、「繁多な二次的教材と多すぎる試験を精選し、教学の質と量を高め、学生の授業負担を軽減させる」[26]と現場重視の姿勢も堅持している。かれはまた、教条主義に反対するとともに中国の特殊状況を強調してソ連に学ぶことを拒否する経験主義にも反対しなければならないという[27]。さらに「ソ連の先進的な経験に学ぶことと中国の実際とをあい結合させる」方針こそ貫徹すべきであるとして[28]、より高い到達点をめざしている。しかし現実には、抗日戦争から国共内戦期にかけての混乱の中で、学生の学力水準は相当低下していた。張健は、一九五六年の段階で大学生や中学生の中国語文の程度は抗日戦争以前に比べ大幅に低下しており、ある高等政法学校の卒業生は犯人への判決文を書くことができず、多くの大学卒業生の書いた文章は筋道が通っていないと認めざるを得なかった[29]。かれは、教育は基本的に社会の上部構造であり、社会の経済的基礎や政治制度、さらに社会主義建設事業のために奉仕しなければならないとも述べている[30]。

これはマルクス主義教育論に忠実な主張である。そして高等教育では、中共八大の決議で示された「一定の質と量を保証する条件下でできるだけ学生数を増加させる」という方針を支持しつつも、浙江大学の例を取り上げて院系調整において、その学校の歴史や特色、教員の配置への配慮が足りないことを批判している。[31] このように一方で教育現場を注視する姿勢も失っていないのである。これ以後の張健の文章は、前述の『人民教育』総第一二八期のものしか確認できず、反右派闘争から大躍進期、さらに文化大革命の時期の張健の言動を知る手がかりを、筆者は目下のところ見出していない。

二、現代化の中の張健

張健が顧問として名前を連ねる大著『中華人民共和国教育史』は、一九六二年の中国共産党第八期第一〇回中央委員会全体会議での毛沢東講話をうけて、社会主義社会の中での階級闘争の拡大化と絶対化を認めたことや一九六五年一二月に毛沢東が教育制度の徹底した改造を求めたことを取り上げている。[32] とりわけ後者においては、毛沢東が大学では授業時間を減らし、学生には工業・農業・商業の実際の工作をやらせ、在学年限を五年から三年に短縮すべきであると述べたことを批判している。[33] これに対して文革前の一七年間、中国は共産党の指導下に社会主義建設と社会発展の必要に応じて大いに教育事業を展開し、長足の進歩を遂げたと評価している。[34]

張健が旺盛な執筆活動を再開したのは、一九七九年のことである。文革の影響で教育界は混乱し、その水準は低下し、教育の普及も沈滞を余儀なくされていた。張健は、初等教育の普及を図り、その卒業生の進路保障のために高等教育の普及の必要性を痛感していたが、現状は満足すべきものではなかった。[35] この解決には、中国の財政力の許す範囲内で社会主義現代化のために多数の人材を育成することが必要であるが、実現には教育事業と国民経済のバランス、教育事業をおこなう組織内のバランスという二つのバランスが欠かせない(36)。農科の学生募集数を例に挙げると、文革前に募集総数の九・九％であったものが、文革後には八・八％に下降し、一〇万人の農民に対して農業科学者が一人と著しく不足している。また教育と生産労働の結合を、単に教学に体力労働を加えるとみなす認識についても、マルクス・レーニン主義の教育原理を卑俗化させることになっているという(37)。張健は「知識分子の労働化、労働人民の知識化は、完全に体力労働と頭脳労働の差別を消滅させ、これがわれわれの共産主義の理想であるが、それは社会生産力の高度な発展があり、物質財富がきわめて豊かになり、労働時間が大幅に短縮され、文化教育水準が全体として高められる情況下に実現できる(38)」と考えた。客観的な現状分析の上に理想とする将来像を考えるというかれの姿勢は、一貫しているといえよう。

文革終了後、改革開放への取り組みが始まり、思想と言論の自由が少しずつ拡大されていく中で、張健は孔子の思想の中に唯物的要素があって参考にできると述べ、恩師の陶行知についても新民主主義を擁護し、労働者・農民のために奉仕した、とかつての批判を撤回した(39)。張健は「毛沢東同志の提起した教育方針は正しい」としつつ、一〇数年来、林彪、「四人組」の干渉と破壊により、中国の教育事業はきわめて大きな打撃を受け、教育の質と量はあまねく下降したと述べる(40)。かれは毛沢東は正しいとし、一方で林彪、「四人組」、康生らに誤りの責任を負わせるという主張を繰り返しており(41)、毛沢東の功労を第一とし、晩年の誤りは二次的なものとするというかれの姿勢は、基本的には変わっていない(42)。張健が執筆を本格的に再開した時期はまた、一人っ子政策が実施され始めた時期でもある。張健は、一九五七年からの二〇年間の人口増加率が食糧生産の増加率を上回ったことを取り上げ、近親結婚やハンセン病についての研究の必要性を説く(43)。人口問題に関して張健は、かつて馬寅初・邵力子らの提起した計画出産の意見を承認せず、新たなマルサス人口論であると批判したことを反省する。[44]しかし、計画出産を主張した恩師の陶行知[45]の名前を挙げないことは不可解であり、そこに何か意図でもあるのだろうかと疑われる。いずれにせよ張健は、計画出産が中国にとって最も重要な研究課題であることは認めている。[46]

一九八〇年代に入り、「四化」（農業・工業・国防・科学技術の四つの現代化）の取り組みが本格化する中で、張健はさかんに鄧小平の理論を引いて、人材養成の重要性を説き始める。張健にとって、改革開放路線の最高指導者である鄧小平は、尊敬し信奉する人物であった。教育の根本任務は、「四化」のために「合格の人材・専門の人材を養成すること」であり、われわれは『鄧小平文選』の教育面に関する論述を学ぶが、それは知識を尊重し、人材を尊重しなければならないということである。[47]鄧小平同志が指摘しているように、「四化」を実現するためには、科学技術は鍵であり、人材養成の基礎は教育にある。[48]このように述べるとともに、張健はさらに『鄧小平文選』（第一・二巻合併号、八八頁）にある「われわれは今日科学技術が遅れているので、努力して外国に学ばなければならないだけでなく、たとえわれわれの科学技術が世界の先進水準に追いついても、人々の長所に学ぶ必要がある」との鄧の言葉を引いて自己満足に陥ることを戒めている。鄧小平はまた、一九八三年に北京の景山学校のために「教育は現代化に目を向け、世界に目を向け、未来に目を向けなければならない[49]」との題字を記したが、張健はこの言葉をしばしば引用し、路線の正しさを強調している。

張健は、四つの現代化の実現のためには、中国共産党の路線を貫徹して教育の質を高める必要があると力説するが、それを支える教育への投資が少ないことが課題となっていると実感していた。かれはここ三〇年来、国家の基礎投資は三三・六倍増えたが、教育の基礎投資は一九倍増えただけであり、一九五二年から七八年までに工業の固定資産は二二倍増えたが、工業の技術人員は八倍増えただけであると指摘している。[50]これは教育経費の増額を求めることであり、かれは全予算の中に占める教育経費の比率を、現在の一〇%前後から、まず一五%に、そして二〇%に高め、教師の賃金も一般の労働者より少しは高いものにしなければならないと主張する。[51] 張健は、社会主義の教育体系を確立し、「教育の主要な任務が経済のために奉仕するものであることを明確にした」[52]と述べるが、その帰結点は「社会主義商品経済の発展」ということになる。[53] その一方で張健は「私個人の理解では、教育は政治のために奉仕するもので、われわれの国家についていえば、党の思想・政治・組織路線のために奉仕し、党の進める徳智体の全面発展の人材を養成する路線のために奉仕する」と述べているが、それは「現代化された高度の民主と文明を持つ社会主義の強国を建設するために人材を育成する」ことである。[54] ここでいう「民主」の内容について、張健は「青年に対して民主を実質とする教育を進めなければならず」その「社会主義の民主は九〇%以上の広汎な労働人民の民主であり、人類社会の歴史の上で最も先進的な民主である」[55]と定義する。張健は、一九九二年に鄧小平の思想上の要点を紹介しつつ「政治上は人民民主専政を堅持し、中国共産党の指導の下に、多党合作制と人民代表大会制を実行し、三権分立と議会の多数党が交替で政権を握るやり方はしない。科学教育と文化の上でのマルクス・レーニン主義と毛沢東思想の指導の下で百花斉放・百家争鳴を堅持し、資産階級の自由化を批判し、西方の腐った生活方式による精神汚染を防止し、大いに社会主義の精神文明建設を進める」[56]と述べている。これは鄧小平の基本路線であるとともに、鄧小平を尊敬して止まない張健自身の基本姿勢と考えてもよいだろう。

張健は、経済発展を政治制度の優劣の尺度とする見方をとり、社会主義の中国と資本主義のインドとを比較している。その根拠は世界銀行が派遣した研究者の調査結果によるものであり、「社会主義の中国経済の発展は途中で挫折したが、各方面から見ると、やはりインドに比べて早く、成績はインドより良く、人民の生活もインドより良い」[57]として、社会主義体制の優位性を主張している。かれは、教育改革が「中国の特色ある社会主義建設」に有利になるように適応させるべきであるとしている(58)が、それをお題目だけで終わらせないために「対内的には経済を活発にし、対外的には開放して、外国資金・先進的な科学技術・科学的な管理経験を導入すること」も唱えている(59)。このように現実を反映した取り組みをできるだけ進めたいと考える張健は、教育費の増額についてもさまざまな可能性を探っている。教育費の増加については、当然のことながら国家が担うべきではあるが、「各級地方政府の財政部門、都市の廠礦企業、農村の郷鎮企業、機関団体・学校の勤工倹学と私人の投資辦学〔愛国華僑の投資を含む〕等の多くの道を通して教育経費を集めれば、さらに教育事業の発展を促すことができる」と述べ、吉林・遼寧・山東などの省では、いずれも「国家財政が一点を支持し、地方財政が一点を資金援助し、勤工倹学が一点を解決する」方法を試行し、三本を強くねじって一本の縄にする方法で、農村の学校校舎の修建や図書・器具・設備の補充などの問題は解決できるとして、工夫を求めている(60)。さらに廈門大学を創建した陳嘉庚を、興学事業の象徴的存在として評価している(61)。

張健は、「教育は社会主義現代化建設に奉仕すべきであり、社会主義現代化建設は教育に頼らなければならない」という指導思想を文革以後は一貫して信奉しているが(62)、「社会主義の発展」という点では、社会主義が資本主義を上回るよう各方面での改革を進める必要があり、政治運動に熱中して社会生産力を発展させるための経済建設を軽視してはならない(63)、と力説している。その上で、改革開放政策の成果として、沿海地区の四つの経済特区、一四の開放都市、珠江・長江三角州などでの飛躍的な経済発展があったことを誇っている(64)。しかし、急激な経済発展は、環境破壊をもたらすことになるだろう。一九八五年に張健は、「四つの現代化建設の長期的な戦略方針より見れば、祖国の九六〇万㎢の国土にある森林・草原・江河・湖泊などの自然環境バランスをいかに保護し改善するか、現在の水土の大量流失、森林資源のほしいままな破壊、土壌の塩漬化の進行、砂漠化の悪性循環より、林を作り草を植え、祖国を緑化し、都市と農村の人民の居住環境を美化する科学技術の措置を通して、自然環境の生態バランスを悪性循環より農・林・牧・副・漁の生産と人類の健康に有利な良性環境へと次第に変えていく」ことを国家建設の一つの戦略と位置づけた。(65) この方針をいかに定着させ、実質化するかが問題となる。張健は、「科学を普及させる知識教育を進めることで環境問題の重要性を人々に理解させることをあげている。(66) 二〇〇二年に張健は、「環境科学、環境保護意識と生態文明教育を強化し、持続発展の戦略を強化する。人々は、全世界の六〇億人以上が一つの地球村に生きていることを知っている」と述べ、地球環境が抱える十大問題を指摘し、「学者の予測に拠れば、地球の十大生態環境破壊のもたらす損失は全世界の国民総生産の一〇・八%〜一一・一%になるという」と述べている。(67) 数値化して現状を把握し、課題の解決をめざすかれの手法は、ほぼ一貫しているといえるだろう。

三、張健の教育論

張健は、中ソ論争が本格化するまではソ連の先進的経験に学ぶことを繰り返し説いていた。(68) しかし文革終了後、張健の目は西側諸国に注がれる。なかでも日本の経済発展の基礎に教育があるという主張が増えてくる。一九七九年には、日本が科学技術人材の育成を加速するために高等教育を重視し、戦後、学生数一万人以上の大学を四〇ヵ所増設したことが、現代化工業の基礎になったと述べている。(69) 四つの現代化の鍵は科学技術で、教育がその基礎になると考えている張健は、日本が一八六八年の「明治維新」より以来、全国の上下が一致して大いに教育の振興に努め、民族の智力を開発し、日本の労働者の素質を世界の先進国の中で最も良い国家の一つにしたことを模範と考えている。(70) 一九八〇年には張健は、日本の電子製品の品質は良く、自動車は燃費が良いことを取り上げて評価し、日本の教育者・政治家・企業経営者は「現代の教育は、即ち一〇年後の工業」という考えで教育を重視したことを取り上げた。(71) さらにかれは、吉田茂や福田赳夫らの回想録を読み、日本経済の飛躍の根本的な理由は教育を推進したことにあり、日本の資産階級もそれを支援したことにあると考えた[72]。かれは、日本が教育への投資を重視し、「一九〇五年から一九六〇年の間に教育資産は二二倍増加したが、日本の物質生産への投資は六倍増加しただけ[73]」と数字を挙げながら、教育投資の重要性を力説している。

中国と日本の比較もおこなっており、一九八九年には中国と日本の消費するところのほぼ同量のエネルギーと原材料によって産み出される総生産額は、一人当たりに換算すると四〇倍以上も違うことを指摘し[74]、その差異は日本の工業技術が先進的で、科学的な経営管理と労働者の教育文化水準が中国に比べて高い結果として生じていると考えた[75]。張健は、日本を訪問し最先端の技術を持つ工場を見学しているが、訪日の際に搭乗した日本航空機の客室乗務員が全員大学を卒業していることに感心し[76]、一九八二年の富士通のパソコン工場視察では、ソフトウェア部門の七〇〇名の労働者の半数以上が大学卒であると特筆している[77]。また企業内の人材養成にも目を向け、京都の島津製作所は従業員養成に生産原価の一〇％に相当する資金を投入しているとも述べている[78]。張健自身は、抗日戦争を経験しており、「第二次世界大戦中の日本の侵華戦争（一九三七～四五年）で、中国は九三〇の都市が占領され、直接の経済損失は六二〇億ドル、間接の損失は五、〇〇〇億ドルに達した[79]」と述べ、「われわれはまだ日本の軍国主義右翼勢力がその第二次大戦期に犯した侵略の暴行に見られる険悪な心を警戒し、軍国主義復活の種々の陰謀に断固として反対しなければならない[80]」と述べている以外に、かれの日本批判を見ることができない。非常に冷静で理性的な反応を示すとともに、「日本人民は外に対して団結し、我をもって主とすることを堅持し、博く各国の科学技術の長をとり[81]」と評価しているのである。

張健は、二〇世紀後半にはドイツ（西ドイツ）と日本の経済発展がめざましいものであった理由として、両国の基礎教育の質と量がアメリカ・イギリス・フランスよりも高く、労働者の素質がより良いことにあるとしている。[82] かれは、プロイセンの鉄血宰相ビスマルクがフランスに勝利した功労をプロイセンの小学教師に帰し、日露戦争時の連合艦隊司令長官東郷平八郎が帝政ロシアに勝利した功労を日本の小学教師に帰したことを特筆する。[83] さらに田中角栄は首相当時に「人材確保法案」を制定して、義務教育学校の教員の待遇を公務員より高く規定したことを取り上げ、「教師の素質の向上は日本国民の義務教育の質と量を相応する形で高め、日本経済の迅速な飛躍の良き基礎となった[84]」と教員の待遇改善が教育の質的向上に果たした役割の重要性を力説している。

張健の歴史上の人物に対する評価にも、かれの教育思想を分析する鍵がある。張健の孔子に対する再評価は、文革以後に始まっている。孔子の思想の相当部分が「唯物的」というのが、その再評価が始まった時点のものであった。[85] しかし、一九八〇年代に入って改革開放の取り組みが軌道に乗るとともに、かれの孔子評価は深化していく。かれは、孔子を研究するのは「社会主義現代化建設に適応させるため、とりわけ精神文明の建設のため」であり、「孔子が終生唱道した人倫道徳の核心」は、孝や忠で表現されるが、それは「封建社会初期の社会生産力の発展に対してたいへん大きな促進作用を持っただけでなく、二五〇〇年後の今日でも、一定の積極作用を持っている」と位置づけた。さらに日本・シンガポール・韓国などの大企業は、孔子の「大家族」の思想を利用し、「多層責任制の科学方法を実行して現代化された大企業を管理し、競争力のたいへん強い産業集団にした」と述べ[86]、孔子の再評価を四つの現代化の達成と直結させようとする意図を明確に示している。張健はそれに加えて、孔子が「人が豊かになろうとすれば教育が必要と考えた」最も影響力のある教育家の一人であると考えている。[87]

最も影響力のある教育家のもう一人が、張健の恩師陶行知である。映画《武訓伝》批判から波及した陶行知教育思想批判は、一九八五年九月五日に始まる中国陶行知研究基金会の成立大会で、中国共産党中央を代表して胡喬木がその誤りを明らかにすることで正式に終止符を打った。張健自身もかつておこなった恩師に対する批判を撤回したことは前述したが、一九九一年には陶行知の生活教育理論を「マルクス主義の唯物史観の原理に符合している」と述べ、マルクス主義の著作を学び、「教育万能」より科学的社会主義に転向したととらえ、「教育救国から革命の道へと向かった進歩的知識分子の典型」と位置づけた。[88] しかし張健は、こうしたパターン化された陶行知理解に止まることなく、一九九三年には陶が唱道した科学をもって人材を育成する方法を紹介するとして、陶行知が生活教育理論を発展させる中で「学生の自学能力と独立思考の能力を育成」することを重視したことを取り上げ、その内容を細部にわたって解説した。その上で「陶行知の六大解放、八問、十秘訣の指導思想は、科学的方法を運用して学生の学習の主動性、積極性と創造性を引き出すことにある」と結論している。[89] 陶行知の精神を現代中国の人材育成の場で活用しようとする張健の姿勢が、ここに表明されているといえよう。

張健は、エンゲルスの『家族、私有財産および国家の起源』を歴史唯物主義を述べた重要な書物と評価し、[90] レーニンが共産主義は資本主義より高い労働生産性を持つと述べたことを取り上げ、[91] プルードンやバクーニンは「小生産者の遅れた観点」を持つと批判しているのは、[92] 一般的なマルクス主義者の姿である。しかし、洋務運動の指導者の一人である左宗棠が福建馬尾船廠を作って民族産業を振興し、新疆を中国に繋ぎ止めたことを評価し、[93] かつてのデューイ批判を反省して、デューイの教育がアメリカ経済の発展を支えた技術労働者の育成に貢献したことを評価している。[94] ここに張健が単なるマルクス主義者にとどまることなくそれを超えており、目標とする国家建設の方向性と教育がその中で果たす役割についてのかれの意図する具体的なイメージが現れてきていると考えられる。

おわりに

張健は、陶行知の山海工学団時代の教え子であり、抗日戦争期から国共内戦期、中国共産党員として陝甘寧辺区や東北地方で教育を中心とする革命運動を続けた。張健がこの実践をおこなうにあたっては、教育現場の実情を踏まえ、教員に無理を強いることなく、学生の主体性を引き出す姿勢で臨み、陶行知の「小先生」制でもすべてを解決できないと判断して具体的な対応策を打ち出すなど常に現実的な方針を打ち出してきた。中華人民共和国の建国後は、理想とする社会主義国家建設に向けて教育が貢献することを至上目的としつつ、教条主義的傾向に反対し、教育の質と量の向上をめざした。しかし、一九五〇年代前半より映画《武訓伝》批判から生起した陶行知教育思想批判に巻き込まれ、恩師を批判するという苦渋の決断を余儀なくされ、その後も政治変動の荒波に翻弄された。そのため張健は、「一九五八～六〇年の盲目的指揮や大冒進（大躍進）」がなく、「一九六六～七六年の林彪・江青の二つの反革命集団の一〇年の大破壊（文化大革命）」を防止しておれば、「わが国の社会主義の優越性は充分に発揮された」と考えていた。(95)

文革以後、張健は「毛沢東同志の晩年の教育主張には、正しい面と誤っている面がある」とし、鄧小平の教育思想は「実事求是を堅持」したもので「毛沢東思想を発展させた」ものとする公式見解を表明する。(96) 張健が教育の役割として期待するものは、鄧小平の方針を踏襲したものであって、毛沢東の方針と異なる面が多いのは確かだが、あえて毛沢東批判へと進まないのは、大躍進から文革期の政治変動がもたらした恐怖心がかれの心に焼き付いているためかもしれない。鄧小平は政治面での社会主義を堅持しつつも、改革開放の目的のために柔軟で自由な経済政策を採ったが、張健も教育界の指導的立場から経済発展をめざす教育政策を提案し、推進しようとしてきた。張健にとっては、経済発展こそが中国の社会主義体制の優位性を証明する最大の根拠となるのである。その政策を効率的に進めるには、手続きを重視する欧米の民主主義ではなく、上からの強力な指導を貫徹しやすい社会主義体制が望ましいと考えていたのであろう。

抗日戦争の中で育った張健であるが、この時期の日本に対する批判を抑制する一方で、日本の経済発展とそれを支えた教育への評価はきわめて高い。マルクス主義を標榜しつつ、孔子の現代社会における役割を見直し、陶行知の精神を現代中国の人材育成の中で生かそうとする。左宗棠の活動を称え、デューイの教育思想を高く評価する。張健は、マルクス主義者の範疇を超えて、教育的手段を通じて「特色ある社会主義の中国」を富強化しようとしているように見られるのである。張健にとって、教育は政治や経済に奉仕するものである。その面では、伝統的な教育救国論とは異なっている。しかし逆にいえば、張健の思想については、教育なくして政治の改革も経済の発展もないかのように見ることもできるのである。そして、これは形を変えた教育救国論といえるのではないだろうか。

張健が敬愛する鄧小平は、改革開放の政策によって中国に急激な経済成長をもたらした。しかし、それは中国人の間の貧富の格差、沿岸部と内陸部の経済格差、生態環境の破壊などをもたらしている。張健は、『文選』の最後に収められた二〇〇四年の文章の中で次のように述べている。「正しく中国の特色ある社会主義の経済・政治・文化建設と人口・資源・生態環境との協調ある発展の間にある関係を按配し教育しなければならない。人類社会と自然環境との間の協調発展という優良な伝統を発揚し、生態環境を保護して子孫後代の持続発展の戦略に幸せをもたらし、自覚を持って「生産・生活・生態」の三者のバランスある、協調発展ができるようにしなければならない[97]」と。ここには張健自身のバランス感覚を見ることができるとともに、鄧小平の政策がもたらした歪みを是正し、教育的手段を軸に中国社会の持続発展を可能にしていきたいという思いを見ることができるであろう。

註

（1）金成林・伍堯編『陶行知全集』（四川教育出版社、一九九一年）第三巻の「普及現代生活教育之路」（同書、二七一頁）では、山海工学団の運動の中で張健は、わずか一三歳ながら兄を助けて蕭場に児童工学団を創設したことが記されている。同書、第三巻の「恋愛当飯吃」（六七八頁）や同書、第七巻の「另一看法」（四四一頁）では、「小先生」として積極的な発言をしている張健が描かれるなど、陶行知の愛弟子の一人であることが見て取れる。なお本文中の（　）は、筆者によるものであり、［　］は原註である。

（2）徐長発編『張健教育文選』（上・下巻、教育科学出版社、二〇〇五年、以下『文選』と略す）「巻頭語」一頁。なお張健の主要な編著には、『中国教育年鑑（一九四九～一九八四）』『馬克思主義教育思想研究』『毛沢東和鄧小平教育思想研究』『毛沢東教育思想研究』『毛沢東教育実践』『鄧小平教育思想研究』『当代中国教育巻』等がある。張健は、この他に中国陶行知基金会常務副会長兼秘書長等も歴任している。

（3）「巻頭語」『文選』二頁。

（4）『人民教育』総第一二八期（一九六三年六月号）の張健「関于貫徹党的教育方針的幾点意見」がそれであり、毛沢東同志の教育方針への理解を呼びかけている。

（5）前註（3）『文選』二頁。

（6）張健「東北社会教育概況」『文選』二～五頁。

（7）張健「当前工人教育的三個問題」『文選』九頁。

（8）張健「改進中的北京市九区中心小学」『文選』一三～一六頁。

（9）同前『文選』一七～一九頁。

（10）張健「関于初等教育方面如何進行抗美援朝的時事教育的問題」『文選』二二一～二二三頁。

（11）同前『文選』二四～二五頁。

(12) 同前『文選』二六～二七頁。
(13) 張健「教師必須培養児童自覚的組織性和紀律性」『文選』三〇～三一頁。
(14) 張健「要保証教師有足穀的教学時間」『文選』三三～三四頁。
(15) 張健「為什麼小学要実行五年一貫制」『文選』三七～三八頁。
(16) 張健「略談関于改革学制的三個問題」『文選』四四頁、四七頁。
(17) 張健「所謂『三無』『四有』」(『人民教育』第三巻第三期、一九五一年七月)。映画《武訓伝》批判の問題については、本書第一章参照。
(18) 張健「重新認識陶行知先生的生平和事業」(『人民教育』第四巻第一期、一九五一年一一月)。
(19) 張健「略談陶行知教育思想的階級性」(『人民教育』総第三七期、一九五三年五月号)。
(20) 張健「小学教育如何貫徹全面発展的方針」『文選』五五頁。
(21) 張健「重視加強改革歴史教学」『文選』五五四頁。こうした中で方与厳だけは、陶行知批判の論文は一切書かず、批判大会でも一切発言しなかった、と張健は称えている。
(22) 張健「為実現国家工業化、教育工作者応大力為国家培養工業建設人才」『文選』六二頁。
(23) 張健「要大力做好高中畢業生的補課、総復習和升学思想指導工作」『文選』六九頁。
(24) 同前『文選』七〇頁。
(25) 張健「貫徹高等学校的基本建設方針」『文選』七七頁。これは経費節約を追求するばかりではなく、張健自身、教学工作のために「教室・実験室等の主要な教学用の部屋は比較的好いものに修建すべき」と述べている(同前、『文選』七八頁)。
(26) 張健「為完成高等教育培養幹部第一個五年計劃而奮闘」『文選』八一頁。
(27) 張健「略談高等学校学習蘇聯先進経験的成就和問題」『文選』九四頁。
(28) 同前『文選』九九頁。
(29) 張健「談談我対個性全面発展教育争論的看法」『文選』一〇八頁。

(30) 同前『文選』一〇九頁。
(31) 張健「我国的高等教育是越辦越好了」『文選』一二〇頁。
(32) 何東昌主編『中華人民共和国教育史』(上・下、海南出版社、二〇〇七年)二九七頁。
(33) 同前書、三八九頁。
(34) 同前書、四二三頁。
(35) 張健「教育科学研究必須為社会主義四個現代化服務」『文選』一二五頁。
(36) 同前『文選』一二七頁。
(37) 同前『文選』一二八〜一二九頁。
(38) 同前『文選』一三二頁。
(39) 同前『文選』一三三頁。
(40) 張健「教育要促進社会生産力的発展」『文選』一三八頁。
(41) 張健「教育要為国民経済建設服務」『文選』一六六頁。同「教育和政治的関係」『文選』一九五頁。同「各級学校要把思想政治教育放在首要地位」『文選』二五三頁。以上は、いずれも一九八〇年代に発表されたものであるが、一九八七年に発表された張健「関于《教育年鑑》和中国教育史志編写中要注意的問題」(『文選』五三四頁)では、二つの反革命集団が毛主席の晩年の病気を利用して動乱を起こした、ととらえている。
(42) 張健「教育和政治的関係」『文選』二〇三頁、二〇七頁。張健は、毛沢東同志は一貫して生産力の発展を重視したが、真に生産力を解放する正しい道を探し出すことはなかった、と述べている(張健「用馬克思主義立場、観点、方法研究中華人民共和国教育史」『文選』七八六頁)。
(43) 張健「論教育与人口、人手和人才的関係」『文選』一四三〜一四四頁。
(44) 張健「教育要為国民経済建設服務」『文選』一六五頁。また張健「教育必須適応経済発展的需要」『文選』二一七頁では、計画出産を定義した人物に「馬寅初・邵力子・黄炎培」を挙げている。

(45) 本書第九章参照。
(46) 張健「充分発揮教育在計劃生育工作中的積極作用」『文選』二七一頁。
(47) 張健「要認真做好全国学生体質、健康調研工作」『文選』三三三頁。『鄧小平文選』は、一九七五年から八二年九月までの文章が、第一巻・第二巻の合併号として人民出版社から一九八三年に出版され、一九八二年九月から九二年二月までの文章が、第三巻として人民出版社から一九九三年に出版されている。
(48) 張健「教育科学規劃与教育情報工作」『文選』三四四頁。同「教育改革要迎接新技術革命的挑戦」『文選』三八九頁にも、同様の主張がある。
(49) 『鄧小平文選』第三巻、三五頁。
(50) 張健「認真研究適合国民経済発展需要的教育計劃和教育体制」『文選』一六〇頁。
(51) 張健「教育要為国民経済建設服務」『文選』一七二頁。
(52) 同前『文選』一七〇頁。
(53) 同前『文選』一七七頁。
(54) 張健「教育和政治的関係」『文選』一九六頁。
(55) 張健「充分発揮教育在国家民主化過程中的積極促進作用」『文選』二一三頁。
(56) 張健「高挙愛国主義旗幟、堅持走社会主義道路」『文選』七六八頁。
(57) 張健「要在各級各類学校中進行四項基本原則的教育」『文選』二五八頁。
(58) 張健「教育現代化、科学育人才」『文選』三〇四頁。
(59) 張健「要認真做好全国学生体質、健康調研工作」『文選』三四〇頁。
(60) 張健「教育改革要迎接技術革命的挑戦」『文選』四〇六頁。同様の主張は、張健「全民族都来興辦教育開発智力」『文選』五六〇頁、にもある。
(61) 張健「教育必須為社会主義建設服務社会主義建設必須依靠教育」『文選』四二七頁。

(62) 張健「関于全国教育科学〝六五〟規劃重点科研項目完成情況的匯報和〝七五〟総体規劃的簡単説明」『文選』五二一頁。
(63) 張健「人的本質和人的全面発展教育」『文選』五八三頁、五九四頁。
(64) 張健「生産力標準的再認識」『文選』六〇七頁。
(65) 張健「要重視生物学科的教学」『文選』四四五頁。
(66) 張健「教育与経済相互促進共同発展」『文選』七五五頁。
(67) 張健「二一世紀中国教育改革和発展方向研究的概述」『文選』八七二頁。
(68) 例えば『人民教育』誌掲載の張健論文を例にとると、総第四一期(一九五三年九月号)の「略談高等学校教学改革的思想領導問題」では、中央の教育改革方針が「ソ連の先進的な経験に学んで中国の実際の情況とあい結合する」ことを積極的に支持し、総第八八期(一九五七年八月号)の「学習蘇聯経験的成績不是主要的嗎」では、今後も「ソ連を師とし」、ソ連の先進的な経験に学ぼう、と述べている。
(69) 前註(39)『文選』一三七頁。また同年、張健は「論教育与人口、人手和人才的関係」で、日本が「智力資源」の開発を重視し、輸入原料から美しくて廉価な工業製品を作り、国際市場に送って競争して販売することで、米・ソに次ぐ第三の経済大国になったが、このことは「われわれが重点的に研究するに値する」と述べている(『文選』一四六頁)。
(70) 張健「全民族都来興辦教育開発智力」『文選』五五八~五五九頁。
(71) 張健「教育必須適応経済発展的需要」『文選』二二一~二二二頁。
(72) 前註(59)『文選』三三四~三三五頁。
(73) 前註(51)『文選』一六〇頁。この数値に関しては、張健は「日本の文部省の一九六二年の教育白書によれば、一九六〇年の貨幣価値に換算して、日本の一九〇五年の教育資本は固定と流動資本を合わせて三、一〇〇億円であったが、一九六〇年には七兆一、一〇〇億円と二二倍増加した。同一時期の生産物の資本増加は六倍である。すなわち人材養成の投資は物への投資より一六倍多い」と述べている(前註(52)『文選』一七一頁)。また前註(15)『文選』二七二頁、張健「学習《中共中央関于教育体制改革的決定》的幾個問題」『文選』三八〇頁、でも同様の主張をしている。

(74) 前註(64)『文選』六〇六頁。
(75) 張健「当前教育思想和科学理論研究中的若干問題」『文選』七〇四頁。
(76) 張健「教育科学規劃与教育情報工作」『文選』三四九頁。
(77) 張健「教育改革要迎接新技術革命的挑戦」『文選』三九八頁。
(78) 張健「以〝三個面向〟為指導努力做好教育学会工作」『文選』四九〇頁。
(79) 張健「開創人民教育的新時代」『文選』八五八頁。
(80) 前註(67)『文選』八七一頁。
(81) 張健「学校科学管理出効益」『文選』七六二頁。
(82) 張健「大力加強基礎教育、切実提高民族素質」『文選』八〇三頁。
(83) 張健「師範教育改革要堅持正確的政治方向」『文選』六四六～六四七頁。前註(75)『文選』七〇八頁。前註(82)『文選』八〇五頁。
(84) 張健「努力提高思想政策水平加快教育改革歩伐」『文選』八二八頁。
(85) 前註(76)『文選』三五二頁。
(86) 張健「関于孔子研究的三個問題」『文選』四六二～四六三頁。
(87) 張健「為開拓創立具有中国特色的社会主義農村教育体系而努力」『文選』六五四～六五五頁。
(88) 張健「認真学習陶行知的人民教育思想」『文選』六八六～六八八頁。
(89) 前註(82)『文選』八〇八頁。
(90) 前註(51)『文選』一六五頁。
(91) 前註(77)『文選』三九九頁。
(92) 前註(63)『文選』五九六頁。
(93) 張健「重視加強改革歴史教学」『文選』五五三頁。

(94) 前註(61)『文選』四三一頁。『人民教育』総第六二期(一九五五年六月号)の張健「批判杜威実用主義教育学説中有関学校教育的謬論」は、かれのデューイ批判の代表的なものである。
(95) 前註(57)『文選』二五七頁。
(96) 張健「用馬克思主義立場、観点、方法研究中華人民共和国教育史」『文選』七八五~七八六頁。
(97) 張健「鄧小平同志是有中国特色的人民教育事業的総設計師」『文選』八八五頁。

第一三章　蔣夢麟の教育思想と実践——海峡両岸での活躍——

はじめに

蔣夢麟（一八八六～一九六四）は、現代中国の教育家であり、字は兆賢・少賢、号は孟鄰、筆名は唯心であり、浙江省余姚の蔣村出身である。アメリカ留学から帰国後、蔡元培の代理として北京大学校長の任に就き、西南聯合大学の時代まで大学運営の中心となり、蔣介石国民政府の台湾への撤退とともに台湾に移った。蔣夢麟が台湾国民政府側に身を投じ、中華人民共和国初期に批判された胡適と行動を共にしたこともあって、大陸では後に厳しい批判にさらされることになる。それはかれが蔡元培の「思想自由、兼容并包」の思想を捨てて国民党の教育方針を執行し、学生の愛国運動を圧迫したことや口で民主を標榜しながら実際には北京大学で専制的な運営を進めたことなどが理由とされた。[1]その背景としては、蔣夢麟が政治上では国民党に追随し、海峡の両岸が長きにわたって隔離されていたため、大陸の識者にはほとんど知られることなく、北京大学校史を講ずる人が蔣夢麟を取り上げることは大変少なく、教育史を講じる人もかれについて語ることは大変少なかったことによるとされる。[2]

しかし、中国における陶行知・晏陽初・梁漱溟らの復権と再評価のあとに続くように蔣夢麟に関する自伝や評伝、さらに教育論著選などが次々と公刊され、次第に注目を浴びるようになってきた。かれは蔡元培の教え子であり、ともすれば北京大学での蔡の代理校長のイメージでとらえられ、本来は個性豊かな教育学者であって、独自の実践をしたという印象を与えていない可能性がある。しかし、蔣夢麟に思想と行動の独自性があればこそ、最近の中国での研究対象となっていると考えられるのである。ただし管見の限りでは、日本における研究は見られず、海峡両岸に関係のない第三者的な立場からの研究も必要と思われるので、かれの生涯を通しての足跡を追い、教育に関わるかれの主張を織り込みながら、その人物像と実践の実態を解明していきたい。

一、北京大学代理校長としての改革と前期教育思想

蔣夢麟は、一八九一年、数え六歳のとき将来の科挙受験をめざして家塾に入り、『三字経』を学ぶことから勉学を開始した。それは「最初の数年、家塾生活は私にとってはまるで監獄」であり、塾師の目を盗んで「鎖から離れた一頭の犬のように、家に逃げ帰り、母の懐に飛び込んだ」と回想する生活であった。[3] その一方で、「私は水田の青蛙がイナゴを捕らえることや、ガチョウが河で水遊びをするのを見ることが大好きであった」[4]と自然界への並々ならぬ関心を抱いていたことを語っており、これはかれの後の歩みに影響してくることになる性格であった。かれは一八九七年に中西学堂に入学する。中西学堂の当時の校長は蔡元培で、蔣夢麟はその教え子となり、その後の長期にわたる師生の交わりの始まりとなった。[5] 中西学堂の授業は、中国文学・経書や歴史といった文科面が中心で、記憶力を問われるために、記憶を得意としなかった蔣夢麟の成績は中等以下であった。[6] この学堂で英語と日本語を学んだ蔣は、一九〇二年に浙江省立高等学堂に入学する。ここでは教師の質と量に加えてカリキュラムも中西学堂より改善されていた。[7]

一九〇三年にはいったん紹興に帰り、郡試を受験して、余姚県学の附生に採用された[8]。かれは科挙に向けての準備を続けながら、一方でアメリカ留学をめざした動きも見せた。それは上海公学の入学試験を受けたことからも窺える[9]。一九〇八年には杭州でアメリカ留学のための官費留学生の試験を受けるが、合格できなかった[10]。結局、かれの父が留学に必要な数千元を用立てて、同年八月末にアメリカに旅立ち、その直前に辮髪を切っている[11]。一九〇九年、カリフォルニア大学農学院に入学し、まもなく社会科学院に移り、一九一二年に同大学教育系を卒業した。同年、コロンビア大学研究院に入学し、デューイに師事して教育哲学を研究し、モンローについて教育学を研究した[12]。一九一七年六月、「中国教育原理の研究」（A Study in Chinese Principles of Education）で哲学博士の学位を取得して帰国する[13]。

これに先立つ一九一五年六月、蔣夢麟は訪米中の黄炎培と共にワシントン・オーウェン女子商業中学、公立第六四小学などを参観し、各校の職業教育・技能教育の取り組み状況を視察した[14]。まもなく中華職業教育社を設立して職業教育運動を指導することになる黄炎培との関係が深まったことは、帰国後の蔣夢麟にとって裨益するところが大きかった。蔣は黄炎培の紹介で商務印書館の経営者である張元済と連絡を取り、帰国後には商務印書館の編輯に就任した。商務印書館で週四日間勤務し、かれの食費と住居費は江蘇省教育会が負担する代わりに週二日は江蘇省教育会の仕事をすることになったのである[15]。この時期、蔣は黄炎培の職業教育運動に理解を示し、「職業教育は二〇世紀工業社会の一大問題であり、わが国青年の立身と国家の致富は、多くはこれに頼っている[16]」と述べ、さらに「わが国は今日民窮し財竭き、流氓が野に遍く、補給の道は、職業教育・補習教育を捨てて、由るべき道はない。試みるべきは、大都会大商埠の中で、職業状況を調査し、地方の需要を参酌し、乙種工商業などの学校を設立することである[17]」とより具体的な教育政策を提起している。蔣自身が商務印書館編輯の仕事になじまなかったことから、このポストを一年で辞職したが、黄炎培との緊密な交流は続き、一九一八年六月には東三省での教育調査に同行し、その途中の北京で同じアメリカ留学生であった胡適を黄に引き合わせている。[18] それはまた北京大学と江蘇省教育会の賛助を得て『新教育』月刊を発行して、主編となっていた蔣が、[19] この雑誌への協力者を増やすことにもつながった。蔣はデューイの教え子であり、その実用主義の哲学と社会改良の教育思想に大きな影響を受けており、[20] デューイの来華前夜に『新教育』に「デューイの人生哲学」「デューイの道徳教育」という二編の論文を書いている。[21] 蔣が一九二〇年の上海第二師範での講演の中で「学生が自治をするのに、学校を社会とし、学生を学校社会の分子とし、その社会を改良し、社会を改良する能力を養成し、かれを一人の社会人となるように教えれば、社会を改良することができる」[22] と語っているのは、デューイの教育思想を承け、蔣自身の学生自治への思いを集約した内容と見ることができる。

蔡元培は中華民国南京臨時政府の教育総長として学制改革を指導し、北京大学校長として改革の先頭に立った教育者である。蔣夢麟は中西学堂では蔡元培の学生であり、同郷でもあり『新教育』の基本姿勢も蔡元培の改革方針に沿うものであった。[23] 一九一九年の五四運動発生直後、蔡元培は当然「引咎辞職」[24] すべきと称して北京を離れた。同年七月二三日、蔣夢麟は蔡元培の依頼により北京大学校長を代理することになり、学生たちの歓迎大会に臨んだ。そこで蔣は学生に対して「諸君は蔡先生の不知不覚の感化を受けており、諸君のこのたびの行動が、全国を感動させ、世界を感動させたゆえんである。蔡先生のこの精神はどこから来たのだろうか？　これは学問より来たのである」[25] と語っている。あくまでも政治行動よりも学生の本分たる学問を重視すべきことを訴えているのである。蔣はまず北京大学教授になり、総務長に任命された後、代理校長の職務をおこなうという手続きは踏まえていた。さらにかれは北京大学の教職員に対して低姿勢で臨み、「私が北京大学に来たのは蔡先生の委託を受けたもので、蔡先生に代わって印を捺すが、すべては各位が主持されることを願う」と述べた。[26]

蔣夢麟は蔡元培の忠実な代理者を装っているが、それが心底からのものであったかどうかは、かれの改革姿勢の本質に関わってくることである。五四運動に先立ち、蔡元培は腐敗していた北京大学の改革に着手し、文理両科を基本とする北京大学の制度改革や能力主義の教官任免、大学内での学問研究と言論・思想の自由の保障、評議会と教授会による自治体制の確立などを図った。その取り組みは、北京大学を自由な研究と討論の場に成長させ、とくに「新青年派」の教官たちの広範な学問的・思想的影響の下に、その薫陶を受けた多数の学生は五四運動に参加することになった(27)。しかし、上述のごとく蔡元培は五四運動が盛り上がっている最中に、混乱を生んだ責任を負う形で北京を離れたのであった。実際、北京政府やそれを支持する階層は、学生運動の盛り上がりは蔡元培の兼容幷包、学術自由のもたらす禍であると考え、教育界の安寧のためには蔡元培という象徴を取り去る必要があると考えていた(28)。

蔡元培と蔣夢麟は共に学問を最も重んじていたため、学生が学業を放棄してストライキに加わることを是認していたわけではない。蔡や蔣ら中国における現代に通じる大学制度を打ち立てた指導者たちは、科挙制度の中で厳格な訓練を受け、同時に欧米の教育に学び、その本質を理解した人々で、大学の独立、学術と思想の自由を重視していたのである(29)。蔣は学生運動に関して「たんにストライキを武器とするのは、最も不経済な方法であり、下々策で、しばしば用いて止まないのは、学生運動破産の表現である。……逃学の習慣が養成されている証拠である(30)」という。このように学術研究を第一に考えるのは、かれらの一貫した姿勢であり、未成年の学生が学業を放棄し、光陰を失うことは最も不経済なことと認識していた。とくに五四運動発生後、蔡元培・蔣夢麟ら教育界人士にとって、学生たちがデモ行進を通して政府に譲歩を迫ることに興味を示すようになり、かれらの管理が一層困難になってきたことは問題であり、そのことについて頭を悩ませていた(31)。蔣夢麟は常日頃から、学生に期待するがゆえに、かれらが果たすべき社会的責任について厳しく目標を提示してきた。学生自治についても、そこには責任が伴う。その責任とは、（一）学術程度を高める責任、（二）公共に奉仕する責任、（三）文化を生み出す責任、（四）社会を改良する責任、という四つの責任である。学生の行動が不当であれば、教職員が干渉すべきであるだけでなく、学生団体もまた干渉すべきであり、学生団体が個人の不当な行動に干渉しないならば、この自治は破壊されると考えていた[32]。

蔣夢麟は「五四の学生運動は、この解放の起点であり、あなたの人としての態度を改変し、中国の文運復興を作った。感情を解放し、思想を解放し、人類の本性の権利を要求した[33]」と高く評価し、学生を含めた青年たちに「青年よ、青年よ、あなたたちの能力は、水である。千百万の青年の能力を運用すれば、百川を決する水となる。千百万の青年の能力を集め、一致して文化的運動をすれば、百川の水を集めて一条の江に至る。一瀉千里で、すなわち怒潮をなす。これが新文化の怒潮であり、中国の腐敗社会をきれいに洗い、一つの光明世界をつくるのである[34]」と呼びかける。学問重視を説いているとはいえ、蔣は決して学生たちに学問一筋に進むことを求めているわけではない。「知識界は往々にして社会と学術の重要性を口実として、実際政治の煩わしい問題を避けようとしているが、これは間違っている。……たとえば「五四運動」の一役について、われわれは相当の効用を持っていることを承認せざるを得ないが、結果としてやはり失敗であった。われわれは全国の学校に毒を流した害と幾人かの悪人を駆逐しパリ和平条約締結を阻止したことを比較すると、われわれはどれが軽くどれが重いか定めがたい。外交上の利益を、われわれは認めている。政治の悪劣さは変わっていないことも、われわれは見ている。（それでも）学校成績の退歩、青年の堕落は、われわれは大学から中学まで、全国は滔々としてみなそうであることを認めざるを得ない[35]」というように述べており、学生は勉学を第一としつつも、一方では政治的関心を持ち続けるべきであると判断しているのである。

アメリカから帰国してまもなく蔣夢麟は、新たな教育について「新教育の効力は、個人の価値を尊重することにある。いわゆる「自由」、いわゆる「平等」、いわゆる「民権」、「共和」、「言論の自由」、「選挙権」、「代議機関」は、みな個人の価値を尊重するゆえんである[36]」とその目標を示している。続いてかれは「民権主義の潮流は、全世界に横行して止めることができないことは予言できる。これによって教育をいえば、まさに自動、自治と訓育の三者を重視し、健全で活発な個人を養成することができる。思うに民権の基礎は、個人の価値を尊重するところにある[37]」と個人の価値の尊重を重ねて力説している。これを教育によって強化するが、「個性発展の基本学説は、孟子の性善説」という立場に立っている[38]。中国の伝統思想を重視すると共に、人権を尊重する欧米の民主主義思想にも立脚したバランスのとれた思想といえよう。

蔣夢麟と黄炎培の交流については既に述べたが、思想的にも黄炎培に理解を示す蔣は、公立学校における職業教育の必要性を説き、児童に職業の道徳価値を授けるべきである、と述べている。そのため「初級公立学校は、工場・農場・厨房・縫衣室および試験室の設備を持ち、実践の工作を習わせるようにしなければならない。学校では読・書（写）・算・図画・理科・衛生・体操を授けることを除き、工業を授け、心と力をあわせて進めば、完全なるカリキュラムということができる[39]」と述べ、職業教育推進のための具体的な設備やカリキュラムにも言及している。また先進国であるイギリスの教育を取り上げ、工業教育の義務化まで論じられると紹介している。

蔣夢麟は世界を幸福にしようとするならば「科学と工業から離れることができない」と強調している[40]。しかし、蔣自身も認めているように、いかなる教育をおこなうにしても、その前提は識字率の高さである。「先進国の入学人数は、人民総数の五分の一を占める。教育部の最近の報告によれば、わが国の入学人数は合わせて人民総数の百分の一を占めるだけである。たとえわが国のあらゆる学校が、悉く適切な教育を施してもこの百分の一の勢力では何ほどのことをなせるのか[41]」と一九一九年に慨嘆しているが、その翌年には「中国の教育普及は、その広がりはまだインドに及ばず、わが国の識字の人は、すべて学校より出るものではないが、教育が普遍的でないという一点は見ることができる[42]」と述べている。識字率に関するデータについては正確とはいえないが、中国が教育普及という点で遅れを取っているという危機感は伝わってくる。さらに蔣は、教育普及を実現するための制度の確立とその教育目的にも目を配っている。このことは山西軍閥の閻錫山の「用民政治」の評価に言及しているところにも窺える。山西省の独立王国化をめざした閻錫山は、一九一九年度で五七・四％の就学率を達成したといわれる。しかし、「用民政治」に基づく教育政策は、かれの政策に忠実に従う省民の育成をめざしていたと考えられる。[43] 蔣はこの閻錫山の政策を取り上げて「この方法は、人存すれば政存し、人亡べば政息む」というもので「根本的な方法ではない」と述べ、一種の「仁政主義」「牧民政策」で省民を自立した人間に育てるものではないととらえているが、「私はたいへん閻百川（錫山）に感服しており、決して批判しているのではなく、かれが一方で「用民」しても、他方でこれが便宜的な方法であることを忘れず、将来は少しずつ民治の方へいけばよいと希望している」[44] と述べて、穏やかながらもしっかりと教育のめざすべき方向性を明示している。

蔣夢麟は「今日の教育は、科学の教育」であるべきと考え、[45] 社会が不安定であることの根本原因は科学・学術・思想の未発達にあると認識し、「社会改良のためには、まず科学・学術・思想等々を提唱しなければならない」と主張している。[46] こうした蔣の目標は、やがて北京大学の研究・教育改革の中で実現に向けての取り組みがおこなわれることにつながる。それは主として抗日戦争中の国民政府統治下での取り組みとなっていくのである。

二、国民政府下の改革から台湾での実践へ

蔣夢麟がはじめて孫中山に出会ったのは一九〇九年、アメリカのサンフランシスコであった。そのときの孫中山の印象について「意志堅固、識見遠大、思想周密で、記憶力がよい」[47] とあって、蔣は全面的に孫中山に敬服している。

一九二五年三月一二日、孫中山は北京で逝去したが、蔣は同月二三日に北京大学で孫中山追悼会を主宰している。翌年、三・一八事件で段祺瑞政権が市民運動を弾圧し、四七名の死者を出し、北京大学の李大釗らも負傷するが、その処理に追われる中で、前総理の孫宝琦から逮捕者リストにかれの氏名が記されると聞き(48)、身の危険を感じて東交民巷に身を隠した後、天津経由で上海に逃れた。この後、蔣は国民政府側に立ち、故郷である浙江で政治会議浙江分会政治委員に任命され、浙江省教育庁長も兼任する(49)。

蔣夢麟は、一九一九年に「全国の学生数を調べると、黄河流域と以北の諸省は、わずか一六〇万人で、長江流域と以南の諸省は、二三五万人である。二三五万人の区域に、一つの大学もないとは、政治を担う諸公は、何をもって自ら我が民に語れるのか(50)」と語っていたが、このとき故郷で北京大学にも匹敵する大学を設立する好機が訪れたのである。北伐の途上、蔣介石の樹立した南京政府の下で、蔡元培や李石曾を中心として大学区制が試行されることになった(51)。蔣夢麟は第三中山大学校長に任命され、浙江大学区の最高責任者として省内の教育行政を指導することになる。かれは「国立浙江大学が成立し、私が校長に就任した。……浙大校長は省府委員となった」と改革の経過を述べている。しかし、それは「二年の実験を経て、別にいくつかの省で内部の紛糾と政治的な争いが発生し、すべての制度はついに民国一八年すなわち一九二九年に廃止され、そのとき私は国民政府の教育部長となったので、この制度を育てこの制度を埋葬したのはすべて私自身なのである」と、結局は廃止されるに至った経過を語っている(52)。

北伐の成功は、蔣夢麟らの北京復帰を可能にした。一九三〇年、かれは国民政府教育部長を辞任し、「当時行政院長の任にあった蔣介石の命を奉じて、再び北京大学の校務を承けることにした(53)」のであった。蕭超然らの手になる『北京大学校史（一八九八―一九四九）(54)』は、蔣夢麟や後に校長となった胡適に対して厳しい批判を繰り広げている。『校史』は、蔣夢麟について「典型的な国民党の新官僚」であり、蔣や胡適は「買弁資産階級の教育方針を推進し……学生の進歩的活動を制限し、学生の思想の自由を弾圧」したと述べる。[55] また一九三五年に発生した一二九運動に対して、蔣夢麟と胡適は校門に立って学生がストライキを解除して授業に復帰するように呼びかけ、運動に参加した進歩的教授に迫害を加え、翌年夏には許徳珩・馬叙倫・尚仲衣の三人の教授を解任したことを批判する。[56] さらには国民党の党化教育をおこない、学生に対する管理を強めたので、学生たちは書物に没頭するしかなかったと評している。[57] その一方で、蔣夢麟に対する批判的基調を貫いた『校史』でも、かれの業績を否定し去ることはできなかった。以下に史実を踏まえつつ、蔣夢麟の果たした役割を見ていきたい。

一九三〇年一二月四日、国民政府は蔣夢麟を国立北京大学校長に任命した。そこで基本的には蔡元培の精神を継承しつつも、かれ独自の大学構想を北京大学という舞台で実現しようとした。まず蔣は蔡元培校長時代の評議会に代わるものとして校務会議を設立した。校務会議の職権は、(一) 大学の予算の決定、(二) 学院・学派の設立と廃止の決定、(三) 大学内部の各種規定の制定、の他に校務の改善や校長の諮問についての審議といった内容であった。[58] 基本的に従来の評議会と機能は同じであったが、蔣の蔡元培時代とは一線を画したいという気持ちを表したものといえよう。蔣は「教授治学、学生求学、職員治事、校長治校」という目標を示して、大学内での役割分担を明確にした。教授専任制を採用し、他校と兼任する教員は給与を低くし、他校での兼担が多い教員は講師任用にした。学生は四年間で一三二単位を修得すれば卒業できるとした。また研究院を設立し、研究教授を設けて学術研究に重点をおいた。[59] 蔡元培は「兼容并包」の精神で、優れた人材を招聘したが、蔣は北京大学の体制をより整備し、機能的にして、研究と教育を持続可能なものにする努力を重ねたことが一連の機構改革から看取できるであろう。

蔣夢麟の大学教育方針の特色の一つとして、体育の重視があげられる。代理校長時代の一九二〇年、蔣は「私は北京大学において、新入学の学生——中等学校の卒業生——を見ると、体育がまったくおこなわれていない。子どもは本来走ったり跳んだりするもので、後に学校に入学すると、やらなくなる。眼を病めば、眼鏡をかけ、背が曲がり、肺も小さくなる。このように教育しても、将来は考えられないのではないか[60]」として、体育を重視することを主張した。一九一九年以前には、北京大学の預科で毎週二時間体育があり、学生は自由に受けることができたが、多くの学生は出席せず、受講者も長袍大褂で、身体を鍛えようという姿勢に乏しかった。体育自体は蔡元培校長時代に提唱され、体育会が一九一七年に成立していたが[61]、それを実質化するための体育設備と訓練を蔣は重視したのである[62]。

科学を重視した蔣夢麟は、北京大学の教育の最大の弱点は理学院にあると考え[63]、一九三一年より理系教員のかなり徹底した入れ替えをおこない、教授陣はすべて新たに招聘した。この時期その方針で、劉樹杞・李四光・饒毓泰・張景鉞・孫雲鋳・曾昭掄・江沢涵ら国内の一流の科学者を招聘したのであった[64]。設備・機器の充実についても意欲的に進め、一九三五年になって北京大学は全学で実験機器を六、七一六件、標本を一五、七八八種、薬品と実習用具を三一〇〇件以上所有していたが、限られた条件下で努力を重ねて集めたもので、「全国各校の冠」という美名に恥じないものであった[65]。図書の整備も平行して進め、従来の図書部を図書館に改称し、館長は校務会議に参加できるようにし、図書委員会を設けて図書館に関する諸問題の解決に当たらせた[66]。図書や実験機材等の購入については確実な財源の手当が必要であるが、一九三一年に北京大学は蔣夢麟・胡適・傅斯年らの努力によって、中華教育文化基金董事会の資金を獲得し、五年間にわたり中華教育文化基金董事会と北京大学が対等に資金を拠出する形で総計二〇〇万元の特別基金を作り、研究口座の設立と専任教授の招聘、図書機器の購入に用いた[67]。結果として、蔣夢麟校長の下で「北京大学は軍閥が蹂躙する混乱の中から恢復し、教学と科学研究はいずれも正常な軌道を歩み、多くの面で二〇年代より発展した[68]」と評されるようになった。

蔣夢麟に批判的な『校史』も、蔣は「多くの留米学生を招聘して教員に任じ、アメリカの教育制度に照らして、学校の教学と科学研究制度に対する改革を進めた」[69]とし、また国民党の教育方針を貫こうとしていたが、表面上は「民主をもってあい標榜し、これによってまた一定程度元来の自由主義の風気を保ち得た」[70]し、中華教育文化基金董事会の補助を受けたが、それは「客観的に見て学校の科学研究工作に一定の推進作用を起こした」[71]と評価するのである。また抗日戦争期、日本の華北侵略が強まる中で、冀東防共自治政府や冀察政務委員会の設置などの動きが目立ってきた。その中で一九三五年一一月、北京大学校長蔣夢麟が先頭に立って、北京の各大学の校長や教授と共に「中央組織を離れた特殊な政治機構の陰謀に反対する」「政府に国家領土と行政の保全維持を要求する」とする簡潔な宣言を発表した。この宣言について「まだ微弱な声であったが、北平教育界の社会名流の最初の華北の時局に対する意思表示であり、当時にあっては一定の影響を持っていた」[72]という評価をおこなっている。傅斯年はかつて「蔣夢麟先生の学問は、蔡元培に及ばないが、おこなったことは蔡先生に比べ高明である」[73]と述べたが、北京大学校長としての実務面での実績を称えた表現といえよう。

一九三七年七月七日に発生した盧溝橋事件から日中は全面的な戦争に突入する。同年九月、長沙臨時大学準備委員会が成立し、蔣夢麟は清華大学校長梅貽琦・南開大学校長張伯苓と共に常務委員に任命された。同年一二月、長沙臨時大学は迫りくる戦火を避けて雲南省昆明に移ることを決定した。蔣夢麟は直接蔣介石に申し出て、一九三八年一月に批准を経て昆明への移転が決定したが、昆明が前線からやや遠く、ベトナム経由の滇越鉄路(鉄道)を通して海外に通じることができ、図書や機材を購入するのに比較的便利であることが背景にあった[74]。北京大学・清華大学・南開大学によって構成された長沙臨時大学は、国立西南聯合大学に改名することになった。それぞれの大学の歴史や校長の経歴から考えれば、蔣夢麟が西南聯合大学の校長に就任すべきであったが、常務委員制を採用し、三大学校長のうち蔣夢麟・梅貽琦・張伯苓と秘書主任の楊振声で校務を共同運営することになった[75]。西南聯合大学の常務委員麟と梅貽琦はアメリカ留学生であり、五人の院長（文・理・工・法商・師範）も全員がアメリカ留学の博士であった。さらに二六の系主任のうち中国文学系以外の五人の主任がヨーロッパに留学していたが、その他はすべてアメリカ留学生であった[76]。アメリカ留学生であった蒋夢麟にとって、大学運営がやりやすい指導者構成であったと考えられる。しかし現実には、蒋夢麟と張伯苓は重慶に常駐しており、校務は梅貽琦が主導することになった[77]。蒋夢麟も梅貽琦により多くの責任を担ってほしいと述べている[78]。三大学の精神的な結合の強さは、夭折した東南聯合大学や分立していった西北聯合大学と比べると注目すべきものであったが、その功は蒋夢麟に帰すべしといわれる[79]。しかしながら、西南聯合大学の運営権を梅貽琦に委ねた後、蒋夢麟は英文の復習と自伝風の著作である『西潮』の執筆以外には、政界や欧米からの訪問客の接待、重慶での会議への出席ぐらいしかなすべきことがなかったという[80]。蒋介石政権は検定党義教師委員会を成立させ、陳立夫・戴季陶・何応欽と並んで蒋夢麟も委員となっていた。一九三一年には各級学校教職員研究党義暫行条例を公布し、教職員に「本党の党義の系統的な研究をして、深い認識を求める」ことを要求した[81]。

このように国民党員として動いていた蒋夢麟は、孫中山を尊敬していたが、その後継者となった蒋介石とも緊密な連繫を保ち、西安事件で蒋介石が監禁されたとき、張学良に釈放を要求する電報を教育界の知名人士と連名で打っている[82]。一九三九年夏には、国民党中央委員の蒋夢麟は、重慶より昆明に戻り、国民党中央組織の命令により国民党聯大区党部の改組と強化に着手した。七月二三日には三大学の処長以上の教授を茶会に招き「およそ聯大と三校の責任者で、まだ国民党に加入していない人は、均しく加入していただきたい」と宣言した[83]。一九四五年には宋子文が国民政府行政院長に就任し、蒋夢麟を行政院秘書長とした。しかし、蒋自らが制定した「大学院長は行政官吏を兼任できない」という規定に違反することになり、北京大学教授を中心とした「倒蒋」運動を生み、北京大学校長と西南聯合大学常務委員を辞任せざるを得なくなった。[84] 蔣夢麟は二七年間に及んだ北京大学での業務を離れ、行政官という道を選んだが、かれが重慶に拠点を置き、国民政府との関係を深めていたための必然的な結果ともいえよう。第二次世界大戦終了直後の一九四六年、蔣夢麟は地方行政委員会委員・善後救済報告審査会委員・最高経済委員会委員といったポストに就き活動を続けたが、翌四七年、宋子文の行政院院長辞任に伴い行政院秘書長を辞任した。[85] 国共内戦がはじまりアメリカのトルーマン大統領は蔣介石国民政府への援助を強化した。農村の復興はその一環である。一九四八年八月五日、アメリカと国民政府は中国農村復興聯合委員会（略称は農復会）を共同で組織することに同意した。中国側委員は蔣夢麟・晏陽初・沈宗瀚で、アメリカ側委員はモイヤー（R.T.Moyer）とベーカー（J.E.Baker）であった。[86] 農復会の設立に積極的であったのは、郷村建設運動で名を知られた晏陽初であったが、蔣夢麟は翁文灝の肩入れもあって主任委員となった。[87] 蔣夢麟は農村で成長し、花草樹木や鳥獣虫魚に対して大きな関心を持っていたし、アメリカ留学では最初にカリフォルニア大学農学院に入学していることから、[88] 適切な人選であったといえよう。蔣は農民がまず基本的な衣食の問題を解決し、衣食足りてのち礼節を知るようにさせたいと考えていた。農村経済が大いに発展し、農民が裕福な生活を送れるようになって、真に農村教育を推進させられるという考え方である。[89]

蔣夢麟は以下のような具体策を考えていた。（一）四川・広西・貴州において政府の二五減租に協力して、小作農の利益を保障する。（二）政府に協力して各省の農会を強化し改組して、地方農民に合作組織を作らせる。（三）灌漑施設を拡充し、農民の生産増加に利する。（四）稲・麦・サツマイモ・棉花などの品種改良や家畜病の撲滅を進める。（五）地方性の伝染病を防治し、農村住民の健康を増進する。こうした目標を達成するために、九一の農業改進計画、一六の農民組織計画、一八の農村工作計画、七つの公民教育計画、五一の灌漑計画、二五の農村衛生計画、八つの土地改革計画を立てた。総費用は三五〇万ドルで、一定程度農村社会の矛盾を緩和し、農民にもいくらか実益を与えた。

しかし、実施期間は数ヵ月で、湖南・広東・四川・広西はあい前後して中国共産党の支配下に入り、農復会の工作はすべて放棄することになった(90)。

農復会の工作が本当の意味で進展したのは、実際に国民党政権が台湾に退いてからであった。一九四九年八月、農復会は国民党政権に随って台北の本拠に移り、台湾で実験を再開したのである(91)。一九五〇年二月一六日より農復会は改組して土地・水利・農業・牧畜・肥料分配・農民組織・衛生の七組で構成されることになった。蔣夢麟は土地改革も積極的に主張し、「三七五減租」という小作料引き下げの土地改革法案の実施が宣言された(92)。蔣はこの土地改革の推進の他に石門水庫(ダム)の建設、防鼠工作の展開、家畜病防止計画・作物の品種改良・森林資源の航空測量と調査・漁業発展などを個別計画として提起した。とりわけ石門水庫の建設は、水利問題を重視した蔣がこだわった計画で、一九五四年三月、台湾国民政府経済部・農復会・建設庁・水利局・電力公司の五つの単位が連合して石門水庫設計委員会を組織し、設計研究費として計上された新台幣一一、九五二、八〇〇元は、すべて農復会が負担した(93)。蔣らが推進した台湾農業の基盤整備に伴い、台湾の人口が激増した。かれは人口増加が大きな負担になることを考え、「節育」を主張して人口のコントロールを積極的に進めようとした(94)。こうした節育の主張は、孫中山の遺教に背くとして非難も受けたが、かれの信念が揺らぐことはなかった。実験主義の大家であるデューイの思想を信奉する蔣は、将来への確たる展望をもって人口抑制の必要性を説いたのであった(95)。

蔣夢麟は一九五八年に妻の陶曾谷に先立たれているが、三年後に友人胡適の反対を押し切って徐賢楽と結婚する。しかし、晩年の結婚生活は一年半で破綻した。これはかれの頑固な性格がもたらした結果であり、「かれの一生は、成るも固執、敗るるもまた固執にあった(96)」とされるゆえんである。その性格は、かれの教育者としての思想と行動にも現れている。教育は「国家・社会・個人・職業の種々の問題を解決する」方法であって、「問題の解決ができないのは、教育の失敗[97]」というプラグマティックな思想が出発点にあった。『論著選』の編者は蔣夢麟を評して「健全なる個人を養成し、進化社会を創造する」ことを宗旨とする教育救国、教育興国の資産階級の教育路線を提起したとする[98]。蔣は「教育は立国の根本」と考えるが、「教育を管理して、政治を論じない」教育界のあり方には批判的であった。かれは「優秀分子が政治に関心を持たずに、政客の破壊に一任してよいのだろうか。教育家が政治に関心を持たなければ、学生もまた間接その影響を受けることになり、将来の政治の改良は誰がその責任を負うのだろうか」と述べる[99]。それは教育救国論への批判とも受け取れる。さらに『蔣夢麟教育思想研究』に序文を寄せた戴逸は「近代において、いくらかの「教育救国論者」がいて、かれらは革命を経ないで単純に教育手段によって旧中国を改造しようと試みたが、これは実際とは合わない幻想であった[100]」と述べている。中国共産党の革命に協力しない教育実践を「教育救国論」として否定するという基本姿勢がそこには現れている。しかし、蔣はビスマルクがもたらしたドイツの強盛は小学教育の成果であり、日本の強盛も小学教育から得たと繰り返し述べ[101]、そのドイツも平民主義を採らないために敗れ、それを見た日本の教育界は平民主義を強調するようになった[102]、と述べるとき、教育実践を支える一貫した革命路線とは一線を画する教育救国の姿勢を見ることができるのである。

おわりに

蔡元培は「兼容幷包」「学術自由」などの方針の下に人材を招致し、北京大学の改革に成果を上げたが、五四運動の盛り上がりを背に北京を離れた。その蔡元培の代理校長として軍閥勢力との対応に苦しみつつも蔣夢麟は、従来の評議会に代えて校務会議を作り、大学内の役割分担を明確にし、北京大学理学院の人事の刷新や研究教授を設けることなど北京大学の研究教育体制の強化に努めた。大学における体育の重視、図書・設備・機材の充実もまた蔣の教育改革の方向性を明示している。かれの学生が政治に関心を持つことを奨励しつつも勉学を第一とする姿勢は一貫していた。青年の力の結集を称え、学生自治を推奨しつつも学生の社会的責任の重要性を説き、ストライキの政治的効果を認めつつも学業の放棄を戒める。さらに個人の価値を尊重するが、そのベースには孟子の性善説があった。しかし、閻錫山の「用民政治」を評価しつつも、それが個人の善意に頼る限りは永続性がないとして、制度としての教育体制の確立を訴えている。教育の普及や科学の重視を説き、職業教育の具体的実践に言及する。そこにはアメリカ留学で得たデューイ流の実用主義の精神が根幹のところにあることが見えてくる。

孫中山を尊敬し、その後継者たる蔣介石との結びつきを強めていく。それは西南聯合大学の実務を梅貽琦に委ね、行政院秘書長として活動しながら、教育界に国民党の政策を持ち込もうとしたところにも現れている。教育部と浙江大学区での実践の数年間を間にはさんではいるが、二七年間にわたる北京大学への貢献に区切りをつけたいという蔣夢麟の思いが[103]、政界への転進を促したのかもしれない。それとともに農村に育ち、アメリカ留学でまず農学を学んだかれの農村への思いが、農復会への積極的転身を遂げさせたともいえるだろう。蔣夢麟は小作料の減免を積極的に提唱し、郷村建設運動の精神を継承して農村の改進を国共対立下で進めようとした。その後、かれは台湾に渡って土地改革を主張し、石門水庫の建設に力を入れるなど農業基盤の整備に努めるとともに、農村を豊かにするための人口コントロールにも力を入れた。このようにかれの学問研究への真摯な取り組みとその成果を農村救済で生かそうとした姿勢は、生涯を通して貫かれたといって過言ではないだろう。

註

（1）劉克選・方明東主編『北大与清華』（国家行政学院出版社、一九九八年、以下書名のみ示す）三〇一頁。
（2）湯一介編『北大校長与中国文化』（北京大学出版社、一九九八年、以下書名のみ示す）九〇頁。
（3）蔣夢麟『蔣夢麟自伝――西潮与新潮――』（団結出版社、二〇〇四年、以下『自伝』と略す）三二一～三二二頁。
（4）『自伝』三九頁。なお塾師は、こうした癖は蔣夢麟の「禍根」になると考えていた。
（5）馬勇『蔣夢麟伝』（紅旗出版社、二〇〇九年、以下書名のみ示す）二一頁。
（6）『自伝』五六頁。
（7）『蔣夢麟伝』二九頁。
（8）馬勇『蔣夢麟教育思想研究』（遼寧教育出版社、一九九七年、以下『教育思想研究』と略す）二八七頁。
（9）『蔣夢麟伝』三六頁。
（10）同前書、四一頁。
（11）『教育思想研究』二八七頁。
（12）『北大与清華』二八八頁。
（13）『教育思想研究』二八八頁。
（14）『蔣夢麟伝』七七頁。
（15）同前書、七八頁、八四頁。
（16）蔣夢麟「教育与職業」（曲士培編『蔣夢麟教育論著選』人民教育出版社、一九九五年、以下『論著選』と略す）二頁。
（17）蔣「世界大戦後吾国教育之注重点」『論著選』六一頁。
（18）『教育思想研究』四四頁。
（19）『自伝』一五五頁。『新教育』の特色としては、蔣自身が教学上で自発自動を主張し、児童の需要を強調しており、デューイの『民主主義と教育』の主張を擁護し、教育思想の面では孟子の性善説を擁護した、と述べている（『自伝』一六一頁）。

(20)『論著選』「前言」一〇頁。元青『杜威与中国』（人民教育出版社、二〇〇一年）一三六頁。
(21)『教育思想研究』五〇頁。
(22)蒋「教育思想的根本改革」『論著選』一七一頁。
(23)『蒋夢麟伝』一七七〜一七八頁。
(24)蔡元培「告北大同学諸君」（高平叔編『蔡元培全集』中華書局、一九八四年、第三巻、二九五〜二九六頁）。
(25)高平叔撰著『蔡元培年譜長編（中）』（人民教育出版社、一九九六年）二三一頁。
(26)『蒋夢麟伝』一七八頁、一八〇頁。
(27)拙著『中国近代教育の普及と改革に関する研究』（汲古書院、二〇〇二年）一五二頁。ただし蔡元培は「兼容幷包」主義により多様な人材を招聘しており、「新青年派」とは立場を異にしていた梁漱溟が「圧迫の厳重さを感じないときはなかった」と述懐（梁漱溟「自述」中国文化書院学術委員会編『梁漱溟全集』山東人民出版社、一九八九年、第二巻、一二頁）している。
(28)『蒋夢麟伝』二一二頁。
(29)謝泳『西南聯大与中国現代知識分子』（福建教育出版社、二〇〇九年、以下書名のみ示す）一四六頁。
(30)蒋「我們対于学生的希望」『論著選』一九六〜一九七頁。
(31)『蒋夢麟伝』一九六頁、一九八頁。
(32)蒋「学生自治——在北京高等師範演説」『論著選』一三六〜一三七頁。
(33)蒋「改変人生的態度」『論著選』一一四頁。
(34)蒋「新文化的怒潮」『論著選』一三〇頁。
(35)蒋「知識階級的責任問題」『論著選』二六六〜二六七頁。
(36)蒋「個人之価値与教育之関係」『論著選』三八頁。
(37)蒋「欧戦後世界之思想与教育」『論著選』五三頁。

(38) 蔣「個性主義与個人主義」『論著選』七六頁。
(39) 蔣「配司泰洛斉生辰凱善西泰奈工業教育之演説」『論著選』二五頁。
(40) 蔣「読英国裴特来氏〈戦後之教育〉有感」『論著選』四四頁。
(41) 蔣「今後世界教育之趨勢」『論著選』八〇頁。
(42) 蔣「社会運動与教育」『論著選』一六一頁。
(43) 荘俞は「山西教育調査記」(『教育雑誌』第一八巻第八期、一九二六年)で、閻錫山の教育政策を高く評価しているが、徳中「閻氏統治下之山西」(『嚮導』第五三・五四期、一九二四年)は、青年たちを麻酔にかけていると批判している。閻錫山の教育政策に関しては、前掲拙著、第七章参照。
(44) 蔣「什麼是教育的出産品」『論著選』一五三頁。また蔣は上海の第二師範での講演の中でもこのことにふれている(「教育思想的根本改革――蔣夢麟先生在第二師範講」『論著選』一七一頁)。
(45) 蔣「高等学術為教育学之基礎」『論著選』一九頁。
(46) 蔣「知識階級的責任問題」『論著選』二六五頁。
(47) 蔣「追憶中山先生」『論著選』二九七頁。また『自伝』一五七頁では「中山先生は中国第一の現代科学の訓練を経た政治家である。かれの科学知識と正確な計算は実に人を驚かすものである」と科学と結びつけて高く評価している。
(48) 『自伝』二〇八頁。
(49) 『教育思想研究』二九一~二九二頁。
(50) 蔣「教育評論」『論著選』一〇七頁。
(51) 大学区制の構想や実態については、高田幸男「南京国民政府の教育政策――中央大学区試行を中心に――」(中国現代史研究会編『中国国民政府史の研究』汲古書院、一九八六年)参照。
(52) 『自伝』二一二頁。なおこれに先立つ一九二三年三月、蔣夢麟は蔡元培・陳大斉らと「籌辦杭州大学之意見」を提出しているが、蔣が杭州大学董事会に参与してまとめた主旨書では「省税の中から一〇〇分の二を本校の基金とするよう規定」し、人材育成が緊急の課題であり、「大学発展の時期が遅れれば遅れるほど、本省の事業発展の機会もまた遅れる」としている。この基金の原資は「地丁附税」の加徴で「大部分はこれを中産階級より出し」として、人々の広範な協力を呼びかけている（蔣「杭州大学意旨書」『論著選』二三一頁）。財政基盤の手当なくして大学は維持できず、蔣らは可能な道をさぐっていたことが分かる。

(53)『自伝』二七三頁。

(54) 蕭超然・沙健孫・周承恩・梁柱・楊文嫻編著『北京大学校史（一八九八―一九四九）』（増訂本、北京大学出版社、一九八八年、以下『校史』と略す）。

(55)『校史』二五三～二五四頁。

(56) 同前書、二七三～二七四頁。

(57) 同前書、三一七頁。

(58) 同前書、二八〇頁。なお『校史』は、学生と一般職員に根本的に参加する権利がなく、構成メンバーから見れば一つの教授会であり、民主主義を標榜しつつも蔣夢麟・胡適ら一部の人間が権力を握っている、ととらえている。

(59) 西南聯大北京校友会編『国立西南聯合大学校史――一九三七至一九四六年的北大、清華、南開――』（北京大学出版社、一九九六年）八頁。

(60) 蔣「教育思想的根本改革」『論著選』一六九頁。

(61)『校史』二一九～二二〇頁。

(62)『蔣夢麟伝』二八六頁。『教育思想研究』一九五頁。

(63)『北大与清華』二九二頁。

(64)『校史』二八三頁。

(65)『教育思想研究』一九二頁。

(66)『校史』三〇〇頁。

(67)『北大校長与中国文化』八二～八三頁。こうした資金調達を確実なものとするための恒久的制度を構想する蔣夢麟は、杭州大学の章程で「本大学の図書・儀器の設備は、少なくとも全校経費の四〇％で給与と行政費は六〇％を超えることはできない」と規定した（蔣「杭州大学意旨書」『論著選』二三二頁、二四五頁）。
(68)『北大与清華』二九五～二九六頁。
(69)『校史』二七八頁。
(70)同前書、二九五頁。
(71)同前書、三〇七頁。
(72)同前書、二六六頁。
(73)『北大与清華』二八九頁。『北大校長与中国文化』七九頁。
(74)前掲『国立西南聯合大学校史』二五頁。また滇緬鉄路（鉄道）を通しビルマ（ミャンマー）とも通じていることがポイントとなった（『蔣夢麟伝』三一四頁、『教育思想研究』二二三頁）。
(75)『蔣夢麟伝』三二〇頁。なお長沙より昆明へ教職員と学生は二つのルートで移動をした。一つは約三〇〇名の男子学生と少数の教授が徒歩旅行団を結成し、湖南省から貴州省を経由して雲南省昆明まで約七〇日かけて移動した。もう一組は約八〇〇人で女子学生や健康面で徒歩旅行に耐えられない者が中心で、広州から香港、ハイフォン経由で、昆明に移動した（『教育思想研究』二二四～二二五頁）。西南聯合大学については、北京大学・清華大学・南開大学・雲南師範大学編『国立西南聯合大学史料』（雲南教育出版社、一九九八年）第一巻～第六巻、があり、各種の記録が整理されている。
(76)『西南聯大与中国現代知識分子』七九～八〇頁。さらに西南聯合大学の一七九名の教授の中で九七名がアメリカ留学生であった（同書、九頁）。
(77)梅祖彦「西南聯大与梅貽琦校長」（黄延復・王小寧整理『梅貽琦日記一九四一―一九四六』清華大学出版社、二〇〇一年、二五八頁）。
(78)鄭天挺「梅貽琦先生和西南聯大」（黄延復・馬相武『梅貽琦与清華大学』山西教育出版社、一九九五年、一六一頁）。

(79)『教育思想研究』二三二頁。
(80)同前書、二三九頁。『蔣夢麟伝』三三〇頁。
(81)『校史』二四一頁。
(82)『教育思想研究』二二四頁。
(83)清華大学校史研究室編『清華人物志・第三輯』(清華大学出版社、一九九五年)一七頁。
(84)『蔣夢麟伝』三二九～三三〇頁。
(85)同前書、三三七～三三八頁。
(86)『教育思想研究』二九九頁。
(87)『蔣夢麟伝』三四一頁、三四四頁。
(88)同前書、三四五頁。『自伝』九九頁。
(89)『蔣夢麟伝』三四七頁。
(90)同前書、三四九～三五〇頁。なおこの費用を「三五万ドル」としているが、少額過ぎるので、『教育思想研究』二五六頁の「三五〇万ドル」に従う。
(91)『教育思想研究』二五六頁。
(92)『蔣夢麟伝』三五五～三五六頁。
(93)『教育思想研究』二六三～二六四頁。
(94)『蔣夢麟伝』三六一頁。蔣夢麟が節育に関心を持ち始めたのは、一九二二年、サンガー夫人が中国を訪問して、北京大学で講演して以来と考えられている(『教育思想研究』二六五頁)。
(95)『蔣夢麟伝』三六二～三六三頁。『教育思想研究』二六九頁。
(96)『蔣夢麟伝』三八八頁。
(97)蔣「教育与職業」『論著選』一頁。

(98)「本巻前言」『論著選』序の八頁。

(99)蔣「教育評論」『論著選』九七～九八頁。

(100)『教育思想研究』「序言」三頁。

(101)蔣「什麼是教育的出産品」『論著選』一四九頁。「為什麼要教育」『論著選』一七六頁。

(102)蔣「今後世界教育之趨勢」『論著選』七九頁。

(103)『蔣夢麟伝』三三三頁。

第一四章　周谷城の教育思想と時代思潮

はじめに

周谷城（一八九八〜一九九六）は、湖南省益陽県出身で二〇世紀中国を生きた学者であり、その研究分野は歴史学を中心に美学・社会学・政治学・経済学・教育学など広範囲に及んでいる。また民主党派である中国農工民主党の指導者として知られ、中華人民共和国成立後、上海市人民政府委員、上海市人民代表大会常務委員会副主任兼文教委員会主任、上海市政治協商会議副主席を歴任するなど上海を舞台として活動し、第一・二・三・五回全国人民代表大会代表、第六・七回全国人民代表大会常務委員会副委員長兼教育科学文化衛生委員会主任委員、第五回政治協商会議常務委員を歴任した政治家でもあった[1]。周谷城に関する最近の研究書である『周谷城伝』[2]は、『中国通史』や『世界通史』を著した歴史家としての周谷城の分析を重視しているが、一方で教育思想家としての分析にはさらなる深化を必要とする部分が残されており、それは七〇年を超えるかれの研究と教育の特色を、それぞれの時代状況との関係から分析する試みであると筆者は考えている。

そのことを時代を追って見れば、まず周谷城が青年時代に新文化運動の影響下でおこなった孔子に対する評価が持った意味の考察である。次いで一九二〇年代後半『教育雑誌』を拠りどころとして教育界の矛盾を指摘し、その改善を主張した思想と行動の意義を考察することである。さらに毛沢東と親しい関係にありながら中国共産党に入党せず、第三勢力の一つである中国農工民主党の指導者として教育界にも提言を続けた意味の考察も必要である。本章はこうした基本方針をもって、かれの教育に関わる論考を集めた『周谷城教育文集』(3)を主として利用し、分析を進めることとする。

一、周谷城の孔子観と『教育雑誌』

周谷城の自伝によれば、一九〇五年に周氏族立両等小学に入学したが、「奏定学堂章程」が成立するなど学制が大きく転換する時期で、一族の中の旧派は経・史・子や古文釈義の学習を強調し、新派は国文・英文・算学・物理・化学などを学ぶように主張した。しかし現実には、書籍も機器も試験制度などもなく、新旧いずれも学ぶことができなかった(4)。その時期、かれは農繁期には家に帰って農業を手伝い、学校では英文・国文・歴史以外のものは何も学ばなかった。このように回想しつつも周は古典の学習を怠らず、十三経の中では『詩経』『書経』『易経』『周礼』『礼記』の他に『公羊伝』と『左氏伝』の一部、『論語』『孟子』『孝経』を読み、『儀礼』『穀梁伝』『爾雅』は読まなかったという(5)。一九一三年には湖南省立第一中学に入学して自然科学と社会科学の多くの知識を得たが、かれ自ら「中学の課程はすこぶる整っており、喜んで英文を学び、英語学会を組織して、自ら会長になった(6)」と述べている。一九一七年には現在の北京師範大学の前身である北京高等師範学校に合格して入学した。本来は北京大学に出願することを考えていたが、家が貧しく入学に必要な金額を捻出できなかったための目標変更であった(7)。

この北京高師在学中に周谷城は、五四運動を経験する。そのときは中国政府のパリ講和条約締結に反対する天安門広場での抗議集会に参加した他の学生と同様に、小旗を持って愛国を叫ぶ大衆の一人に過ぎなかったとされている[8]。しかし、この運動がきっかけとなって翌一九二〇年には清華大学との弁論大会に北京高師を代表して陳兼善・何世方という二人の学生を伴って参加した。周自身は知識階級の存在をめぐるこの論戦に勝利したと確信していたが、審判長の胡適が北京高師の敗北を宣言したため以後胡適との対立を深めたといわれている[9]。結果はともあれ、この経験は周の政治意識が高まってきたことを示している。

一九二一年春、周谷城は北京高師を卒業し、湖南第一師範の教員として出身地である湖南省に赴任した。このとき倫理学に関するテキストを著し、そこで「平民の精神は日々進歩している。……大多数の貧苦の人は貴族の美徳を表現する具となっている[10]」とする階級観を示している。こうした観点はかれの孔子観にも反映している。一九二七年九月、かれは「孔子的政治学説及其演化」を著した。これより一〇年余り前から新文化運動が始まり、「打倒孔家店運動」という形で孔子と儒教の批判運動が始まっていたことは周知の事実である。例えば陳独秀は「孔子之道与現代生活」(『新青年』第二巻第四号、一九一六年一二月)で「数千年前の宗法時代、封建時代にはただ公卿大夫士の人倫がおこなわれて庶人にはおこなわれず」と表現しており、それは上述の「徳論」の周の主張と共通するものがある。また李大釗が、孔子自身よりも孔子を歴代君主が作り上げた偶像権威とすることを糾弾する[11]、としたことと、周が「孔子の説は表面より見れば、すべては民のためであるが、その結果は、明らかに君主を利するもの[12]」と述べたことは、表裏一体を成す見解といえよう。さらに「真仮孔子論」というべきものがあって、真の孔子はよく、新文化運動が反対したのは敗壊した仮の孔子である、とする見方もある[13]。それは周が孔子を評して「あらゆる精力を完全に救人救世の中に用い[14]」ており、孔子が「積極的に好人政治をとりおこない……好人を用いて感化政策をおこない、不正なる者はみな正に帰しており[15]」とするかれの観点と共通している。

しかしながら、陳独秀が孔子学説は「礼」にあり、その説は尊卑貴賤を分別する三綱の説としているのに対して[16]、周谷城は「細かく孔子の説を察するのに、すべての徳性はみな「仁」より生じた。「仁」はよく諸徳を生むことができる実物に似て、決して諸徳を概括する空名ではない[17]」と観点の違いを主張している。また李大釗が「中国の綱常、名教、倫理、道徳は、いずれも大家族制度の上に打ち立てられたものであることが明らかとなった。中国思想の変動は、家族制度崩壊の徴候である[18]」と述べたのに対して、好人の政治を主張する周は「いわゆる好人は、必ず仁者である。必ずよく忠ならば、必ずよく恕である。よく忠ならば、ゆえによくその己に在るを尽くす者にして、よく恕ならば、ゆえによく己を推して人に及ぼす[19]」とあくまで仁に拠る人間関係の構築を期待するのである。「家族制度為専制主義之根拠論」（『新青年』第二巻第六号、一九一七年二月）で「隻手孔家店を打倒した老英雄」と称せられた呉虞と並んで、陳独秀や李大釗は儒教批判の先頭に立った知識人として知られている。かれらに比べれば周谷城の孔子評価は穏健であり、「孔子の学説は、政治面では何らの効果もない。道徳を提唱したという一項を除くの他、取るべきはなく、かれはすなわち天然の教育家であり、よく道徳を説く[20]」として、教育家としての孔子評価を前面に打ち出しているのである[21]。

新文化運動が始まって一〇年余りの歳月が経過した時点での周谷城の孔子評価であるがゆえに、陳独秀や李大釗らの主張と異なるのは時代の流れからいっても当然である。しかし、周がこの孔子に対する見解を打ち出す前に、同じ湖南省出身の先輩である毛沢東との出会いやマルクス主義の学習といった体験を持っていたのである。中国では五四運動期より日本語文献を通じてなされた社会主義・マルクス主義の紹介は、一九二〇年代の終わりから三〇年代初めにかけて一つのピークを迎えたといわれている[22]。周自身も湖南第一師範の教員として教育と研究に従事しつつ、日本の書店より購入したドイツ語版や英語版の『資本論』に読みふけった[23]。当時、毛沢東も湖南第一師範小学部で主事（主任）をしており、マルクス主義文献を周に送ってその学習を助けた[24]。ただし、教員になった当初の一九二二年に書いた『倫理学』ノートはデューイの理論に基づいており、マルクス主義の受容には時間を要している。

一九二五年三月に周谷城は広州を訪れ、当時この地の農民運動講習所で指導に当たっていた毛沢東と二度出会い、広州の地に止まって教育に携わるよう誘われたが、長沙での勤務を優先して断っている。一九二六年一〇月には湖南省教職員聯合会が成立し、周は臨時執行委員に選ばれた。同年一二月には湖南省農民協会が成立し、顧問に就任するとともに農民運動講習所の講師となり、船山学社でも教えた[25]。こうした周の行動の背景には、毛沢東の影響も考えられるだろう。周はまた徐特立や柳直荀らと湖南省教職員聯合会の設立準備を進め、全省教育工作者協会の成立宣言起草の責任を負った。その草稿の中で厳しい教師批判をおこなったために、徐特立にいさめられ、過激に過ぎる部分を修正したという[26]。

一九二七年、蔣介石の四・一二クーデタに連動する形で湖南軍閥の何鍵は、「租穀を論ず」という文章を書いた周谷城に共産党の嫌疑をかけて逮捕命令を出した。そのことを周は事前に察知して上海に逃れた。この年から一九三一年まで、周谷城は教育学者周予同の援助を受け[27]、『教育雑誌』に論文を発表することで、生活の糧を得た。「左」の思想が高揚していたこの時代の中にあって、『教育雑誌』はその動きとは距離を置き、穏健な主張を展開する教育専門誌であった。参考までに一九二七年から二九年までの『教育雑誌』の基本的な論調を追ってみると、例えば北京の中小学校に学ぶ学生の年齢や家庭の職業の調査があり[28]、教育経費の欠配を取り上げたり[29]、教育界の党派争いの深刻さを訴えた論文もある[30]。キルパトリックの講演録が連載され[31]、ウェルズのフェビアン主義[32]やウィネトカプランの紹介[33]も見られる。特定のテーマによる特集を編むのも『教育雑誌』の特色で、『教育雑誌』の第一九巻第二号は「幼稚園特集」、第一九巻第九号は「平民教育専号」、第一九巻第一〇号は「城市平民教育専号」、一九二八年の第二〇巻第三号は「職業教育専号」となっている。教育研究者として知られる舒新城も投稿しており、中国の教育方法の歩むべき道として、教育経費は自給をめざし、師生の間は「人」の関係を恢復すべきであり、教学面では個人の独立研究精神の保持を発揮すべきであるとする。[34] 舒新城は、翌年の論文でさらに教育経費はすべて免除して貧困学生を助け、教育の機会均等をめざすべきである、[35] と主張している。しかし、その実現をめざす方法について具体的に提言しているわけではなく、そこにマルクス主義的な視点は見られない。こうした『教育雑誌』の穏健な論調に大きな波紋を投げかけたのが周谷城である。

周谷城は、一九二七年一一月に「今日中国之教育」を書き、当時の中国教育の特色を第一に富人をもって中心とする、第二に都市をもって中心とする、第三に権貴をもって中心とする、第四に知力をもって中心とする、と特色づけた。「教育に至っては、本来社会の上部構造の一種に過ぎない」とマルクス主義の観点でとらえ、その教育が腐敗した都市生活の中で進められ、貧富の格差が甚だしい社会現象の下で産み出されて、頭脳の訓練を中心とするのは、役に立たない廃物を作るだけ、と断じた。[36] 翌二八年一月には「教育新論」で貧富の格差を論じている。周の主張の中で興味深いのは「今日欧米各国においては、もとよりすでにいわゆる資産階級と無産階級の分がある。中国ではまた絶対に大貧（俗にいわゆる貧者）と小貧（俗にいわゆる富者）の格差は免れない」[37] と述べていることである。周は列強と被侵略国を同列に論じず、それを区別した上で教育界の実情を構造的に把握しているのである。

周谷城は『中国教育統計概覧』に拠って、一九二一年五月より二三年四月まで、全国の教育を受けている者は、小学生が六、六〇一、八〇二人で全人口の六％強、中学生は一八二、八〇四人で全人口の〇・二％弱、専門学校生と大学生は三四、八八〇人で全人口の〇・〇三％強に過ぎず、教育を受ける者が少なく、失学者が多い、と述べる。[38] 周のこの論文では、新教育運動として評価され、『教育雑誌』でも重点的に取り上げられてきた平民教育運動や職業教育運動に対して「実際生活の面に着眼するのは、きわめて正当であるが、ただ惜しむらくは重きを置くところはなおただ教育内容の性質の改造に過ぎず、教育効果の及ぶところの範囲の拡充ではなく、結果として収める効果はきわめて少ない[39]」と批判している。また党化教育に根本的に教育問題を解決する可能性を求めつつも、結局は「ただ党化教育のみで、国人をして経済的地位を平等とさせることはできず、教育を受ける機会を国人全体に普及させることもできず、さらにこれまで教育を受ける経済能力がなかった者が忽然として教育を受けられるようにはできない[40]」とその限界性を認める。周は何度も教育が富者の独占物となっていることを指摘し、今後の教育改造の目標として「全国人民は均しく教育を受ける権利を有すべきである」とし、現状では「教育を受けてきた者は、ひとり無用ではないが、完全に社会の寄生階級となっている」と述べ、「教育の平等は、経済の平等をもって前提とする」という[41]。

周谷城は当時の教育界に深く根を張っていた党派について、「その複雑さ、その腐敗、そのかれこれ互いに競う激しさ、その教育本体への影響の大きさ[42]」を見ることができるととらえ、帰国留学生もまず教育界にその生活の糧を求め、知識分子の生存競争の場となっているが、人材を生かす根本的な解決の道は「国内生産事業の開発であり、国際資本主義の圧迫を解除すること」であるとする。人材の欠乏を感じているが、それは「その実いまだまったく人材がないわけではなく、ただこれを用いるに当を得ず、その長所を表現できないため[43]」として、やはり国内産業の育成にこそ人材登用の王道があるとの姿勢を取るのである。

周谷城は「一方では深く精神が行動を支配でき、行動が環境を支配できると信じている。ただ同時にまた環境が精神を支配できるということを否認できず、さらにあえて精神がすべての上に高く出るということもできない[44]」と、前述した「教育に至っては、本来社会の上部構造の一種」と述べたことからすれば、一歩退いてマルクス主義の上部構造・土台論に対して曖昧な姿勢を取り、知識人としての複雑な心情も見せている。しかし一方で、周はソ連教育の紹介もおこない、「ソビエト制度の下では経済困難によって教育を受ける機会を欠乏させることが少ない」[45]とその取り組みを高く評価した。周は教育の機会均等にこだわり、それを阻む大きな要因として教育費の高さをあげる。「高等小学の教育を一年受ければ、少なくとも銀五〇元を必要とする。大学教育を一年受ければ少なくとも二〇〇元から三〇〇元を必要とする。中学教育を一年受ければ一六〇元から二〇〇元を必要とする。今日の全国人民の経済能力からいえば、年に五〇元から三〇〇元のお金を出して教育の機会を与えられる者は実に数が少ない」[46]と現状を語るのである。こうした表現は随所に見られ、小学から中学を卒業するまで二、〇〇〇元、さらに大学を出るまで二、〇〇〇元の計四、〇〇〇元の教育費を負担できるのはごく少数である、[47]とする主張にも通じている。

舒新城は、「大学および専門学校の支出総額に占める学費収入は二〇分の一で、実業および職業学校のそれは一四分の一、高等小学校のそれは約六分の一、初等小学のそれは四分の一」と述べ、「免費問題」（『教育雑誌』第二〇巻第六号、所収）に見られるような授業料免除を主張する。しかし、教育費が軍事費に流用される現実を見れば、舒のいう授業料免除などは夢物語である。[48]したがってより本質的に、この問題を考える周谷城は、列強の台頭の原動力は工商業の発達と学術の振興によるとし、「兵戦は商戦に如かず、商戦は学戦に如かず」[49]と主張する。さらにかれは陶行知が著した「中国教育の改造」の唯一の欠落部分が「教育と政治の関係」であり、政治を正すことをなし得ない限り、教育がその目的を達成することがない、と述べている。[50]これは教育救国を主張したグループとは一線を画する見解である。

周谷城は、マルクス主義を基軸にしているかに見えても全面的にそれに拠らず、新教育運動についても問題点を指摘して批判的態度を取り、政治を浄化しなければ教育界の環境を整えることはできず、産業を育成しなければ人材を生かすことはできない、と主張している。その主張は、当時の教育界の実情分析に裏付けられたもので、それだけ説得力と影響力を持ち、『教育雑誌』の論調にも影響したのではないだろうか。「左」の論調が高揚した時代状況のためでもあろうが、周の「蘇俄最近之工芸教育」（第二〇巻第四号）を皮切りに第二〇巻第七号では牟永錫訳「蘇聯的普及教育運動」、于化龍「蘇俄之実験学校」とソ連教育の紹介がおこなわれ、第二〇巻第一一号で楊人楩の「蘇俄教育之理論与実際」などの分析も生まれ、第二一巻第一号では新刊紹介も含めれば四篇のソ連教育紹介が見られる。こうした傾向から、周が『教育雑誌』の論調を左傾化させた張本人と考えられたのであろう。一九三〇年、胡適は『新月雑誌』において周を「教育革命の鼓吹家」と謗った。そのためこれ以後、『教育雑誌』は、周の文章を載せることはなかった[51]。また周は孔子批判をおこないつつも、「私人講学で、当時勢力が最も雄厚であり、後世への影響が最も遠大な者は、孔子である。……そのよく教育の鼻祖となり、百世の師となるは、殆ど偶然ではない[52]」と教育者としての評価はきちんとやっている。そこには経書を相当深く読み込んでいた周の知識人としての矜持も見られるのである。

二、中国農工民主党の指導者としての思想と行動

一九三〇年秋、周谷城は広州に行き、中山大学教授として「中国社会発展史」と「社会科学名著選読」の授業をおこなったが、教育界の状況に対する関心は持ち続けた。党派争いを教育界の醜態ととらえ、生産に関わる事業が充分に発達していないために、政界に入れなかった知識分子は教育界に入り、そこに党派争いが持ち込まれ、教育界の官場化が進んでいる[53]。それゆえ生産に関わる事業を発展させる必要がある。こうした産業の発展を重視する周の姿勢は、その後も堅持されていく。一九三二年には中山大学を離れて上海の暨南大学教授となり、主として「中国通史」の授

業をおこなう生活をほぼ一〇年間続けた。[54] 周自身は「暨南大学で教えているとき、『中国通史』を出したが、マルクス主義の嫌疑を受けて、私は教えることを許されず、世界史を教えさせられた[55]」と語っている通り、マルクス主義への傾斜を強めたのである。

この一九三〇年代を通して、周谷城の教育観はどうであったのか。「大学に一年いると、費用は少なくとも五〇〇元で貧苦の農民や手工業者あるいは新興の無産者の子弟が、進学できるところではない[56]」という主張は、従来からほぼ一貫している。周は中国の知識分子の役割について「資本主義生産制の下での人材を訓練し、同時にまた国際資本主義を発展させる人材を育成する。資本主義の文化の道理を説いて宣伝し、同時に帝国主義の文化を宣伝する。資産階級の社会秩序を維持して、事実上国際資本主義者の社会秩序を維持する」と批判し、「国際資本主義者は中国の労働者農民の剰余労働を搾取し、中国との密接な経済関係を生み出し、中国当局との友誼を成立させた[57]」と述べて、明確にマルクス主義的な分析方法をとっている。それでは中国が自立していくためには、教育はどうあるべきなのか。周は「帝国主義に対抗するには、富強を図らざるを得ない。しかし旧教育は富強を図るに足りない[58]」し、「国民経済力が薄弱すぎるがゆえに、貧民の子弟は水平線以下の教育もまた受けることができず、小学教育も普及できない[59]」と考える。

周谷城は「義和団は国際資本主義に反抗する農民集団である。かれらの暴動は、中国の農民が初めて国際資本主義に反抗した壮挙である[60]」と評価しつつも「国際資本主義勢力の侵入がなければ、中国は決してこのようにとびきり新しい欧化教育を持つことはできなかった」として、列強の侵入が旧教育の革新に果たした役割を認める。しかし、「中国に迫って新教育を発展させ、風気を開通せんと図り、風気が開通すれば、迷信の対象は、次第に猪八戒・孫悟空らから救世主の耶蘇キリストに移るのである」とキリスト教信仰が広がることを警戒するなど複雑な反応を示している。[61]さらに「ただ惜しむらくは教育当局がもっとも反帝国主義の理論を喜ばず、もっとも資本主義の文明を捨てることを望まない。だから人材を育成すると、自然と買弁化したのである」[62]と述べて、欧米教育の影響を受けた中国の新教育の人材育成に対する貢献は認めつつも、それが買弁的性格を持つことを嫌った。この頃の周にとって教育の役割は、「経済情況を研究し、世界の前途を図り、世界と関係を作り、世界観を確定」していくものであり、「一種の現勢を改造する手段」であった。またこの当時注目されていた生産教育について「第一に高等教育を受けて生産しない人に生産させることであり、第二に生産させてまだ教育を受けていない人に教育を受けさせることである」[63]として、中国独自の生産力増強とそれを担う人材養成に果たす教育の役割を強調している。要するに周は、列強に対する義和団などの抵抗運動を評価し、買弁化を嫌いながら、欧米教育の利点も認め、中国の富強を実現するための教育に期待を寄せるという姿勢を見せているのである。また新教育の結果として、中国の経済状況が改善されてこそ教育の普及と内容充実に向けての基盤整備がおこなわれ、卒業生の進路が保障されるという論理にもつながっていく。イデオロギー優先ではなく、現実を重視しようとする姿勢がそこには見られる。

一九四一年三月、中国民主政団同盟が成立し、周谷城はその顧問として招かれ、翌四二年には重慶に入って旺盛な執筆活動を続けた。一九四五年八月には中国共産党の毛沢東・周恩来・王若飛らが延安から重慶に飛んで国民党との会談をおこなったが、そのとき周谷城は毛沢東と一八年ぶりに出会っている。[64]この一九四〇年代の周の教育に関わる主張と実践を見ると、一九四三年には高等教育の教員の月給が八〇～一二〇元と少ないのに、仕事が多く、授業も毎週平均一八～二三時間で、課外指導はこれに含まれない、と教員の待遇改善を主張しているが、[65]こうした教員の地位向上をめざす姿勢は以後も貫かれる。一九四六年には陶行知が創設した重慶社会大学で講義を担当したが、[66]陶行知とは民主派人士としての連携と見ることもできよう。一九四七年には数一〇年来の教育界の変化を概括して「教育の養成するところと社会の必要とするところは、あい符合していない」とし、「この「あい符合せざる」原因は、まず帝国主義の圧迫に帰せざるを得ない。……もしも政治革命が成功すれば、廉潔有為の民主政府が早くに建立され、現代社会のあらゆる新事業は、民主政治の環境の中で、一日一日発達する。そうすれば初期に失業した人材は、ついに必ずなすべきことがある」[67]として、政治革命による民主政府の樹立を待望する。周はさらに中等教育では卒業後の進路が乏しいこと、職業学校は封建的な観念や経済的後進性がその進学希望者を失わしめていること、師範生は免費とはいえ社会や家庭の軽視のため最終的な進学希望先となっていないこと、小学教育は悪劣な経済状況に妨げられて就学者を増やせない、などと教育界の現状を指摘していく。結果としてこうした窮状を打開するには「政治の民主化はすなわち唯一の不可欠の前提」となるのである。[68]

周谷城は一九四九年九月、中国人民政治協商会議が北京で開かれたとき、候補代表として出席し、無党派の民主人士組に入れられた。[69] 翌五〇年には第三勢力の一つである中国農工民主党に加入することを宣言した。[70] この時期に周は「われわれはすべての革命理論、マルクス・レーニン主義、毛沢東思想とすべての現実問題を理解しなければならない」[71]と述べ、「新民主主義の教育政策の下では、民主方式により、教学を進めて、過去の師生がともに使役され、ともに圧迫を受けた悲惨な情況とは反対である」[72]として、解放を進めるためのイデオロギー学習と教育制度のあり方を言明している。さらに「毛主席のいわれる「人民のために奉仕する」というあの言葉は深く会得して努めておこなわなければならない」[73]とし、研究と教学の両面でマルクス・レーニン主義を指導原則とすることを強調している。[74] 表面的に見る限り、中国共産党員と同様の見解を述べるようになっていった。

一九五七年七月一日、毛沢東は「『文滙報』の資産階級の方向は批判されなければならない」という社論を『人民日報』に書いて、中国農工民主党の中央主席で中国民主同盟の中央副主席である章伯鈞を名指しで批判し、中国農工民主党と中国民主同盟を厳しく批判した[75]。反右派闘争の一齣であるが、中国農工民主党には大きな影響を与えた事件であり、周谷城にとっても大きな衝撃となったと考えられる。かれは反右派闘争が始まった一九五七年から五九年にかけて、中国共産党の路線にさらに接近していく。

周谷城は、学生を助けて「マルクス主義をよく学び、社会主義の建設に貢献させせなければならない[76]」といい、歴史研究者については「上部構造について語ることが多く、経済基礎を語ることが少なく、帝王将相の事跡を語ることが多く、人民大衆の活動を語ることが少なく、作為や飾ることなく平明に述べることが多く、階級闘争について語ることが少ない[77]」と批判している。中国近現代史に関しても「太平天国運動、戊戌維新、辛亥革命等の如きは中国を解放することはできず、共産党が人民革命を指導して、中国は解放された[78]」というように中国共産党を賛美する文章を書き、人民公社を高く評価した[79]。それにもかかわらず文化大革命初期の一九六六年五月、周は復旦大学最大の「反動学術権威」「牛鬼蛇神」であるとして、厳しい批判にさらされることになった[80]。この背景には姚文元による周の「時代精神統合論」に対する批判があった。姚文元は周について「かれは孤立し、抽象的に新と旧を並べているが、上部構造と土台との関係から創新を語っておらず、こうした方法は芸術によって芸術を解釈する歴史唯物論の範囲で、マルクス主義の能動的革命的な反映論を堅持する歴史唯物論の範囲に属していない[81]」と批判した。その結果、周は修正主義の「八つの黒い輪」の一つとして集中的な攻撃を受けることになったのである。

周谷城が文筆をもって表舞台に再登場するのは、文革が終わりその誤りが公然化しつつあった一九七〇年代末である。周は「文化大革命の十年動乱」の時期に至って「社会主義精神文明を改めてあえて提起する人はいなかった。「左」傾思想がすべてを覆い、誤って精神文明を不必要とし、はなはだしきは進歩を阻害するものと考え、みだりに破壊をおこなった」とし、「知識を有するを以て恥ずべきとし、「臭老九」と悪罵した。……やればやるほどマルクス・レーニン主義、毛沢東思想から離れた[82]」と述べており、かれが文革中も知識人としての矜持を崩さなかったがゆえに、より激しい迫害を受けたと考えられるのである。

一九八〇年代に入り、周谷城は孔子について再び評価するようになるが、孔子の政治・教育・道徳の理論の根拠となるのは仁であり、その基本は「正名」にあるとして[83]、一九二〇年代の基本的な認識を変えなかった。また一九八四年に、孔子の七六代後裔にあたる孔令朋への書簡の中で「孔子主義の教育理論と道徳学説は、後世に対していずれも積極的な影響を与えた。たとえ反孔の者でも、実はまた陽にこれを述べて陰にこれを奉じている[84]」と述べて、孔子の教育理論と道徳学説を評価し、自らの該博な古典の知識を拠りどころとして「孔子主義はすでに全世界に通用する言葉となった[85]」と断言した。

周谷城は、宋代の方臘の農民起義の原因の一つに地理的環境があるとして[86]、マルクス主義から距離をおいた独自の見解を述べている。また洋務派官僚である張之洞に関しても「近代資本主義思想伝播の中のきわめて重要な人物」とし、張の『勧学篇』について旧学を体とし、新学を用とする独自の主張をしている点を評価しているが[87]、これも周の必ずしもマルクス主義にとらわれない独自の解釈といえよう。学術上真理と考えれば、決して簡単に妥協譲歩することがなかったといわれる周の性格が、ここにはよく現れている[88]。

周谷城は、故郷の先輩である毛沢東に対する思いが強く、毛沢東と同じ道を歩むことがなかったことを毛自身は意に介さず、たいへん信任してくれたので、「多くの争鳴の文章を書い」て「毛主席の私に対する期待の万分の一でも満足させることを希望した」と一九八〇年代に入っても述べている[89]。人民の平等を重視した毛沢東思想に教育の機会均等を説き続けた周が共感したためともいえよう。しかし、生産活動を重視する周は、この段階に止まらず、四つの現代化を支持し[90]、『鄧小平文選』という時代を画する書を指南とすべき、と主張する[91]。こうした姿勢は五四運動七〇周年の文章の中で「康有為、梁啓超とのちの孫中山先生も含めていずれも提起した産業革命を進めようとする主張は、惜しいことに当時の反動勢力が強大に過ぎ、いずれも失敗した」とするとともに、五四運動が産業革命に注目しなかったことをその欠陥としている。さらに中国共産党も産業革命を重視せず、解放後も知識分子を軽視し、「結果として、高等院校は大量に破壊され、法律・商業等の実用学科は取り消された。人材は欠け、国家は大きな損失を被った」ことを総括しなければならないという。(92)

周谷城は、また中国農工民主党の会議において「私は努力して働いて飯を食い、学問の飯を食い、科学の飯を食い、頭脳労働の飯を食い、苦しくとも没頭する飯を食う」べきであり、「中華を興すには科学研究をしなければならない。人材は天より降るのではなく、教育がさらに激しく鞭撻しなければならない(93)」と力説し、生産活動を推進するための科学研究や教育による人材育成の重要性を強調している。その教育を支えるのが教員である。周は「日本の教師は人々に尊重され、受ける待遇もたいへん優厚で、生み出す作用もたいへん大きい(94)」と聞き、「教師の地位はたいへん重要」という認識を深めている。(95)周の農・工・商などの生産活動に従事する人々は教育を受けるべきであるという主張(96)や基礎教育は「経済建設や社会の発展と人民生活の実際の需要を離れることはできない(97)」という言葉は、かれの教育に対する一貫した基本的認識と考えてよいであろう。一九八五年と八七年、再評価されつつあった平民教育運動の指導者晏陽初と周は二度にわたって会見する。その上で『晏陽初文集』に「序言」を書くが、そこで「旧中国において、いくらかの仁人志士が提起した「教育救国」のスローガンは、旧中国においては実現するすべがなかった(98)」と述べ、教育救国論に対しては基本的に否定する姿勢を取りつつも、晏陽初の実践を進歩的な意義を持つ愛国行動ととらえている。

おわりに

周谷城は、経書を中心とした中国古典に対する豊かな知識と中学で英語学会を組織するなどの英語力をもって、歴史学を中心にさまざまな分野に関心を持った人物であった。その豊かな知見は、かれの独自の世界観を形成することにつながり、時代思潮に流されぬ主張と実践を生んだといえよう。かれは五四運動をきっかけに思想的に目覚め、郷土の先輩に当たる毛沢東の影響を受けたこともあり、マルクス主義に傾斜していく。しかしながら、五四運動につながった新文化運動における孔子評価の主流とは一線を画して、孔子の仁を評価し、「天然の教育家」と規定した。その後、湖南軍閥何鍵の弾圧の手を逃れて上海に逃げ、『教育雑誌』への投稿によって糊口を凌ぐことになるが、そのマルクス主義的な主張によって、時代思潮の後押しもあったが、穏健な『教育雑誌』の論調を変えていった。

周谷城は、一貫して教育の機会均等を説き、知識人たちが教育界に生活の糧を求めて党派争いをする現状を憂えて、教育の真の発展のためには中国社会を支える生産活動の充実が不可欠であると強調した。かれは繰り返して初等教育から大学教育までの教育費の高さを具体的な数字をあげて訴え、教育の普及には生産力の向上に伴う社会的豊かさが必要であることを主張した。列強を意味する「国際資本主義」の侵入に抵抗した義和団を評価し、それがもたらしたキリスト教の布教や買弁の育成を否定する一方で、旧教育の打破という「国際資本主義」の功績を認めた。「教育は上部構造」とマルクス主義的な視点を持ちながら、「精神が行動を支配でき、行動が環境を支配できると信じる」として、マルクス主義の枠組みに完全に埋没することがない。そこにかれの思想の複雑さと独自性を見ることができるのである。

周谷城は、民主党派人として中国農工民主党に加入し、反右派闘争の中で毛沢東による章伯鈞批判がおこなわれると、中国共産党政権への全面的な忠誠とも受け取れる発言を繰り返した。しかし、かれはそのままその状況に甘んじることができず、一九六〇年代に入って「時代精神統合論」と称せられる発言をおこなうことになって、姚文元に論戦を挑まれ、文革中には厳しい批判にさらされることになった。それは周の決して妥協譲歩しない性格と知識人としての矜持がもたらした結果といえるだろう。かれの方臘の起義に対する見方や張之洞評価は、マルクス主義の公式見解からは生まれない独創的な見解である。毛沢東への共鳴は青年時代からの交友関係と毛沢東思想の持つ平等観があったと考えられ、鄧小平への評価は生産活動を重視する点で、周谷城自身の思想と通じるものがあったからであろう。周の孔子評価については、仁の重視や教育家としての孔子評価という点で、晩年に至るまでほぼ一貫していた。[99]周は教育救国論を否定しつつも、教師を優遇し、人材育成を重視せよと主張し続けたが、それは結果として教育による国家建設の可能性に期待していたことになる。またかれは広く豊かな古典の知識を持つがゆえに、マルクス主義の思想内容にとどまることなく、民主党派人士としての長い研究と教育の生涯を送り、教育の持つ可能性を追い求め続けた人物であったといえるだろう。

註

（1）張蘭馨・袁雲珠・張小雲『周谷城教育実践与教育思想』（湖南教育出版社、一九九八年、以下『周谷城教育実践』と略す）一頁。

（2）莫志斌『周谷城伝』（湖南師範大学出版社、二〇一〇年修訂版、以下書名のみ示す）。

（3）鄭長利編『周谷城教育文集』（吉林教育出版社、一九九一年、以下『文集』と略す）。なお本文や註では、周谷城を周と略記することもある。

（4）晋陽学刊編輯部編『中国現代社会科学家伝略』（山西人民出版社、一九八二年）第一輯「周谷城自略」二四一頁。

（5）『周谷城教育実践』三頁。

（6）前註（4）。

（7）『周谷城教育実践』六頁。

（8）『周谷城伝』一八〜一九頁。周谷城は、五四運動をきっかけに思想的変化を遂げたことを回想している（周「五四運動与青年学生」『文集』三四七頁）。

（9）『周谷城伝』二四〜二五頁。

（10）周「徳論」『文集』六頁。

（11）丁守和・殷叙彝『従五四啓蒙運動到馬克思主義的伝播』（生活・読書・新知三聯書店、一九七九年）三二頁。

（12）周「孔子的政治学説及其演化」『文集』一九頁。

（13）陳旭麓主編『五四以来政派及其思想』（上海人民出版社、一九八七年）五五頁。

（14）前註（12）『文集』九頁。

（15）同前『文集』一三頁。

（16）蔡尚思「五四時期『打倒孔家店』的実践意義」（中国社会科学院近代史研究所編『紀念五四運動六十周年学術討論会論文集（一）』中国社会科学出版社、一九八〇年、四七八頁）。

（17）前註（12）『文集』一〇頁。

（18）李大釗「由経済上解釈中国近代思想変動的原因」『新青年』第七巻第二号、一九二〇年一月。

（19）前註（12）『文集』一五頁。

（20）同前『文集』一八頁。

（21）周谷城のこの文章の後半は「孔子学説之具体化」となっているが、そこでは「大学之道」として『大学』の「大学之道、在明明徳、在新民、在止于至善」という朱熹の新注を採って解説しており、陽明学が採る古注は採用していない。これもまた、周自身の世を正し、民を救わんとする実践における知識人の役割を重視する姿勢につながるとはいえないだろうか（この点に関しては、島田虔次『大学・中庸』朝日新聞社、一九六七年、二九頁の解説、参照）。

(22) 石川禎浩『革命とナショナリズム　一九二五―一九四五』（岩波書店、二〇一〇年）九七頁。

(23) 『周谷城教育実践』一〇頁。

(24) 『周谷城伝』三〇頁。

(25) 同前書、二九七～二九八頁。

(26) 同前書、四六～四七頁。なお周谷城の主張を批判したのは、廖錫瑞という見方もある（『周谷城教育実践』四三八頁）。

(27) 周予同は、周谷城に原稿料を先払いして生活を助け、胡適の周谷城批判に対しても、かれを擁護した（周「懐念周予同教授」『文集』三七六頁）。

(28) 許興凱の「北京中小学校学生年齢年級及其進歩的調査」『教育雑誌』第一九巻第一号、「北京国立公立中小学校学生家庭職業之調査」『教育雑誌』第一九巻第五号、ともに一九二七年。

(29) 劉薫宇「中国教育的危機」『教育雑誌』第一九巻第一号。

(30) 趙軼塵「教師的生活問題」『教育雑誌』第一九巻第四号。

(31) 「克拍屈博士在滬講演録」『教育雑誌』第一九巻第五号、「克伯屈在京講演録」『教育雑誌』第一九巻第六・七・九・一〇号、ともに一九二七年。

(32) 張銘鼎「社会主義与教育」『教育雑誌』第二〇巻第六号、一九二八年。

(33) 李宏君「文納特卡制的大要」『教育雑誌』第二〇巻第七号、一九二八年。

(34) 舒新城「創造新中国教育方法之途径」『教育雑誌』第一九巻第四号。

(35) 舒新城「免費問題」『教育雑誌』第二〇巻第六号。

(36) 周谷城「今日中国之教育」『教育雑誌』第一九巻第一一号、『文集』二六～二九頁。

(37) 周「教育新論」『教育雑誌』第二〇巻第一号、『文集』三二頁。
(38) 同前『文集』三八頁。ただし、同一世代との推定人口比なのか、全中国の人口から見た学生数の比率は高すぎる。
(39) 同前『文集』四四頁。
(40) 同前『文集』四五頁。
(41) 同前『文集』四六～四七頁。
(42) 周「教育界之党派観」『教育雑誌』第二〇巻第七号、『文集』五〇頁。
(43) 同前『文集』五四～五五頁。
(44) 周「教育与占有欲」『教育雑誌』第二〇巻第四号、『文集』六二頁。
(45) 周「蘇俄最近之工芸教育」『教育雑誌』第二〇巻第四号、『文集』七五頁。
(46) 周「中国教育之歴史的使命」『教育雑誌』第二一巻第二号、一九二九年、『文集』八三頁。
(47) 周「国家建設中之教育改造」『教育雑誌』第二一巻第四号、『文集』九六～九七頁。
(48) 同前『文集』一〇〇頁。ここでも「経費を徴収しないのはなお消極的な方法の一つ」という見方をしている。
(49) 同前『文集』九〇頁。周はこの「商戦は学戦に如かず」という言葉を好み、『中国社会史論』の中でも用いている(『文集』一九四頁)。
(50) 周「国家建設中之教育建設」『文集』九四頁。
(51) 「周谷城年譜」『文集』四四四頁。『周谷城伝』三〇〇頁。
(52) 周「中国教育小史」『文集』一〇八頁。
(53) 周「官場似的教育界」『文集』一四六頁、一四八頁。
(54) 『周谷城伝』三〇二頁。
(55) 「周谷城自略」前掲『中国現代社会科学家伝略』第一輯、二四二頁。
(56) 周「新時代的知識分子」『文集』二〇一頁。

(57) 周「中国知識分子的新作用」『文集』二一一～二一二頁。
(58) 周「維持階級秩序之工具——教育」『文集』二二九頁。
(59) 同前『文集』二四三頁。
(60) 同前『文集』二四七頁。
(61) 同前『文集』二四四頁、二四九頁。
(62) 同前『文集』二五七頁。
(63) 周「世界現勢与教育」『文集』二七六～二七七頁。これは一九三四年七月の大夏大学での講演である。
(64)「周谷城年譜」『文集』四五七頁。
(65) 周「考察史学教育報告」『文集』二八四～二八五頁。
(66)『周谷城伝』三〇九頁。
(67) 周「現段階中国之政治与教育」『文集』二九三頁。
(68) 同前『文集』二九五～二九九頁。
(69)『周谷城教育実践』一九五頁。
(70) 同前書、四六頁。
(71) 周「暑期学習会的意義」（一九四九年七月二一日、以下、周谷城が発表した日時を参考のため表示する）『文集』三〇五頁。
(72) 周「解放後的大学教育」（一九五〇年三月）『文集』三一〇頁。
(73) 周「上海大学的進歩」（一九五〇年五月二八日）『文集』三一九頁。
(74) 周「以馬列主義観点進行史学研究工作」（一九五二年一一月二九日）『文集』三三一頁。
(75) 張磊主編『中国民主党派叢書・中国農工民主党』（河北人民出版社、二〇〇一年）二八四頁。なお中国農工民主党は、一九四七年二月三日の「中国農工民主党第四次全国幹部会議宣言」で「本党創立の初め、その基本主張は、もと（孫）中山先生の革命精神に始まり、本党の政治綱領の中で、鄧演達先生は社会を吾人奮闘の目標として掲げ、その代表するところの社会階層は農工平民大衆である」としている（同書、五七二頁）。また一九四九年六月の「中国農工民主党対時局宣言」では「耕者有其田」は、本党の一貫した主張としている（同書、五九三頁）。
(76) 周「発展学術的大好時代」（一九五七年七月一〇日）『文集』三三八頁。
(77) 周「史学如何為現実服務」（一九五八年四月一四日）『文集』三三九頁。
(78) 周「継続改造力求進歩――紀念上海解放十周年」（一九五九年五月二六日）『文集』三五〇頁。
(79) 周「教授的光栄」（一九五九年九月二七日）『文集』三五五頁。
(80) 「周谷城年譜」『文集』四八四頁。文革の一〇年間、周谷城本人だけではなく親族も連座し、老母は死に娘の周咏林も迫害されて死に、他の子孫は東北や西北に送られて「再教育」を受けさせられた（『周谷城伝』三二六頁）。
(81) 『周谷城伝』二四七頁。
(82) 周「建設社会主義精神文明」（一九八二年一一月）『文集』三八四～三八六頁。
(83) 周「仁的教育思想」（一九八〇年三月）『文集』三六八頁。
(84) 『周谷城教育実践』二〇頁。
(85) 『周谷城伝』一五二頁。
(86) 同前書、一四三頁。
(87) 同前書、一〇九頁。
(88) 同前書、四八頁。
(89) 周「毛主席対我的鼓励」（一九八一年六月二九日）『文集』三七三～三七四頁。
(90) 周「継往開来的史学工作」（一九七九年三月）『文集』三六二頁。
(91) 周「歴史与愛国主義教育」（一九八三年一一月）『文集』三九四頁。
(92) 周「五四精神与中国現代化」（一九八九年五月）『文集』四二八～四二九頁。
(93) 前掲『中国農工民主党』三四二～三四三頁。

(94) 周「九年義務教育的師資問題」（一九八六年一月二六日）『文集』四一〇頁。
(95) 周「教師的快楽是無窮的」（一九八六年三月二日）『文集』四一一頁。
(96) 周「略談教育与経済的関係」（一九八六年九月）『文集』四一五頁。
(97) 周「全社会都来関心基礎教育改革問題」（一九八七年一二月二六日）『文集』四一九頁。
(98) 周「『晏陽初文集』序言」（一九八九年九月）『文集』四三一頁。
(99) 一九八四年より孔子の「仁」を倫理道徳の精華とし、その思想家、政治家、教育家として評価する傾向が生まれていたが（河田悌一『定点観測――中国哲学思想界の動向』関西大学出版部、二〇一一年、七〇頁）、周谷城は一九二〇年代にすでにこうした認識を持っていたことは間違いない。

終　章

中国における二〇世紀後半の中国近現代教育史研究では、本書が取り上げた教育救国論に対する否定的評価はほぼ一貫しており、大きく揺らぐことはなかった。ただ二一世紀に入ると状況の変化が生まれてきた。それは教育救国思想の提唱者であり、実践者である張元済（一八六七～一九五九）の全集が刊行され、かれ自身の『教育救国論』（高等教育出版社、二〇一〇年）が北京で出版されたという現実に象徴されている。既に二〇世紀末に刊行された李華興主編『民国教育史』では「教育救国、科学教育の理想は、現代中国の「科教興国」戦略の神聖な召喚と実践の先導となっている」[1]としており、中国では教育救国論を富強化、現代化の国家戦略実現の手段として活用しようとする傾向が生まれてきていたことが分かる。

中華人民共和国教育史の概要を見ると、文化大革命が教育事業を破壊したとする見解は周知のこととなっており[2]、その誤りは毛沢東教育思想にあるのではなく、四人組の「曲解」にありとする評価が有力なものとなっている[3]。毛沢東の教育思想を大前提とすることは、中国の教育戦略の目標として打ち出されたマルクス＝レーニン主義・毛沢東思想・鄧小平理論を堅持し、科学的発展観を堅持するとの基本方針にも見られる[4]。ただし中国の急激な経済発展は、一方で教育界の量的、質的な転換を生んできた。その実態はともかくとして、この転換は一九九二年に全国の圧倒的多数の中小学校は基本的に「一無両有（学校に危険な建物がなく、各クラスに教室があり、学生には机と椅子がある）」を実現し、一九九〇年より九九年までに義務教育予算は四倍以上になった、という国を挙げての教育熱に裏打ちされている。(5)(6)この時期の高等教育の発展はさらに顕著で、国民経済の発展を超過する形で入学者数や予算が膨張してきた。(7)中央政府は、急激な経済発展を遂げている中国の成長をより確かなものとするために、一九九五年五月に科教興国を実施する戦略を確立し、二〇〇一年三月に人材戦略の確立を国家戦略とすることに決定した。(8)

一九八〇年代後半より中国で流行しはじめた素質教育は、受験教育の克服を謳うとともに、教育体制を「民族素質を高め、人材をより多く出し、より良き人材を出す」という目的を持つものである。(9)時代の趨勢を反映した素質教育は、教育興国の重要な任務を担っており、(10)指導的幹部はその普及に尽力する必要があった。素質教育にはさまざまな内容が盛り込まれ、身体素質教育がその基礎となるが、マルクス＝レーニン主義、毛沢東思想を学び、共産主義の遠大な理想を実現する政治素質教育、認識方法の問題を解決する思想素質教育、品徳行為の問題を解決する道徳素質教育、好学深思の習慣を養成し、科学を愛し信じる専業素質教育、良好な人間関係の知識と技能を打ち立てる心理素質教育といった要素があげられている。(11)本書で取り上げた陶行知の人口論に関しても、現代社会の創造には高い素質の社会成員を育てる必要があるという立場で、陶行知の人口学説と素質教育とを結びつける見解が出されている。(12)

素質教育の普及に加えて、中小学教育や高等教育に注がれる予算の増加や就学率、進学率の上昇という中国現代の教育界の変貌の中で、教育救国を論じた本書の内容を、視点を少々変えて総括していきたい。

最初に取り上げた武訓と《武訓伝》は、それ自体が中国近現代教育史の人物評価をめぐる論戦の縮図でもあるが、二〇世紀末の段階で、山東省の地方政府が「科教興国」の国家方針を承けて「科教興冠」として冠県経済発展のために武訓精神を利用しようとしており、ここに武訓論争の一つの到達点を見ることができる。

筆者は、二〇一〇年のアジア教育史学会第一九回大会において、高田幸男氏の「近代教育と社会変動」(13)についてコメントする中で、地域エリートが教育の普及、人材養成、教育の高度化などを推進した背景に、読書人の朱子学的な使命感があるのではないかと指摘した。文革以後、孔子の再評価が進む中で、朱宗震氏が黄炎培や陳嘉庚を「儒商」「僑商」として、教育事業に全精力を傾注した姿を取り上げているのは、[14]一つの新しい研究の潮流といえよう。本書もまた、こうした研究動向を評価しつつ黄炎培や陳嘉庚の教育救国の内実を論じた。

一九二〇～三〇年代の教育的手段を用いた郷村建設運動の代表的指導者である晏陽初と梁漱溟については既に拙著の中で取り上げたので、[15]本書では考察の対象としていない。この郷村建設運動に献身的に関わった教育家は多い。しかし、雷沛鴻は制度改革を中心とした独自の実験を広西省で試みており、とくに国民中学の構想は中国中学教育史に記されるに至った。かれの教育改革の意義は、地域レベルに止まっていた郷村建設の取り組みを省レベルにまで拡大し、教育による救国をより効果的にしようとしたのである。

清末民国初期、従来の日本的教育方法からアメリカ的教育方法への大きな転換があったことは、中国教育史研究の中で特筆されている。それを推進した代表的人物の一人が兪子夷である。かれは常に教育現場の視点で考え、新たな教育方法を導入し、実践することによって、理想とする教育目的を達成しようとしていた。この日本型からアメリカ型への教育方法の転換は、かれにとっては抜本的な転換ではなく、連続的で、ある意味では必然的なものであったことを明らかにした。

舒新城は、教育方法と制度の改革に熱心に取り組みながら挫折を繰り返し、後半生では教育史研究の世界に進み、歴史から学ぶことで、中国教育改革の進むべき道を模索した。陸費逵は『教育雑誌』の主編として新たな教育構想を提案し、結果として「壬子学制」に自らの主張を織り込み、辛亥革命後は中華書局の経営者として、教科書の編集と出版に尽力し、そこから中国教育界の改革を実現しようとした。舒新城と陸費逵の二人は、ときには協力しながら独自の教育観に基づく教育改革の目標を示し、中国教育界に対して大きな影響力を発揮したのである。

徐特立は、教育救国から革命教育への変化を自認しつつ、「教育救国論者」である陶行知に対する尊敬の念を持ち続け、武訓を批判しても陶行知批判は慎重に回避した。この陶行知の人口論を本書は取り上げたが、かれは一夫婦に子どもは二人とし、人口調整のための人口升降委員会を設立し、配偶者の科学的選択や人種改良の準備の必要性を説くなど踏み込んだ主張を展開した。それは「一人っ子政策」に見るような強圧策ではないが、陶行知の現実的で厳しい姿勢を窺わせるものであった。

陶行知より二歳年長の教え子である方与厳は、陶の弱点とした歴史的考察に長じ、『新教育史』を著した。同じく教え子である劉季平は、「学用一致」の精神を説き、科学を重視し、文革後は北京図書館長としてシステム改良に関心を示して、コンピュータの活用を重視した。最も若い教え子の一人である張健は、マルクス主義教育論の立場は堅持しつつも、急激な経済発展のもたらす環境破壊を憂慮し、日本やドイツの発展を評価し、孔子や左宗棠を評価する現実的な側面も見せている。方与厳・劉季平・張健の三人は、いずれも映画《武訓伝》批判をきっかけとする恩師・陶行知の教育思想批判を余儀なくされたが、後の活躍から見て、陶行知自身が実現できなかった時代に合った改革目標を、中華人民共和国で達成しようとした「陶行知集団」の一員と見なすこともできるだろう。

蔣夢麟は、台湾に移ったために大陸では正当な評価が得られなかったが、蔡元培の後を継いで北京大学の運営で実績を示し、西南聯合大学でも維持発展に努力した。その貢献が認められたため、台湾海峡を越えての評価がなされていると考えられる。周谷城は、第三勢力の指導者で歴史学者として知られているが、生産力増強と人材養成における教育の役割を重視し、教員の地位向上をめざす取り組みの必要性を説き、歴史上の人物評価でも学識の深さを示すなど中国共産党に同調しつつも、一体化しなかった人物である。こうした立場から教育界に提言を続けた人物の存在から、中国近現代における教育関係の人物像の多様性が見えてくる。

陶行知の中国現代における評価を論じた前述の『陶行知与中国現代化』の中に笑蜀の論文がある。民主派知識人と目される笑蜀の論文をこの書に収録しているところに、「陶行知与中国現代化課題組」の本音が表現されていると考えられる。この論文では、現代中国の「教育産業化」が教育機構を「一切向銭看」というようにすべてを金銭に向かわせ、学術界の腐敗が中国の知識分子の低劣な品行を露わにしたとき、陶行知の教育思想を顧みて「中国の教育事業はいかに改革すべきなのか?」を考えることを助けていると述べる。さらに革命と「教育救国」「実業救国」「科学救国」は相互に矛盾せず、中国の現代化に貢献しているという。陶行知ら近代中国の教育家は、教育は民族救亡、社会改造の拠り所であり、「大教育」の角度から中国現代化の道に貢献すべきと考えていたとも述べる[16]。この論文は、結論として「二〇世紀後半の中国教育の失敗は、その原因はもとより多種多様であるが、その根本的な原因はやはり自由の魂の夭折にある」と大胆にも述べている[17]。陶行知の精神の真の意味での継承と発展こそが、二一世紀中国教育界を救い、社会の健全化につながるという主張は、現代中国における教育救国論評価がより高い次元に到達していることを示していると考えられるのである。

註

（1）李華興主編『民国教育史』（上海教育出版社、一九九七年）八一七頁。

（2）何東昌主編『中華人民共和国教育史』（海南出版社、二〇〇七年）六二一頁。朱永新『中国教育思想史』（上海交通大学出版社、二〇一一年）四九九頁。

（3）朱永新前掲書、五一二頁。蘇渭昌主編『中国教育通史・中華人民共和国巻（上）』（北京師範大学出版社、二〇一三年）一六五頁。
(4) 前掲『中華人民共和国教育史』一〇一九頁。
(5) 同前書、六三八頁。
(6) 同前書、九三一頁。
(7) 同前書、八五〇頁。
(8) 同前書、八一八頁。
(9) 朱永新前掲書、六八三頁。
(10) 前掲『中華人民共和国教育史』八三八頁。
(11) 朱永新前掲書、六八四頁。
(12) 陳廷湘「論陶行知以新教育推進中国現代化的思想」(陶行知与中国現代化課題組編『陶行知与中国現代化』四川教育出版社、二〇〇八年、四二二頁)。
(13) 飯島渉・村田雄二郎・久保亨編『シリーズ二〇世紀中国史』二「近代化の構造」(東京大学出版会、二〇〇九年)所収。
(14) 朱宗震『黄炎培与近代中国的儒商』(広西師範大学出版社、二〇〇七年)一三三~一五八頁。朱宗震「黄炎培与商界朋友的儒学倫理」(朱宗震・徐匯註主編『黄炎培研究文集(三)』四川人民出版社、二〇〇九年、所収)。
(15) 拙著『中国近代教育の普及と改革に関する研究』(汲古書院、二〇〇二年)第八章、第一〇章。
(16) 笑蜀「把人写上現代化的旗幟――陶行知教育思想探微」(前掲『陶行知与中国現代化』四〇五~四〇七頁)。
(17) 同前書、四一五頁。

あとがき

本書は「教育救国」をキーワードとして、一四名の教育家の思想と実践を取り上げた。筆者が以前に著した『中国近代教育の普及と改革に関する研究』（汲古書院、二〇〇二年）で萌芽的に取り上げた教育救国論を、より明確に考察したもので、各章の基礎となった論文は以下のようになっている。

序　章　書き下ろし
第一章「清末の教育事業家武訓の生涯とその評価をめぐって」『神女大史学』第一一号、一九九四年九月。

第二章「南洋華僑陳嘉庚の興学事業」『神女大史学』第二六号、二〇〇九年一一月。

第三章「黄炎培の後半生と職業教育」『神女大史学』第二四号、二〇〇七年一一月。

第四章「兪子夷の教育実践と新教育運動」『神女大史学』第二九号、二〇一二年一一月。

第五章「雷沛鴻と広西教育」『神女大史学』第三〇号、二〇一三年一一月。

第六章「舒新城教育思想の形成と中国教育界」『神女大史学』第三一号、二〇一四年一一月。

第七章「陸費逵の教育救国と教科書革命」『神女大史学』第三二号、二〇一五年一一月。

第八章「徐特立の教育思想と実践」『神女大史学』第二三号、二〇〇六年一一月。

第九章「陶行知の人口論」『神女大史学』第一七号、二〇〇〇年九月。

第一〇章「方与厳の教育思想——陶行知教育思想との比較を中心に——」『神女大史学』第二二号、二〇〇五年一一月。

第一一章　「劉季平の教育思想――陶行知との関係を中心に――」『神女大史学』第二一号、二〇〇四年一一月。

第一二章　「張健と現代中国の教育」『神女大史学』第二五号、二〇〇八年一一月。

第一三章　「蔣夢麟の教育思想と実践――海峡両岸での活躍――」『神女大史学』第二七号、二〇一〇年一一月。

第一四章　「周谷城の教育思想と時代思潮」『神女大史学』第二八号、二〇一一年一一月。

終　章　書き下ろし

本書はこれらの論文に、その後の主として中国の研究成果を盛り込むなど、加筆・修正をおこなっている。基本となる論文は、いずれも神戸女子大学文学部史学科の研究誌である『神女大史学』に前後二〇年余りにわたって掲載したものである。この間、教育と研究に理解のある史学科教員各位のご配慮により、『神女大史学』の誌面を自由に使わせていただいた。

個々の教育家の評伝を記述するためには、でき得れば出身地域を訪れ、関係文献を渉猟するのが鉄則であるが、校務多忙のためできなかった。しかし、手許に集めた文献は可能な限り読み込むことで、教育家たちの本質に迫る努力はしたつもりである。

筆者はこれと並行して、中国における教育実践が果たし得る可能性を検証しようとして、教育と環境問題の関連性に重点を置いて研究してきた。その成果の一端を拙著『中国の環境政策〈南水北調〉』（昭和堂、二〇一四年）として上梓したが、中国の環境教育は期待される成果を上げているとはいいがたい段階にある。ただし教育の環境問題への貢献の可能性は、依然として大きいと考えている。

教育家が教育の可能性を重視するのは当然であるとともに、教育活動はただちに目に見える形で効果を生むものでもない。本書が取り上げた教育救国論の解釈についても、明確な語彙規定がないという批判があるかもしれない。ただ最初に述べたように、現在の中国政府は、これまで特定の方向性を持つ教育思想と実践のみを正当なものとしてきたという歴史的な経緯がある。しかし、教育実践は多様であり、その影響力は広汎な分野に及び、さまざまな可能性を持つことは明らかである。中国近現代の歴史の中に埋もれてしまうかもしれない教育家たちを表舞台に登場させ、かれらの貢献を正当に評価することは、真の中国近現代教育史を著すために欠かせない取り組みである。本書が取り上げなかった教育家はまだまだ多いし、教育史研究の方向性も多様である。筆者自身、今後とも教育の果たし得る可能性を多角的に考察していきたいと思っている。

中国近現代の教育家に関する二〇年以上にわたる筆者の研究の過程で、張允侯先生には北京より常に励ましのお言葉をいただき、中文目録作成の際には神戸女子大学の王霜媚教授にご示教いただいた。また本書の上梓にあたって、出版を取り巻く情勢が厳しい中で、刊行を快諾していただいた汲古書院代表取締役の三井久人氏と細心にして周到な助言をいただいた編集部の飯塚美和子氏に感謝申し上げる。

二〇一六年三月

小林善文

中国的教育救国·中文目录

索　　引

人名索引

サ行

マ行

ヤ行

ラ行

事項索引

サ行

タ行

ナ行

ハ行

マ行

ヤ行

ラ行

ワ行

Education to Save China

— Critical Biographies of Modern Educators —

by

Yoshifumi KOBAYASHI

2016

KYUKO-SHOIN

TOKYO

著者略歴

小林　善文（こばやし　よしふみ）

1948年兵庫県生まれ。1971年京都大学文学部卒業。1983年京都大学大学院文学研究科博士後期課程東洋史学専攻学修。博士（文学）（京都大学）。現在、神戸女子大学文学部教授。
専門は、中国近現代教育史、中国水環境論。
著作に『平民教育運動小史』（同朋舎出版、1985年）、『中国近代教育の普及と改革に関する研究』（汲古書院、2002年）、『中国の環境政策〈南水北調〉』（昭和堂、2014年）。

汲古叢書134

中国の教育救国
——近現代教育家評伝——

二〇一六年四月二〇日　発行

編　者　小林善文
発行者　三井久人
整版印刷　三松堂(株)

発行所　汲古書院
〒102-0072　東京都千代田区飯田橋二-五-四
電　話　〇三（三二六五）九七六四
FAX　〇三（三二二二）一八四五

ISBN978-4-7629-6033-8 C3322

100	隋唐長安城の都市社会誌	妹尾　達彦著	未　刊
101	宋代政治構造研究	平田　茂樹著	13000円
102	青春群像－辛亥革命から五四運動へ－	小野　信爾著	13000円
103	近代中国の宗教・結社と権力	孫　　江著	12000円
104	唐令の基礎的研究	中村　裕一著	15000円
105	清朝前期のチベット仏教政策	池尻　陽子著	8000円
106	金田から南京へ－太平天国初期史研究－	菊池　秀明著	10000円
107	六朝政治社會史研究	中村　圭爾著	12000円
108	秦帝國の形成と地域	鶴間　和幸著	13000円
109	唐宋変革期の国家と社会	栗原　益男著	12000円
110	西魏・北周政権史の研究	前島　佳孝著	12000円
111	中華民国期江南地主制研究	夏井　春喜著	16000円
112	「満洲国」博物館事業の研究	大出　尚子著	8000円
113	明代遼東と朝鮮	荷見　守義著	12000円
114	宋代中国の統治と文書	小林　隆道著	14000円
115	第一次世界大戦期の中国民族運動	笠原十九司著	18000円
116	明清史散論	安野　省三著	11000円
117	大唐六典の唐令研究	中村　裕一著	11000円
118	秦漢律と文帝の刑法改革の研究	若江　賢三著	12000円
119	南朝貴族制研究	川合　　安著	10000円
120	秦漢官文書の基礎的研究	鷹取　祐司著	16000円
121	春秋時代の軍事と外交	小林　伸二著	13000円
122	唐代勲官制度の研究	速水　　大著	12000円
123	周代史の研究	豊田　　久著	12000円
124	東アジア古代における諸民族と国家	川本　芳昭著	12000円
125	史記秦漢史の研究	藤田　勝久著	14000円
126	東晉南朝における傳統の創造	戶川　貴行著	6000円
127	中国古代の水利と地域開発	大川　裕子著	9000円
128	秦漢簡牘史料研究	髙村　武幸著	10000円
129	南宋地方官の主張	大澤　正昭著	7500円
130	近代中国における知識人・メディア・ナショナリズム	楊　　韜著	9000円
131	清代文書資料の研究	加藤　直人著	12000円
132	中国古代環境史の研究	村松　弘一著	12000円

67	宋代官僚社会史研究	衣川　強著	品　切
68	六朝江南地域史研究	中村　圭爾著	15000円
69	中国古代国家形成史論	太田　幸男著	11000円
70	宋代開封の研究	久保田和男著	10000円
71	四川省と近代中国	今井　駿著	17000円
72	近代中国の革命と秘密結社	孫　江著	15000円
73	近代中国と西洋国際社会	鈴木　智夫著	7000円
74	中国古代国家の形成と青銅兵器	下田　誠著	7500円
75	漢代の地方官吏と地域社会	髙村　武幸著	13000円
76	齊地の思想文化の展開と古代中國の形成	谷中　信一著	13500円
77	近代中国の中央と地方	金子　肇著	11000円
78	中国古代の律令と社会	池田　雄一著	15000円
79	中華世界の国家と民衆　上巻	小林　一美著	12000円
80	中華世界の国家と民衆　下巻	小林　一美著	12000円
81	近代満洲の開発と移民	荒武　達朗著	10000円
82	清代中国南部の社会変容と太平天国	菊池　秀明著	9000円
83	宋代中國科擧社會の研究	近藤　一成著	12000円
84	漢代国家統治の構造と展開	小嶋　茂稔著	10000円
85	中国古代国家と社会システム	藤田　勝久著	13000円
86	清朝支配と貨幣政策	上田　裕之著	11000円
87	清初対モンゴル政策史の研究	楠木　賢道著	8000円
88	秦漢律令研究	廣瀬　薫雄著	11000円
89	宋元郷村社会史論	伊藤　正彦著	10000円
90	清末のキリスト教と国際関係	佐藤　公彦著	12000円
91	中國古代の財政と國家	渡辺信一郎著	14000円
92	中国古代貨幣経済史研究	柿沼　陽平著	13000円
93	戦争と華僑	菊池　一隆著	12000円
94	宋代の水利政策と地域社会	小野　泰著	9000円
95	清代経済政策史の研究	黨　武彦著	11000円
96	春秋戦国時代青銅貨幣の生成と展開	江村　治樹著	15000円
97	孫文・辛亥革命と日本人	久保田文次著	20000円
98	明清食糧騒擾研究	堀地　明著	11000円
99	明清中国の経済構造	足立　啓二著	13000円

34	周代国制の研究	松井　嘉徳著	9000円
35	清代財政史研究	山本　進著	7000円
36	明代郷村の紛争と秩序	中島　楽章著	10000円
37	明清時代華南地域史研究	松田　吉郎著	15000円
38	明清官僚制の研究	和田　正広著	22000円
39	唐末五代変革期の政治と経済	堀　敏一著	12000円
40	唐史論攷－氏族制と均田制－	池田　温著	18000円
41	清末日中関係史の研究	菅野　正著	8000円
42	宋代中国の法制と社会	高橋　芳郎著	8000円
43	中華民国期農村土地行政史の研究	笹川　裕史著	8000円
44	五四運動在日本	小野　信爾著	8000円
45	清代徽州地域社会史研究	熊　遠報著	8500円
46	明治前期日中学術交流の研究	陳　捷著	品　切
47	明代軍政史研究	奥山　憲夫著	8000円
48	隋唐王言の研究	中村　裕一著	10000円
49	建国大学の研究	山根　幸夫著	品　切
50	魏晋南北朝官僚制研究	窪添　慶文著	14000円
51	「対支文化事業」の研究	阿部　洋著	22000円
52	華中農村経済と近代化	弁納　才一著	9000円
53	元代知識人と地域社会	森田　憲司著	9000円
54	王権の確立と授受	大原　良通著	品　切
55	北京遷都の研究	新宮　学著	品　切
56	唐令逸文の研究	中村　裕一著	17000円
57	近代中国の地方自治と明治日本	黄　東蘭著	11000円
58	徽州商人の研究	臼井佐知子著	10000円
59	清代中日学術交流の研究	王　宝平著	11000円
60	漢代儒教の史的研究	福井　重雅著	12000円
61	大業雑記の研究	中村　裕一著	14000円
62	中国古代国家と郡県社会	藤田　勝久著	12000円
63	近代中国の農村経済と地主制	小島　淑男著	7000円
64	東アジア世界の形成－中国と周辺国家	堀　敏一著	7000円
65	蒙地奉上－「満州国」の土地政策－	広川　佐保著	8000円
66	西域出土文物の基礎的研究	張　娜麗著	10000円

汲 古 叢 書

1	秦漢財政収入の研究	山田　勝芳著	本体 16505円
2	宋代税政史研究	島居　一康著	12621円
3	中国近代製糸業史の研究	曾田　三郎著	12621円
4	明清華北定期市の研究	山根　幸夫著	7282円
5	明清史論集	中山　八郎著	12621円
6	明朝専制支配の史的構造	檀 上　寛著	13592円
7	唐代両税法研究	船越　泰次著	12621円
8	中国小説史研究－水滸伝を中心として－	中鉢　雅量著	品　切
9	唐宋変革期農業社会史研究	大澤　正昭著	8500円
10	中国古代の家と集落	堀　敏 一著	品　切
11	元代江南政治社会史研究	植 松　正著	13000円
12	明代建文朝史の研究	川越　泰博著	13000円
13	司馬遷の研究	佐藤　武敏著	12000円
14	唐の北方問題と国際秩序	石見　清裕著	品　切
15	宋代兵制史の研究	小岩井弘光著	10000円
16	魏晋南北朝時代の民族問題	川本　芳昭著	品　切
17	秦漢税役体系の研究	重近　啓樹著	8000円
18	清代農業商業化の研究	田 尻　利著	9000円
19	明代異国情報の研究	川越　泰博著	5000円
20	明清江南市鎮社会史研究	川 勝　守著	15000円
21	漢魏晋史の研究	多田　狷介著	品　切
22	春秋戦国秦漢時代出土文字資料の研究	江村　治樹著	品　切
23	明王朝中央統治機構の研究	阪倉　篤秀著	7000円
24	漢帝国の成立と劉邦集団	李　開 元著	9000円
25	宋元仏教文化史研究	竺沙　雅章著	品　切
26	アヘン貿易論争－イギリスと中国－	新村　容子著	品　切
27	明末の流賊反乱と地域社会	吉 尾　寛著	10000円
28	宋代の皇帝権力と士大夫政治	王　瑞 来著	12000円
29	明代北辺防衛体制の研究	松本　隆晴著	6500円
30	中国工業合作運動史の研究	菊池　一隆著	15000円
31	漢代都市機構の研究	佐原　康夫著	13000円
32	中国近代江南の地主制研究	夏井　春喜著	20000円
33	中国古代の聚落と地方行政	池田　雄一著	15000円